나를 돌보는 마음

나를 돌보는 마음

지은이 | 김민철
초판 발행 | 2025. 12. 16
등록번호 | 제1988-000080호
등록된 곳 | 서울특별시 용산구 서빙고로 65길 38
발행처 | 사단법인 두란노서원
영업부 | 2078-3333   FAX | 080-749-3705
출판부 | 2078-3331

책값은 뒤표지에 있습니다.
ISBN 978-89-531-5222-9 03230

독자의 의견을 기다립니다.
tpress@duranno.com   www.duranno.com

두란노서원은 바울 사도가 3차 전도여행 때 에베소에서 성령 받은 제자들을 따로 세워 하나님의 말씀으로 양육하던 장소입니다. 사도행전 19장 8-20절의 정신에 따라 첫째 목회자를 돕는 사역과 평신도를 훈련시키는 사역, 둘째 세계선교(TIM)와 문서선교 (단행본·잡지) 사역, 셋째 예수문화 및 경배와 찬양 사역, 그리고 가정·상담 사역 등을 감당하고 있습니다. 1980년 12월 22일에 창립된 두란노서원은 주님 오실 때까지 이 사역들을 계속할 것입니다.

나를 돌보는 마음

정신과의사와 함께 말씀으로 회복하기

김민철
지음

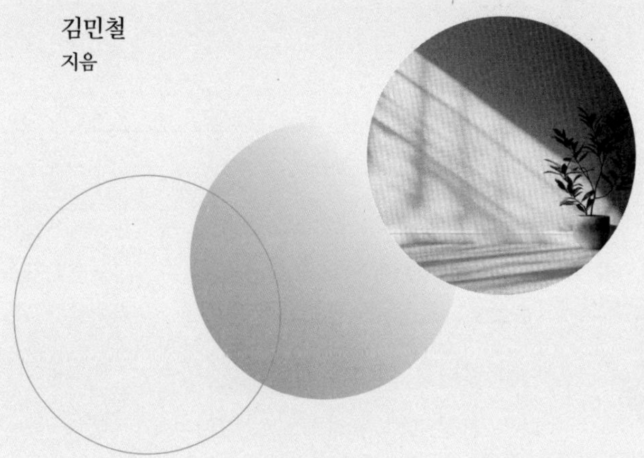

두란노

목차

어둠 속에서도 빛은 늘 가장 먼저 마음을 향해 말을 걸어옵니다. 예수님의 첫 메시지, "회개하라"(메타노이아)는 바로 그 속삭임입니다. 죄의 흔적을 들추려는 외침이 아니라, 미세하게 흔들리는 영혼을 하나님께로 서서히 되돌리려는 은밀한 손짓입니다. 오래된 상처와 두려움이 만든 해석의 틀로 인한 죄성을 벗어날 때, 우리는 비로소 하나님이 비추는 새로운 시선 아래에서 다시 태어납니다.

김민철 선생님의 《나를 돌보는 마음》은 변화의 새벽 같은 책입니다. 조용한 문장들 사이에서 우리는 잊었던 '참된 나'를 다시 만나고, 하나님께서 오래 기다리신 그 자리로 천천히 귀환하게 됩니다. 이 책이 독자의 마음에 작은 빛의 문을 열어 주리라 믿습니다.

유은정 서초좋은의원 원장, 《혼자 잘해주고 상처받지 마라》 저자

하나님이 한 사람을 세우실 때 그 인생 전체를 사용하신다는 사실을 사역 현장에서 오래 보아 왔습니다. 김민철 원장은 바로 그런 사람입니다. 그는 하나님이 주신 여러 정체성이 서로 충돌하지 않고, 오히려 아름답게 하나로 모여 영혼 회복이라는 하나님의 마음을 드러내는 통로가 되었습니다. 무엇보다 그리스도인으로서 복음 위에 정체성의 뿌리를 둔 사람입니다. 그의 글에는 인간 이해를 넘어 예수님의 마음과 아버지의 사랑이 담겨 있으며, 그 사랑이 책 전반을 따뜻하게 흘러가게 합니다.

정신과의사로서 김민철 원장은 마음의 구조와 상처의 뿌리를 정

확하게 이해하고 있습니다. 그러나 그의 전문성은 차갑지 않습니다. 오히려 하나님이 창조하신 인간 마음의 신비를 더 경외하게 만들고, 과학과 복음이 조화를 이루는 지점을 이 책 안에서 자연스럽게 보여줍니다.

치유 사역자로서 김민철 원장은 생명나무사역의 현장에서 사람의 눈물과 아픔을 오랫동안 가까이에서 보아 온 동역자입니다. 그 경험이 깊은 공감과 실제적인 치유의 언어로 책에 녹아 있으며, 단순한 이론이 아니라 삶에서 흘러나온 진리로 채워져 있습니다. 무엇보다 귀한 것은, 모든 정체성이 결국 한 인간으로서의 진실함으로 이어진다는 점입니다. 그는 연약함도, 성장의 과정도 감추지 않습니다. 하나님 앞에서 정직하게 서려는 한 사람의 고백이 책을 더욱 살아 있게 만들고, 많은 독자에게 깊은 위로를 줄 것입니다.

아버지로서 김민철 원장은 다음 세대에게 물려주어야 할 마음의 유산이 무엇인지 알고 있습니다. 하나님의 자녀가 '나'를 건강하게 만나고, 하나님 안에서 기쁨을 누리며 살아가기를 바라는 간절한 마음이 담겼습니다. 개인의 회복을 넘어 가정과 다음 세대를 위한 치유의 길을 제시합니다. 또한 남편으로서 그는 가장 가까운 관계 안에서 치유가 어떻게 흘러가는지를 삶으로 보여 줍니다. 사랑이 성숙으로 이어지고, 성숙이 관계의 회복으로 연결되는 과정이 통찰 속에 담겨 있습니다.

그리고 이 책은 상처와 무의식에 가려진 '나'를 다시 만나게 하고,

하나님 품에서 분열된 마음이 하나로 통합되는 은혜의 여정을 아주 깊이 있게 안내합니다.

국제생명나무사역 대표로서, 또 마음 회복의 여정을 오랜 기간 함께한 동역자로서 김민철 원장의 《나를 돌보는 마음》을 기쁜 맘으로 확신 있게 추천합니다. 이 책을 읽는 모든 분이 하나님 앞에서 자신을 만나고, 그분의 품 안에서 쉼과 회복을 누리며 '진짜 나'를 발견하는 은혜를 경험하시기를 기도합니다.

윤종현 국제생명나무사역 대표, 목사

한 장, 한 장 넘길 때마다 마음 깊은 곳이 조용히 어루만져지는 책이다. 단순히 '치유에 대한 설명서'가 아니다. 우리나라에서 드물게 정신건강의학 진료와 기독 사역을 동시에 감당하고 있는 저자가 자신의 상처와 신앙과 사역의 현장에서 길어 올린, 살아 있는 치유의 이야기이기에, 진정한 그리스도인의 삶을 찾아가게 해 주는 엄청난 안내서이다.

기독 치유는 곧 전인 치유라는 사실을 말이 아니라 실례로 보여준다. 영과 마음과 몸, 관계와 역사, 의식과 무의식 그 모든 층위에 하나님이 어떻게 빛 비추시는지를 섬세하게 풀어낸다. 특히 감동적인 것은, 이 책이 이론이 아니라 자신의 삶으로 검증된 이야기라는 점이다. 저자가 환자들과 함께 흘린 눈물, 사역 현장에서 경험한 기적, 그리고 자신 안의 상처를 통과하며 깨달은 은혜를 담담하지만 힘 있게 기록하였다. 그래서 문장이 단순히 읽히지 않고 가슴에 스며든다.

이렇게 하나님을 알고 나를 아는 길을 따뜻하고 실제적으로 안내하는 책은 흔치 않다. 그리스도인의 필독서가 될 것이다. 그리스도인이 아니더라도 읽다 보면 어느 순간 역사하시는 하나님을 만나게 될 것이다. 사람의 마음을 이토록 깊이 이해하고, 상처를 이토록 존중하며, 회복을 이토록 진실하게 말하면서, 결국 가장 깊은 근원으로 독자를 데려간다. 상처를 통과해 하나님 품으로 안기는 여정을 구체적이고 섬세하게 밝히며, 하나님을 제대로 알고, 하나님과 사람을 사랑하는 마음으로 회복되는 것이 모든 치유의 본질임을 일깨워 준다.

나는 이 책을 읽으며 위로받았고, 깨달았고, 다시 하나님을 더 사랑하고 싶어졌다. 그리고 무엇보다 누군가의 영혼이 이 책을 통해 살아나기를 진심으로 소망하게 되었다. 사랑하는 후배가 참 귀한 길을 걸어 주었고, 그 길 위에서 이렇게 아름다운 열매를 맺었음에 감사하며, 기꺼이, 기쁘게, 온 마음으로 이 책을 추천한다.

채정호 가톨릭대학 서울성모병원 정신건강의학과 교수, 《영성챙김》 저자

또한 모든 것을 해로 여김은 내 주 그리스도 예수를 아는 지식
이 가장 고상하기 때문이라. 내가 그를 위하여 모든 것을 잃어
버리고 배설물로 여김은 그리스도를 얻고 그 안에서 발견되려
함이니(빌 3:8-9).

하나님을 아는 지식과 나 자신을 아는 지식은 서로 연결되어 있
다(존 칼빈).

하나님을 아는 것만큼 중요한 것은 없습니다. 사도 바울도 그리
스도를 아는 지식이 가장 고상하다고 고백합니다. 감사한 것은 하
나님을 알아 갈수록 나를 알아 가게 된다는 사실입니다. 예수 그리
스도를 아는 지식이 더해 갈수록 그 안에서 나를 발견하게 됩니다.
　하나님과 나는 사랑으로 하나 된 관계이기에 하나님을 알면서
나를 모를 수는 없습니다. 말씀의 눈으로 나를 더 알아 가면서 하
나님에 대해 무지해질 수도 없겠습니다.
　하나님을 알수록 하나님이 나를 어떻게 창조하셨는지 깨달아집
니다. 하나님은 나를 세상에서 하나뿐인 존재로 기묘하게 만드셨습
니다. 태초에 그분은 설레는 계획과 꿈을 가지고 한 치의 오차도 없
이 나를 만드십니다. 그래서 피조물인 나를 알아 갈수록 내 안에 심
긴 하나님의 의도, 목적, 섭리, 은사, 부르심, 꿈, 소명, 사명 등을 발

견합니다. 예수 그리스도의 십자가 대속으로 이제 우리는 우리의 참 모습을 찾게 되었습니다. 복음 안에서 평생 나를 찾아가는 길은, 비록 고난을 만날지라도 기쁨과 환희가 가득한 길입니다. 어제와 달리 오늘도 새롭게 발견되는 일상의 내 모습, 세밀한 부르심, 확장되는 사역과 지경 등을 통해 나 자신을 찾습니다. 내일도 하나님께서 허락하시는 나다운 '나'를 설렘과 기대감으로 기다리게 됩니다.

하나님을 더 알아 가기 위해 평생을 드리듯, 하나님이 만드신 나를 알아 가는 것 역시 평생 애써야 하는 일입니다. 그것은 매우 역동적인 여정입니다. 내가 누구인지 아는 것은 사실 간단하지 않습니다. 물론 하나님의 '자녀'로 살아가는 삶은 평생의 성장이 요구됩니다. 시행착오도, 실수도, 때로 이해되지 않는 시간도 필수적입니다. 하나님께서 의도하신 '나다움'의 삶은 아주 독특하며 타인이 대신할 수 없습니다. 내가 나다워지려면 타인의 도움과 환경, 여러 고난도 필요합니다.

하나님 안에서 나를 찾아야 하는 이유는 결국 '사랑의 삶'을 위해서입니다. 나를 찾는다는 것은 내 안의 모든 것이 말씀으로 하나 된다는 의미입니다. 내 안에 상처나 죄 등으로 나뉜 속사람을 서로 친밀하게 만들어야 합니다. 내가 나와 친밀해야 다른 지체도 사랑할 수 있게 됩니다. 나를 찾고 우리를 발견하며 우리 속에 거하시는 하나님을 더 깊이 알기 위해서 '나'는 공동체와 관계 속에 거해야 합니다. 하나님께서 삼위일체의 관계 속에 거하시듯 우리도 사랑 안에 거해야 합니다. 내가 하나님께서 의도한 진짜 내가 된다면 진짜 나로부터 진짜 사랑이 흘러나올 수 있습니다.

네 이웃을 네 자신같이 사랑하라 하셨으니(마 22:39).

이 책은 말씀 안에서 나를 찾아가는 내용을 3부로 담았습니다. 각 장마다 가능하면 실제 사례를 넣었습니다. 진료 및 상담, 치유 사역을 통해 도움을 드렸던 분들뿐만 아니라 하나님께서 함께하셔서 회복되었던 제 이야기도 나누겠습니다. 각 장 마지막에는 마음근육 키우는 방법을 말씀드리겠습니다. 한 가지, 혹은 몇 가지라도 도움 되시길 기도합니다.

1부 '나를 만나는 마음'에서는 내가 과연 나와 친밀한지, 나는 누구인지를 살펴봅니다.

우리의 마음은 죄로 인해, 상처로 인해, 세상 문화와 오염으로 인해 실상은 나쁜 상태입니다. 하나님을 경외하는 마음도 있지만 정함이 없는 마음도 있습니다. 성경은 온 마음 다해 하나님을 사랑하라고 하십니다. 우리가 온 마음을 다하려면 나뉘고 눌린 어두운 마음도 찾아내어 빛 가운데 통합해야 합니다. 의식과 달리 무의식 속에는 어둡고 분열되고 외면당하고 억압된 마음이 훨씬 더 많습니다. 이 모든 마음 구조가 하나를 이루도록 성장해 가야 합니다. 잃어버린 우리의 마음 조각들을 말씀 안에서 찾아오길 원합니다. 그래서 내 안에 나뉜 마음이 하나 되어 온전해지면 좋겠습니다. 세월이 흘러갈수록 일부분이 아닌 전심으로, 분열된 마음이 아닌 온 마음으로, 우리의 모든 것을 자원하여 하나님께 드리는 삶이 되면 좋겠습니다.

나의 마음 상태를 먼저 점검해 보겠습니다. 내가 과연 나와 친한지 자문해 봅니다. 그리고 진정한 정체성이 시작되는 순간을 말씀 속 '모세'를 통해 살펴보기 원합니다. 아울러 내가 나와 친밀하지 못하게 만드는 무의식 속 만연한 거짓 자아상에 대해 나누겠습니다. 무의식적 정체성이 얼마나 왜곡되었는지 살펴보며 회복하는 과정을 나누겠습니다. 그리고 내 안의 억눌린 또 다른 나와 어떻게 교제하며 통합할 수 있을지도 애기하겠습니다. 하나님의 의도가 깃들인 나의 독특한 속성과 기질과 성향을 찾아봅니다. 나답다는 것이 어떤 의미인지도 생각해 봅니다. 성격 테스트의 활용법과 주의점도 알아보겠습니다. 마지막으로 나다움의 꽃인 '약점'에 대해 말씀드리겠습니다. 약점이 정체성의 필수 구성 요소임을 강조하고 싶습니다. 그리고 그 약점을 말씀의 눈으로 사랑하고 수용하고 좋아하게 되면 좋겠습니다.

2부 '상처를 돌보는 마음'에서는 상처(trauma)와 정체성에 초점을 두고 말씀드립니다.

상처는 사실 정체성을 왜곡하는 주범일 수 있습니다. 그것은 인간 마음에 광범위하게 심겨 있습니다. 상처는 하나님의 의도에 빗나간 자아상을 형성해 우리를 고통스럽게 만들지요. 그래서 상처를 회복하면 하나님께서 의도한 나로 치유받고 성장합니다. 물론 상처도 하나님이 사용하시면 나다움을 찾아가는 훌륭한 재료가 됩니다. 하나님께서 상처를 치유하는 과정을 구체적인 사례를 들어 말씀드리겠습니다. 상처가 즉시 낫는 경우도 있지만, 시간이 걸리는 경우도 많습니다. 내면의 치유 과정에서 나타나는 다양한 특성, 그리고 근원적 치유가 어떻게 가능한지 설명드립니다. 거짓 정체성은 죄와 밀접한 연관이 있습니다. 무의식 속에서 정체성을 왜곡하는 죄의 요소를 어떻게 다뤄 나갈지도 설명드립니다. 상처를 통과하면 하나님과 나의 진짜 모습이 더 선명히 보입니다.

3부 '우리로 안기는 마음'에서는 결국 나를 찾아야 하는 이유를 다룹니다. 자아실현도, 행복도 그 이유가 될 수 있습니다. 하지만 진짜 이유는 따로 있습니다. 내가 충분히 나로 성장해야만 진정한 '자기 부인'을 이룰 수 있기 때문입니다. 내가 하나님이 부여한 자녀의 삶을 충분히 누리고 성장해 간다면, 나는 말씀 안에서 나를 소유할 수 있게 됩니다. 내가 나를 건강하게 소유해야 하나님 앞에 나를 건강하게 드릴 수 있습니다. 빛이신 말씀 앞에 나의 모든 숨겨진 자아가 하나 되어 드러납니다. 처음에는 내가 나를 건강하게 소유하지만, 결국에는 말씀이 나를 소유하십니다. 예수님의 삶처럼 말씀이 온전히 나를 주장하는 삶을 살게 됩니다. 그 말씀은 내가 '자원하는 종'으로서 살도록 인도하십니다. 억지 순종이 아니라 자원하여 산 제사로 내 삶을 드리게 됩니다.

나를 찾아가는 거룩한 여정은 나 혼자가 아닌 우리가 함께 찾아야 합니다. 하나님은 공동체와 관계를 통해 나를 더 나답게, 우리를 더 우리답게 만들어 가십니다. 내 안의 상처도, 그로 인한 들보와 죄도, 관계 안에서 녹여 내십니다. 건강한 관계가 덜 건강한 관계를 어떻게 치유하는지, 타인과의 관계, 부부 관계 안에서 내 안의 들보를 어떻게 제거할지도 나누겠습니다.

우리는 이미 하나님의 자녀로 하나님 품에 있습니다. 하지만 상처와 왜곡 등으로 인해 나의 나 됨을 누리지 못하지요. 내가 하나님의 자녀로서 삶을 누리고, 자원하는 종으로서 삶을 드릴 때, 하나님의 영광을 더 풍성히 보게 될 것을 믿습니다. 하나님은 하나님의 영광과 사랑과 친밀함을 자녀인 우리가 누리기를 강력히 원하십니다. 내 안의 여러 왜곡으로 인해 그 영광을 누리지 못하는 우리를 오늘도 초대하십니다.

또 무리에게 이르시되 아무든지 나를 따라오려거든 자기를 부인하고 날마다 제 십자가를 지고 나를 따를 것이니라(눅 9:23).

1부

나를 만나는 마음

왜 나와
친밀해야
할까

"저는 제가 참 좋습니다. 그리고 저는 제가 편합니다. 저는 ○○을 좋아하고, ○○은 싫어합니다. 제 강점과 약점을 잘 알고 있고요. 부족한 약점이 있어도 숨기거나 억누르거나 수치스럽게 여기지 않습니다. 약점도 저의 모습 중 소중한 일부이기 때문입니다. 저는 하나님의 자녀로 살아갑니다. 제게는 하나님이 주신 확고한 가치가 있어 그 가치를 위해 열심을 냅니다. 가능하면 최선을 다하고 완벽함보다는 탁월함을 추구합니다. 그래서 평생 달려갈 목표도 있지요. 대인관계가 때로 쉽지 않지만 필요하면 거절을 잘합니다. 살아가다 보면 갈등을 경험하게 되는데요, 피하지 않고 직면하려고 합니다.

하루의 일과를 마치고 충분히 잘 쉽니다. 몸과 마음을 이완하고 재충전하지요. 혼자서도, 다른 사람들과도 잘 지냅니다. 세상에는 중독으로 이끄는 위험 요소가 매우 많지만 그러한 유혹에 잘 대처합니다. 제 마음은 때로 부정적일 때도 있지만 대체로 감사하고 따뜻합니다. 하나님의 사랑을 날마다 경험하고 있으며 그래서 하나님을 사랑하고 이웃을 사랑하고자 노력하고 있습니다.”

우리는 모두 이런 삶을 원합니다. 이렇게 살아가는 사람은 우선 든든하고 건강한 내면을 가졌습니다. 그리고 마음에 쌓은 선에서 그 열매를 외부로 드러낼 것입니다. 그 열매는 자기와의 관계, 타인과의 관계, 일과의 관계, 하나님과의 관계 등 모든 관계의 영역에서 풍성히 맺히게 됩니다. 이 중 가장 기초가 되는 열매는 자신과의 친밀한 관계라고 생각됩니다.

。　나와 친하다는 것이 무엇일까요?

내가 나와 친하다는 것은 어떤 의미일까요? 하나님은 사람을 관계적 존재로 만드셨습니다. 그래서 우리는 누군가와 어떤 식으로든 관계를 맺습니다. 심지어 나도 나와 관계를 맺으며 살아갑니다. 삼위 하나님께서도 세 분이 하나 된 관계 안에 거하시듯 하나님의 관계적 형상으로 만들어진 나도 내 안에서 관계적 상태로 존재합니다. 사람은 결코 혼자서 자신의 내면을 만들어 가지 않습니다. 부모 자녀 관계를 비롯해 수많은 관계를 통해 나의 관계적 내면을 만들지요. 그래서 나도 나와 지속적 관계를 맺으며 내가 누구인지를 깨달아 갑니다. 내가 나와 친할 때 나는 매우 건강한 상태라는 뜻입니다. 물론 마음이 건강한 상태를 의미하는 접근 방식과 표현은 다양할 것입니다. 그중 한 가지 관점인 '내가 과연 나와 친밀하게 만나고 있는지, 그래서 내가 나와 친한지'에 대해서 조명해 보면 좋겠습니다.

나와
친하려면

나와 친하려면 나와 잘 만나야 합니다. 적대적인 사이는 결코 친해질 수 없습니다. 그런데 수많은 요인이 우리 마음의 친밀함을 깨뜨립니다. 그중 두말할 필요도 없이 죄가 가장 위협적인 방해물입니다. 죄로 인해 우리 마음은 온전한 연합이 불가능하며 분열되어 존재합니다.

죄가 없다면 얼마나 좋을까요? 죄가 없다면 하나님이 의도한 모습으로 나와 만나고 친해지며 연합하고 하나 될 수 있습니다. 육신을 입고 계시면서도 죄가 전혀 없으셨던 예수님이 그런 의미로 가장 건강하시지요. 하지만 예수님을 제외한 그 누구도 죄가 없을 수 없습니다. 그래서 예수님의 마음과 뇌 상태처럼 완전한 인간은 없습니다. 그럼에도 우리를 살리시는 복음으로 평생 성화의 과정을 밟아 간다면 지속해서 건강한 마음으로 자라 갈 수가 있습니다.

마음의 구조를 뇌과학, 심리학, 분석학, 종교적 시각 등으로 무작위로 나열해 본다면 이렇습니다. 좌뇌, 우뇌, 생존 뇌, 전두엽, 두정엽, 측두엽, 변연계, 의식과 무의식, 무의식 속에도 또 나뉜 거의 무한대의 영역들, 자아, 초자아, 원 본능, 상처 난 마음, 건강한 마음, 트라우마로 분절된 마음, 영, 혼, 육, 몸 안의 죄 등 학파와 접근 방식에 따라 매우 다양한 형태로 나뉩니다. 다양한 마음은 각자의 역할을 합니다. 때로 서로 간섭하며 억압하기도, 때로 협력하며 순종하기도 하면서 연합하여 생존해 나갑니다. 그런데 그 마음은 죄뿐만 아니라 살아오면서 경험하는 수많은 상처, 결핍 등으로 더더욱 하나 됨에서 멀어져 갑니다. 내 마음과 또 다른 마음의 구조가 친밀하지 않다는 의미입니다. 그러면 내가 나와 친하지 않은 셈이 됩니다.

내가 나와 친해지려면 근본적으로 하나님의 말씀이 내 마음 속 구조 간에 임하셔야 합니다. 나뉜 마음의 구조가 사랑과 은혜로 친밀해져야 합니다. 오직 진리와 은혜만이 죄로 인해 분열된 마음 구조를 연합할 수 있습니다.

내가 나와 친해지면 나를 제대로 알게 되며, 내가 나를 있는 그대로 바라볼 수 있다면 내가 나를 좋아하지 않을 수 없습니다. 왜냐하면 나를 있는 그대로 바라보게 하는 유일한 렌즈가 바로 하나님의 진리와 은혜이기 때문입니다. 즉, 하나님의 진리와 은

혜의 눈으로 내가 나를 바라볼 때 하나님이 날 사랑하시는 마음
으로 내가 날 사랑하고 좋아할 수밖에 없게 되지요. 하나님의 사
랑이 나의 내면에 임하면 마음 구조 간 친밀해질 뿐 아니라 나와
날마다 친밀하게 만날 수 있게 됩니다. 그리고 날마다 나를 예수
님의 눈으로 바라보며 친하게 만나고 지낸다면 우리의 마음은
더욱 성장하게 됩니다. 결국 타인을 향한 사랑으로 열매를 맺게
되겠습니다.

나와 평화로워야
남과도 평화롭습니다

나와 친하다는 것을 다른 식으로 표현해 보면 이렇습니다. 어릴
때 상처로 인해 만들어진 '성인 아이'가 있다면 그 내면에 자라지
못한 미숙하고 분열된 자아가 있다는 의미이겠지요. 그 상처의
정도가 심할수록 왜곡된 정도도 심해지며 어둠의 정도도 깊어집
니다. 상처가 깊은 마음은 빛을 싫어하고 건강한 내 마음으로 흡
수되기를 거절합니다. 그래서 단절된 상태로 고립되어 무의식에
존재합니다. 그래서 평소에는 그런 마음이 있는지도 모르다가
스트레스를 받거나 상처가 건드려지면 불쑥 내 마음의 전면에
그 미숙한 마음이 나와 버립니다. 흔히 '뚜껑 열린다'고들 표현하
지요. 그러면 성숙한 내 마음과 미숙하여 폭발한 마음 간에 충돌

이 일어나고 그 마음은 서로를 수용하지 못한 채 낯설어 합니다. 이렇게 마음이 나뉜 상태 자체가 내가 나와 친하지 않은 모습입니다. 성숙한 사람일수록 이 두 마음이 서로 친밀해서 상호 존중하거나 또 다른 더 성숙한 마음으로 통합됩니다. 그러면 다음에는 그 미숙하고 분열된 마음이 줄어든 상태이거나 성숙한 마음으로 통합되어 마음은 더욱 온전히 하나가 될 수 있지요.

내가 나와 평화로워야 타인과도 평화를 유지할 수 있습니다. 자신에게 관대한 사람이 타인에게도 관용을 베풀 수 있습니다. 내가 내 약점을 수용하는 자세가 곧 남의 약점을 수용하는 자세로 연결됩니다. 물론 내가 나 스스로를 대하는 방식은, 어린 시절 부모가 나를 어떻게 대했는지에 기반하는 경우가 많습니다. 그리고 자라면서는 하나님의 사랑을 경험하는 만큼 나를 사랑하는 방법을 배우게 되고 이웃 사랑으로 확장될 것입니다.

건강한 마음의 12가지 모습

앞서 소개한 비교적 건강한 마음을 12가지로 정리해 보면 다음과 같습니다.

1. "저는 제가 참 좋습니다. 그리고 저는 제가 편합니다"

자기와 자기가 늘 친밀하게 만나고 있으니 그 친밀함의 핵심인 하나님 사랑의 눈으로 자기를 바라볼 수 있지요. 그래서 자신을 참 좋아합니다. 친한 사람과 함께할 때 편안함을 느끼듯 자기에 대해서도 편하게 생각합니다. 단점이나 부족함도 수용하는 넓은 마음입니다. 자기를 좋아한다는 것은 나다움을 방해하는 마음속의 죄까지 좋아한다는 의미는 아닙니다. 죄의 눈으로 자신을 평가하지 않고 하나님의 사랑으로 자신을 긍휼히 여깁니다.

2. "저는 ○○을 좋아하고, ○○은 싫어합니다"

자기를 알고 있으니 뭘 좋아하는지, 뭘 싫어하는지도 명확히 알고 있습니다. 자신의 기호와 호불호를 명확히 그리고 당당히 외부로 밝힐 수 있는 사람이 내면이 건강한 사람입니다. 나의 내면을 외부로 드러낼 때 위축되거나 타인의 시선을 과도히 의식하지 않는 상태이지요. 그렇다고 해서 자신의 모습을 과시하지는 않습니다.

3. "제 강점과 약점을 잘 알고 있고요. 부족한 약점이 있어도 숨기거나 억누르거나 수치스럽게 여기지 않습니다. 약점도 저의 모습 중 소중한 일부이기 때문입니다"

자신과 친하므로 자신의 강점도, 약점도 파악하고 있습니다. 강점을 부풀리거나, 약점을 축소해 나를 교묘히 조정해서 더 멋진 모습으로 왜곡할 필요가 없습니다. 그냥 약점이 있는 나를 좋아하게 된 것입니다. 약점은 부족한 점이지만 수치스러워 숨길 부분도 결코 아니지요. 약점은 사실 성숙과 성장에 꼭 필요한 내 모습입니다. 약점이 있기에 겸손해지고 타인을 나보다 더 낫게 여길 수도 있습니다. 약점이 있어야 하나님을 더욱 의지하므로 약점은 모든 사람에게 존재하는 하나님의 선물이기도 합니다. 그래서 사도 바울은 약함을 자랑하기도 했습니다.

4. "저는 하나님의 자녀로 살아갑니다"

나를 창조한 하나님은 나와 나를 하나 되고 친밀하게 만드시는 유일한 분이십니다. 하나님의 임재를 통해 내 아버지가 하나님이심을 무의식 깊은 곳에서부터 깨닫고 있습니다. 내 속사람이 통합되는 만큼 내가 나를 잘 알게 되니 하나님의 자녀라는 정체성으로, 세상 앞에 위축되지 않고 당당히 살아갑니다.

5. "제게는 하나님이 주신 확고한 가치가 있어 그 가치를 위해 열심을 냅니다.⋯ 그래서 평생 달려갈 목표도 있지요"

내가 나와 친해질수록 분열된 자아가 아니라 통합적 자아를 이루어 내가 누구인지 전체적으로 더 알게 됩니다. 그러면 당연히 가치 있는 것이 무엇인지 저절로 알게 됩니다. 하나님이 그토록 기뻐하시는 가치가 사랑임을 우리는 십자가에서 배웁니다. 그래서 그 가치를 위해서 열심을 내고 희생하며 평생 헌신할 목표를 세우게 됩니다.

6. "가능하면 최선을 다하고 완벽함보다는 탁월함을 추구합니다"

완벽주의만큼 비복음적인 것은 없습니다. 하나님의 사랑으로 자기와 친밀해질수록 나는 존재적으로 하나님께 용납받는 자임을 깨닫습니다. 완벽한 행위를 추구할 이유가 없어집니다. 마음이 건강할수록 완벽은 이 땅에 존재하지 않음을 깨닫지요. 완벽주의는 불안과 두려움이 만들어 내는 충동적, 강박적, 육신적 행위입니다. 오히려 하나님의 자녀로서 그 정체성에 걸맞은 삶을 살게 되니 당연히 달란트를 따라 탁월함을 추구할 수 있게 되지요. 탁월함은 불안이나 두려움이 아닌 충만감과 소속감과 적극성에서 나오는 자연스러운 열매입니다.

7. "대인관계가 때로 쉽지 않지만 필요하면 거절을 잘합니다. 살아가다 보면 갈등을 경험하게 되는데요, 피하지 않고 직면하려고 합니다"

건강한 사람은 완벽한 관계를 맺으려는 압박에서 벗어날 줄 압니다. 관계에 최선을 다하려고 하지만 상대는 내 마음과 달라 갈등이 일어나기도 합니다. 특히나 건강하지 않은 관계를 되풀이하는 사람을 분별하는 능력이 필요합니다. 그래야 병적 관계의 피해자가 되지 않습니다. 관계에서 중요한 것은 적절한 거절입니다. 그래야 나 자신뿐만 아니라 상대도 보호하게 됩니다. 자신과 친한 사람은 내가 누구인지 알기에 어떤 영역에서 건강한 거절을 해야 할지 안정감 있게 알게 됩니다. 부당한 요구, 죄의 유혹 등을 단호히 거절하는 사람은 자신과 친한 사람입니다. 물론 'yes'가 필요할 때는 고난이 있어도 'yes' 하는 것이 중요하며 건강한 'no'를 하는 사람만이 건강한 'yes'를 할 수 있습니다. 그래서 건강한 갈등은 피하지 않아야 합니다. 필요하다면 갈등을 직면하고 통과해야 합니다. 그 갈등을 다뤄 낼 내적 힘은 내가 나와 친밀한, 그래서 통합된 자아를 가진 사람일수록 강합니다.

8. "하루의 일과를 마치고 충분히 잘 쉽니다. 몸과 마음을 이완하고 재충전하지요"

내가 나와 친밀하므로 나를 사랑하는 법도, 재충전하는 법도 잘 압니다. 자기가 과도하게 혹사당하는 상태를 인식하고 멈추는 것이지요. 자기와 친하지 않은 사람은 내면의 긴장도가 높습니다. 사랑이 아닌 거짓이 자아 구조 간 분열을 만들기에 화평보다는 긴장과 부정적 감정의 압력이 높습니다. 그러면 쉼으로 갈 것 같지만 그렇지 않습니다. 쉬는 순간 자기 안의 부정적 감정 등을 느끼니 그 불안을 피하고 싶어 다시 일이나 중독으로 치우치게 됩니다.

9. "혼자서도, 다른 사람들과도 잘 지냅니다"

내가 나와 함께하는 것이 좋고 편하니 혼자 있는 시간도 즐거움의 연속입니다. 내가 나와 친할수록 자아 분화도가 건강합니다. 즉, 성숙한 상태라는 뜻입니다. 성숙한 사람의 눈에는 성숙한 사람이 더욱 매력적으로 보입니다. 그래서 자기와 유사한 정도로 성숙한 사람들과 잘 지낼 수밖에 없습니다. 내가 나와 친밀하니 친밀한 관계가 어떤 형태인지 잘 알기에 타인과도 친밀한 관계를 잘 유지하게 됩니다. 혼자서도 잘 지내고 타인과도 행복함을 누리는 것입니다.

10. "세상에는 중독으로 이끄는 위험 요소가 매우 많지만 그러한 유혹에 잘 대처합니다"

자기와 친한 사람은 그 마음에 친밀함과 사랑이 풍성하니 사랑과 같은 긍정적 요소에 더 끌립니다. 빛 가운데 있으니 어두움이 싫어지는 것이지요. 건강한 상태와 그렇지 않은 상태를 구분하는 능력이 있습니다. 누구나 중독에 끌릴 수 있지만, 내적 건강함과 힘이 더 크기 때문에 그 유혹에서 잘 벗어납니다.

11. "제 마음은 때로 부정적일 때도 있지만 대체로 감사하고 따뜻합니다"

아무리 자기와 친밀한 사람이라도 당연히 부정적 감정이나 생각을 가질 수 있습니다. 필요하다면 부정적인 생각도 건강함의 재료가 되기도 하지요. 다만, 부정성에서 긍정성으로 돌아오는 힘이 있습니다. 자기와 친밀한 사람은 내적 기쁨과 평안의 크기,

깊이, 넓이가 남다릅니다. 내면의 하나 됨을 더 누릴수록 인격적 기쁨과 평안이 커지면서 스트레스나 중독으로부터 잘 벗어나 감사와 따뜻함이 쉽게 회복됩니다.

12. "하나님의 사랑을 날마다 경험하고 있으며 그래서 하나님을 사랑하고 이웃을 사랑하고자 노력하고 있습니다"

내 마음 간 구조가 하나 되고 친밀해지며 통합되어 갈수록 내면에 부어진 사랑은 훨씬 더 커진 상태이겠습니다. 사랑을 충만히 경험한 만큼 내면은 하나 됨으로 성숙하니까요. 그런 사랑은 당연히 넘쳐 이웃에게 가지 않겠습니까?

여러분의 마음은 어떻습니까? 내가 내 마음과 친하다면 그 친밀함에 합당한 열매가 외부로 드러나게 되어 있겠습니다. 우리의 평생은 나와 친밀해지는 과정이라고 생각됩니다. 하나님은 우리 내면이 사랑으로 충만해지길 원하십니다. 내가 편해지고 혼자만 좋은 내적 상태를 유지하는 것이 우리의 목표는 결코 아닐 것입니다. 온 땅에 분열되고 나뉘어 상처 입은 관계를 하나로 묶는 복음의 능력이 내 속에서부터 역사하여 열방으로 흘러가길 기도합니다. 나와 내 주변과 이 땅과 불모지에도 하나가 되는 은혜가 충만하길 기도합니다. 그 일을 시작하며 다시금 나부터 점검하면 좋겠습니다.

° 건강한 마음의 12가지 모습 중 하나라도 내게 있다면 그 한 가지를 반복해서 연습하세요.

° 내 마음 안에 분리되고 분열된 영역이 무엇일지 생각해 보세요.

° 취미이건 어떤 활동이라도 내가 좋아하는 것 한 가지를 찾으세요. 그 한 가지 활동에 더 많이 몰입하세요. 내 안의 내가 열리는 경험을 하실 수 있습니다.

° 이완하며 쉬는 시간을 우선순위로 만드세요. 길지 않아도 됩니다. 쉬는 것이 어려우면 쉬는 연습이 잘될 때까지 평보보다 70%만 최선을 다해 보세요.

° 거절하는 연습이 중요합니다. 내가 누가 아닌지를 알아야 내가 누구인지를 알게 되기 때문입니다.

° 오늘 하루의 가치와 의미와 감사를 찾아보세요.

° 날마다 '나는 하나님께 어떤 존재입니까'라고 묻고 기도하고 응답받아 보세요.

내가
누군지
모르겠어서

느끼지 못할지라도 우리는 날마다 자신을 만나고 삽니다. 눈을 뜨면서부터 무의식적으로 내가 나를 느끼면서 하루를 시작합니다. 하루 종일 나와 대화를 이어 가며 스스로를 비난하기도 하고 무시하기도 하지요. 자신이 싫어지기도 합니다. 나와 친밀하지 않아 거리를 두고 살아간다면 고통스럽습니다. 내가 진짜 나를 만나지도 못하며 오히려 부정적으로 오해하며 하나님의 눈으로 나를 바라보지 못하는 상태입니다.

나와 거리를 두는 다소 극단적 예를 들어 보겠습니다.

"저는 제가 누구인지 잘 모르겠습니다. 제가 뭘 좋아하는지도 모르겠고요. 사실 뭘 해도 재미가 없습니다. 마음이 공허할 때가 많고 심할 때는 마음에 구멍이 난 것 같습니다. 제일 힘들 때는 혼자 있을 때입니다. 이유도 모르는 불안과 부정적 생각이 저를 괴롭힙니다. 그래서 잘 쉬지 못합니다. 저는 제대로 쉬어 본 적도 없고 쉬는 법도 잘 모르는 것 같습니다.

대인 관계도 힘듭니다. 그냥 사람들의 시선이 신경 쓰입니다. 제 약점을 비난할 것 같고, 저의 못난 모습을 들킬 것 같습니다. 그래서 혼자 있는 시간이 많은데 혼자 있는 것도 힘드니 이러지도 저러지도 못합니다. 어쩌다 용기 내어 사람들을 만나면 그 사람들에게 맞추게 됩니다. 갈등이 너무 싫어서 거절은 거의 못하는 편 같습니다. 심지어 싫어도 좋다고 할 때도 있습니다.

늘 예민하고 우울하고 불편합니다. 저를 보면 약점투성이인 것 같아서 저는 제가 수치스럽기도 합니다. 솔직히 저는 제가 싫습니다. 하나님도 저와는 거리를 두시는 것 같습니다. 하나님이 날 사랑하신다고 배웠지만 글쎄요…, 느껴지지 않습니다. 소셜미디어에 많은 시간을 허비할 때가 많습니다. 그나마 영상을 보면 덜 고통스럽습니다. 열심히 살아온 것 같은데 모든 것이 다 의미가 없게 느껴집니다. 그래서 그런지 때론 죽음에 대해서 고민하기도 합니다. 죽으면 더 편하지 않을까요?"

위의 이야기는 제가 진료실에서 반복해서 듣는 이야기입니다. 이런 마음이 표현되는 이유는 위에서 말씀드린 것처럼 내가 나를 친밀하게 만나지 못해 내가 누구인지를 모르기 때문입니다.

다음과 같이 나와 친하지 않은 분들의 은근하고 순화된 표현도 있습니다.

"저는 시간을 쪼개어 너무 바쁘게 살아갑니다. 바쁘면 그래도 우울할 틈이 없거든요. 쉬는 시간요? 엄두를 내지 못합니다. 하루 종일 쫓기며 살다가 저녁 늦게 집에 오면 대충 식사를 마친 뒤, 휴대폰을 보다가 잠이 듭니다. 그나마 잠시 쉬려고 하면 못다 한 일이 자꾸 생각이 나요. 취미요? 가질 여유가 없어요. 시간 있고 돈 있는 사람들이나 하는 여유로운 일상 같아요.
휴일에 모처럼 시간이 나면 하루 종일 자거나 휴대폰을 보면서 쉬는 것 같아요. 물론 출근할 생각으로 쉽게 불안해지지만요. 제가 마음에 드냐고요? 그렇게까지 마음에 들지는 않지요. 장점도 있지만 단점이 더 많아서 저는 다른 사람들보다 더 열심히 해야 해요. 경쟁 사회이니 약점은 잘 숨기고 가면도 잘 써야 하지요. 이미지 관리가 중요한 것 아닌가요? 제 속마음도 잘 숨겨야 할 때가 많다고 생각해요. 왠지 세상은 경계해야 할 대상 같아요. 의미 있는 삶이냐고요? 의미도 중요하지만 먹고사는 것이 중요하니 의미보다는 실리를 따지려고요. 친구를 만나면 좋기도 하지만 에너지를 많이 쓰니 그냥 혼자 지내기도 해요. 그러다 어떨 때는 혼자 있는 것이 너무 공허하고 불안해서 사람들을 자꾸 만나기도 하지요. 하나님과의 관계는… 글쎄요, 깊이 생각해 보진 못했네요.”

간단한 예이지만 이 역시 우리가 우리 자신을 잘 모를 때 나오는 반응입니다. 앞의 예보다는 덜 심해 보이지만 내가 날 좋아하지 않을 때, 내가 나와 친밀하지 않을 때의 마음입니다.

나와 친밀하지 않는 12가지 모습

극단적 예를 12가지 정도로 먼저 정리해 보면 다음과 같습니다.

1. "저는 제가 누구인지 잘 모르겠습니다. 뭘 좋아하는지도 모르겠고요"

내가 나와 친하지 않으니 당연히 내가 누구인지 모릅니다. 진리를 기반으로 내가 나를 인식하지 않으면 거짓을 기반으로 인식할 수밖에 없습니다. 그래서 내가 하나님이 만드신 걸작이 아니라 무능하고 부족하고 잘못된 존재라고 오해합니다. 내가 날 모르니 내가 좋아하는 것이 뭔지 알 기회가 없었던 것이지요. 내가 좋아하는 것에 집중하기보다 두려움에 휩싸여 타인이나 세상의 눈치를 봅니다.

2. "사실 뭘 해도 재미가 없습니다"

진짜 자기가 원하는 것이 무엇인지 모르면 뭘 해도 인생에 활력이나 재미가 없습니다. 재미나 의미를 느끼는 능력도 필요합니다. 나와 내가 친밀하지 않다는 의미는 그 속에 부정적 정서가 가득하여 부정적 정서만 잘 느낀다는 뜻입니다. 긍정적 기쁨이나 재미, 의미를 느끼는 능력은 점차 줄어드는 것이지요.

3. "마음이 공허하고 심할 때는 마음에 구멍이 난 것 같습니다"

나와 나 사이에 어두운 공간이 있다고 느끼면서, 혹은 내가 이상하다고 확신하면서 공허하고 외롭고 우울할 수 있습니다. 친밀감이 충만하지 않은 상태이므로 마음이 텅 비어 있다고 느낍니다.

4. "제일 힘들 때는 혼자 있을 때입니다. 이유도 모르는 불안과 부정적 생각이 저를 괴롭힙니다"

그래서 혼자 있지 못합니다. 혼자 있으면 마음 깊은 곳에서 자기 혐오, 불안, 우울 등의 부정적 감정과 자기 비난의 부정적 생각이 반복적으로 올라옵니다. 자기를 하나님의 눈으로 보지 못하고 세상에서 만들어진 부정적 경험의 눈으로 바라봅니다. 혼자 있을 때 오히려 더 자기 비난의 내적 음성이 또렷해집니다. 이유를 알 수 없는 불안 등은 무의식으로부터 나와서 비논리적으로 나를 괴롭힙니다. 자기와의 내적 친밀감이 없으므로 자신을 안정시킬 긍정적 감정의 양도 부족합니다. 그래서 감정 조절력이 약합니다. 불안정한 감정을 보이며 때로 우울, 불안, 분노 등으로 자신과 주변을 힘들게 합니다.

5. "잘 쉬지 못합니다. 저는 제대로 쉬어 본 적도 없고, 쉬는 법도 잘 모르는 것 같습니다"

쉼이라는 것은 여러 측면이 있지만 자기와 자기가 사이가 좋은 상태에서 가장 원초적 편안함을 누리는 상태이지요. 가장 가까운 사이인데 서로 불편하면 얼마나 긴장이 되겠습니까? 마치 적과 동거하는 기분이겠지요. 오랜 기간 내가 나와 친밀하지 않다면 참안식을 누려 본 적도 없어 결국 쉬는 법도 잊어버립니다. 긴장과 불편함에 익숙해집니다. 쉰다는 것이 어색한 상태가 되는 것입니다.

6. "대인 관계도 힘듭니다. 그냥 사람들의 시선이 신경 쓰입니다. 제 약점을 비난할 것 같고, 제 못난 모습을 들킬 것 같습니다"

자기가 자기를 싫어하므로 같은 잣대를 타인에게 적용합니다. 그래서 나도 사람이 싫지만 다른 사람도 날 싫어하리라고 생각합니다. 다른 사람이 나의 본 모습을 알게 되면 내가 얼마나 형편없는 사람인지 드러날까 두려워하며 타인의 눈치를 많이 봅니다.

7. "어쩌다 용기 내어 사람들을 만나면 그 사람들에게 맞추게 됩니다. 갈등이 너무 싫어서 거절을 거의 하지 못하는 것 같습니다. 심지어 싫어도 좋다고 할 때도 있습니다"

자기 내면의 힘이 약하여 사람들과 어울리면 대등한 관계로 자신을 주장하지 못합니다. 무게 중심이 자기에게 없으니 상대방에게 주도권을 내어 줍니다. 마치 종속된 관계 같습니다. 거절당하거나 버림받을까 봐 두려워 동반 의존적 자세를 취합니다.

8. "늘 예민하고 우울하고 불편합니다. 약점투성이인 것 같아서 저는 제가 수치스럽기도 합니다"

자기를 오해하니 자기에게는 약점이 더 많다고 생각합니다. 원래 사람은 강점과 약점이 5 대 5인 상태로 태어납니다. 그 누구도 남과 비교해서 더 낫거나 못하지 않습니다. 하지만 자신을 오해하고 있으니 자기는 남들보다 더 못한 존재라고 여깁니다. 존재 자체가 잘못된 느낌입니다. 그래서 늘 숨습니다. 수치심이 과한 나머지 사라지고 싶어집니다. 죽음을 생각하기도 합니다. 그러다 누군가 내 약점을 건드리면 분노하거나 우울해집니다.

9. "솔직히 저는 제가 싫습니다. 하나님도 저와는 거리를 두시는 것
   같습니다. 하나님이 날 사랑하신다고 배웠지만 글쎄요…, 느껴지
   지 않습니다"

자기를 왜곡하여 보니 자기가 싫어질 수밖에 없습니다. 열등한
자아상을 갖고 있기에 하나님도 자기 같은 사람은 싫어하실 거
라고 단정 지어 버립니다. 자기를 바라보듯 하나님도 자기를 부
족하게 본다고 믿는 것이지요. 이런 왜곡에 익숙해져 버린 상태
에서는 하나님이 생생한 사랑으로 함께하심에도 불구하고 그 사
랑이 느껴지긴 어렵습니다. 자기가 자기에게 거리를 두는 것이
지, 하나님이 거리를 두시는 것이 결코 아닙니다.

10. "소셜미디어에 많은 시간을 허비할 때가 많습니다. 그나마 영상
    을 보면 덜 고통스럽습니다"

우리는 무의식적으로 대상을 찾습니다. 내가 나를 안정시켜 주
는 친밀한 대상이라면 굳이 다른 중독적 대상을 찾을 이유가 없
어지지요. 내가 나와 친밀하지 않거나 내가 나를 비난하고 있다
면 내적 고통을 마비시킬 중독적 매개를 찾게 되고 그것에 빠져
살아갑니다. 그 시간만큼은 고통을 약간 잊을 수 있다고 느낍니
다. 하지만 영상을 끄는 순간 더 큰 고통이 물밀듯 찾아옵니다.

11. "열심히 살아온 것 같은데 모든 것이 의미가 없게 느껴집니다"
내가 나와 친하지 않다면 나를 무가치하게 보며 의미를 상실하

게 됩니다. 물론 의미는 여러 가지 영역에서 가질 수 있습니다. 열심히 살아왔다고 모두가 의미를 느끼는 것이 아니라 내가 살아온 삶의 진짜 가치를 깨달을 때 참의미를 느끼는 것이지요.

12. "그래서 그런지 때론 죽음에 대해서 고민하기도 합니다. 죽으면 더 편하지 않을까요?"

내가 나와 건강한 애착이 없으니 생기를 잃어 갑니다. 의미도 없고 재미나 가치도 느끼지 못하는 상태이지요. 자기와의 관계뿐만 아니라 타인과의 관계에서도 고립되어 생명력을 얻을 수 없는 상태입니다. 누구를 사랑할 때 힘이 나듯 아무도 사랑하지 못할 때는 내가 사는 의미가 사라지는 것 같습니다. 상처가 많을수록 고통으로 인해 자기 파괴적 행동은 더 쉽게 나올 수 있습니다. 고통을 끝내는 길이 죽음이라는 부정적 생각에 사로잡히기도 합니다. 죽으면 편하다는 생각 자체가 뇌 기능의 부조화입니다.

나와 친밀하지 않는
12가지 모습(순화 버전)

앞서 살펴본 경우보다는 다소 순화된 다음 표현에 대해서도 12가지로 정리해 보겠습니다.

1. "저는 시간을 쪼개어 너무 바쁘게 살아갑니다. 바쁘면 그래도 우
   울할 틈이 없거든요. 쉬는 시간요? 엄두를 내지 못합니다"

이 역시 자기가 자기를 만나는 것이 불안한 분들의 특징입니다.
물론 다른 이유로도 바쁘게 살아갈 수는 있습니다. 바쁘게 살아
가는 동기를 살펴봐야 합니다. 하나님이 주신 사랑의 동기로 희
생하며 최선을 다하느라 바쁘다면 건강한 행동일 것입니다. 건
강한 동기에서 바쁘다면 쉼도 잘 가지는데 위의 경우 쉼 없이 바
쁜 상태로 보아 건강한 동기가 아닐 확률이 높습니다. 바쁜 생활
을 멈추게 되면, 부정적 자기 인식이나 감정이 밀려 올라오기 때
문에 쉬지 못합니다. 그래서 바쁘게 지내면서 우울한 감정을 느
끼지 않으려는 시도일 수 있습니다.

2. "하루 종일 쫓기며 살다가 저녁 늦게 집에 오면 대충 밥을 먹고,
   휴대폰을 보다가 잠이 듭니다"

자기와 친하지 않고 자신의 가치를 모르니 자신을 존중하지 못
하고 자기 관리 등도 소홀히 합니다. 일시적으로 하루 종일 바쁠
수는 있습니다. 그리고 지친 나머지 대충 식사할 수도 있겠지요.
이런 생활이 늘 잘못된 것은 아닐 수 있으나 곰곰이 자신과의 관
계를 생각하면서 분별할 필요는 있겠습니다. 뭔가에 쫓기는 삶
은 자기중심이 약해진 상태로 봐야 할 듯합니다. 내가 나와 친밀
한 상태에서 하나님의 말씀을 따라 삶의 주체가 되어야 하겠지
만 위의 상황은 일에 쫓기고 상황에 내몰리며 자신을 사랑하지

않는 모습일 수 있겠습니다.

3. "그나마 잠시 쉬려고 하면 못다 한 일이 자꾸 생각이 나요"

우리는 하루에도 엄청난 생각을 하고 살아가지요. 나와 친밀한 상태에서는 그 생각을 내가 잘 다스릴 수 있습니다. 몸과 마음은 집에 있으나 생각은 일에 가 있는 상태 역시 늘 잘못된 상황은 아닙니다. 할 일이 많거나 시간 내에 끝내야 할 때 우리는 충분히 일에 몰입할 수도 있습니다.

하지만 일이 내 안의 불편함을 회피하는 방편일 수도 있습니다. 나와 나 사이가 일로 방해받는 셈이지요. 어쩌면 무의식적으로는 적극적으로 내가 나와 친밀해지는 것을 방해하려는 의도일 수 있습니다. 나와 불편하게 만나는 것보다 일을 만나는 것이 더 편하기 때문입니다. 그리고 내가 내 안에서 존재적 안정감을 누리지 못하면 안정감을 얻기 위해 행위로 치우치게 됩니다. 존재와 행위는 눌 다 중요하나 존재적 안정감의 기반이 먼저 든든해야 행위적 탁월함이나 적절성이 유지됩니다.

4. "취미요? 가질 여유가 없어요. 시간 있고 돈 있는 사람들이나 하는 여유로운 일상 같아요"

취미는 사실 매우 중요한 활동입니다. 취미는 단순히 여가를 누리는 것을 넘어 하나님이 주신 나다움을 연습하는 장입니다. 본능적으로 끌리지 않는 일은 취미가 되기 힘듭니다. 하나님이 내 속에 주신 기질과 성향에 따라 끌리는 취미 활동이 사람마다 다릅니다. 취미에 몰입하면 하나님이 주신 나 자신을 더욱 발전시켜 갈 수 있습니다. 취미는 남는 시간에 하는 활동이 되어서는 안 됩니다. 돈이 없어도 얼마든 나다운 취미를 만들 수 있고 이런 취미를 통해 기본적인 나다움이 자라게 됩니다.

5. "휴일에 모처럼 시간이 나면 하루 종일 자거나 휴대폰을 보면서 쉬는 것 같아요"

자기와 친하지 않다면 사실 그 자기와의 관계에 에너지를 많이 쓰고 있다는 의미입니다. 자기를 소모하는 부정적 정서나 생각으로 별일 하지 않아도 쉽게 피로하고 지치고 무력하고 의욕이 없습니다. 그리고 그나마 있는 에너지마저 자기를 괴롭히는 무의식의 정서나 생각을 억누르는 용도로 쓰이므로 타인이나 외부의 일에 건강한 힘을 발휘하기 어렵습니다. 그러니 건강하게 쉬기 힘들고 그냥 하루 종일 무력한 방식으로 자기를 방치하듯 쉽니다. 쉼은 적극적이며 창조적인 생명력을 얻는 시간이어야 합니다. 하루 종일 자거나 휴대폰을 본다면 진정한 안식은 어렵겠습니다.

6. "물론 출근할 생각을 하면 쉽게 불안해지지만요"

늘 지친 마음이므로 출근할 생각에 불안정하게 흔들립니다. 가뜩이나 마음에 에너지가 없는데, 그래서 겨우 마음을 잡고 있는 상황에서 또 하루 일을 해내야 한다는 생각만으로 아찔해집니다. 그리고 온갖 부정적 상상을 합니다. 제대로 해낼 수 없다는 생각에 일터에 출근한다는 것은 무의식적으로 위험하다는 느낌이 듭니다. 외부의 일이 힘들어서가 아니라 내 마음이 약해서입니다. 내 마음이 분열되어 있으니 직업적, 사회적 기능을 감당하기 어렵다고 느끼는 것입니다. 물론 월요병이라고도 하는 현상은 보편적이지만, 내 마음을 감찰하시는 하나님 앞에 불안해하는 내적 상태가 조명될 필요는 있어 보입니다.

7. "제가 마음에 드냐고요? 그렇게까지 마음에 들지는 않지요"
자기혐오까지는 아니지만 그렇다고 나 자신이 좋지도 않은 상태이지요. 의외로 많은 분들이 이런 마음으로 살아가는 것을 발견합니다. 하나님이 나를 마음에 들어 하신다는 걸 알고 있나요? 우리를 보면 대신 돌아가신 예수님이 보입니다. 하나님은 나를 보시며 기쁨을 이기지 못하십니다. 그런데 나는 나를 그렇게 보지 않습니다. 내가 날 오해하고 있고 나와 나 사이에 불순물이 많아서입니다. 그래서 굴절된 시각으로 나를 바라보니 사랑스럽지 않습니다.

8. "장점도 있지만 단점이 많아서 저는 다른 사람들보다 더 열심히 해야 해요. 경쟁 사회이니 약점은 잘 숨기고 가면도 잘 써야 하지요"
자신을 모르니 자신은 열등하고 느낍니다. 단점이 장점보다 더 많다는 인식은 대표적인 오해입니다. 세상에 단점이 더 많은 사람은 없습니다. 하나님은 우리를 만드실 때 실수하지 않으셨습니다. 그래서 각자에게 딱 적당한 달란트를 주셨습니다. 자기에게 단점이 많다고 생각하시는 분들은 모든 상황에서 남들과 비교하는 습관이 생길 수 있습니다. 이것이 사단이 즐겨 쓰는 전략입니다. 하나님은 각자 고유한 아름다움을 주셨지만 우리는 자칫 비교의 함정에 빠집니다. 이런 마음에서는 모든 것이 우열의 관점으로 보입니다. 그래서 경쟁 구도로 살아갑니다. 내가 나보다 강한 자에게 손해를 입을까 봐 강한 자를 피하거나 나보다 약한 자를 찾아 누릅니다. 더 강해져야 한다는 생각 밑바닥에는 자기 열등감이 깔려 있습니다.

하나님이 생존을 책임지신다고 성경은 말하지만, 스스로 생존해야 한다고 생각하며 누리지도, 즐기지도 못하는 상태로 1차원적 삶을 살아가기도 합니다. 그러면서 늘 실패감에 압도당한 마음을 호소합니다. 삶을 성공과 실패라는 이분법으로 나누며 자신을 실패자의 위치에 둡니다. 혹은 늘 성공자의 위치에 두고 타인을 무시합니다. 성공하지 못한 자는 무가치하다고도 생각합니다.

9. "이미지 관리 중요한 것 아닌가요? 제 속마음도 잘 숨겨야 할 때가 많다고 생각해요. 왠지 세상은 경계해야 할 대상 같아요"

나와 내가 친하지 않으니 내적 결속도 부족하고 내적 힘이 약해집니다. 속사람이 약해지면 우리는 겉 사람과 외부를 강화하려고 할 수 있습니다. 하지만 내적 마음이 강하지 않다면 외적 조작은 무의미합니다. 아무리 이미지를 관리하고 가면을 쓰고 강한 모습만 보이려 해도 그 자체가 내면의 약함을 드러내는 껍데기일 뿐이겠지요. 세상은 외적 이미지를 강조합니다. 그만큼 세상의 내면은 약할 대로 약한 상태입니다. 세상을 본받지 않고 내 마음의 강함 되시는 하나님을 의지하며 속사람을 강건하게 하는 삶이 당연히 중요하겠습니다.

10. "의미 있는 삶이냐고요? 의미도 중요하지만 먹고사는 것이 중요하니 의미보다는 실리를 따지려고요"

내가 나와 친밀한 사람은 진정한 가치에 집중합니다. 친밀함의 중심에 하나님의 사랑과 진리가 있으니 당연히 하나님의 눈으로 가치와 의미를 발견하게 되지요. 진짜 아름다움이 눈에 들어온다는 말입니다. 내가 나를 모르면 내 내면의 아름다움은 더 이상 내 눈에 보이지 않습니다. 거짓 시각을 가지게 되면 아름다운 것은 추하게 보이고, 세상의 더러운 것이 오히려 아름답게 보이게 됩니다. 그러니 물질세계만 눈에 보이고 드러난 것만 중요하다고 인식하게 됩니다. 먹고사는 것 역시 중요합니다. 그러나 의미를 잃은 상태에서 실리를 추구한다면 금방 실패할 것입니다.

11. "친구를 만나면 좋기도 하지만 에너지를 많이 쓰니 그냥 혼자 지
　　내기도 해요. 그러다 어떨 때는 혼자 있는 것이 너무 공허하고 불
　　안해서 사람들을 자꾸 만나기도 하지요"

내가 내 속에서 경험하는 친밀감의 정도가 타인과의 관계의 질
을 좌우합니다. 물론 어릴 때 우리는 내가 나와 친하다는 것이
무엇인지 모르는 상태로 태어납니다. 그래서 주 양육자에게 양
육받으면서 친밀한 관계를 경험하고 자라 가야 합니다. 내가 나
를 어떻게 친밀하게 만나는지, 나의 마음의 연합은 어떤 식으로
일어나는지 지식이 아닌 경험을 통해 무의식적으로 관계 맺는
법을 배우는 것이지요.

　성장 과정에서 여러 상처와 결핍 등을 겪어 내가 나와 친밀하
게 관계하지 못하면 장성하면서 무의식적 정체성이 분리되어 형
성됩니다. 나라는 한 인격 안에 몇 가지 자아가 나뉜 것 같습니
다. 그렇게 친하지 않은 나의 내적 구조와 그만큼 억지로 동행하
게 되니 에너지 손실이 큽니다. 따라서 내적으로 힘 빠진 상태로
외부 관계를 맺으니 거기에도 에너지를 많이 소모하게 되지요.
그리고 내가 나와 친하지 않은 만큼 무의식적으로 타인도 나와
거리를 둘 것처럼 느낍니다. 내 속에서 경험하는 관계가 타인과
의 관계에서도 그대로 적용된다고 지레짐작해 버리는 것입니다.

　이런 마음으로 타인을 대하니 더 친해지지 못하고 무의식적
으로 거리를 두기도 합니다. 혼자 있는 것도 힘들지만 함께하는
것이 더 힘이 들기에 차라리 외로움을 택합니다. 그러다 마음이

공허해지면 사람들을 만나면서 혼자 있을 때의 불안 등을 잊으려고 합니다. 다른 사람과 관계 맺기 위해서가 아니라 내 고통을 잊기 위한 중독의 매개로 사람을 만나는 것이지요. 내가 나와 친밀하지 않으면 혼자 있기도, 누군가를 만나는 것도 다 고통스럽습니다.

12. "하나님과의 관계는… 글쎄요, 깊이 생각해 보진 못했네요"
하나님은 나의 내면을 투사하는 가장 내표적인 존재입니다. 우리는 힘든 일이 있을 때 하나님 탓으로 돌리기도 합니다. 마치 하나님이 내게 잘못한 것처럼 생각하는 오류를 범하기도 합니다.

내가 살면서 경험해 온 관계의 범위 내에서 하나님을 인식하므로 우상을 만들기 쉽습니다. 연약하고 분리된 내 마음의 눈으로 그분을 왜곡해 버리고 내가 만든 하나님이 진짜 하나님이라 상상하며 심각한 실수를 범합니다. 그래서 내가 나와 친하지 않으므로 하나님도 나와 친하지 않다고 착각합니다. 그 생각은 점점 악화되어 하나님이 날 미워하거나 관심을 두지 않는다고 서서히 신념화합니다. 하나님을 떠올리면 왠지 두렵고 어색해 차라리 떠올리지 않고 그분을 외면하고 살아갑니다. 그 마음의 무의식에는 하나님이 날 사랑하는 아버지가 아니라 내게 무관심하거나 분노하거나 나를 야단치며 나와 거리를 두시는 위험한 분이라는 은근한 신념이 도사리고 있습니다.

우리는 왜

나와 친밀하지 않을까요?

정체성 상실의 시대를 살고 있다고 해도 과언이 아닙니다. 하나님이 만드신, 있는 그대로의 나로 살아가는 데 장애물이 너무 많습니다. 소위 어린 시절부터 역기능 가정에서 겪은 결핍이나 트라우마나 상처들, 값싼 도파민을 자극하는 수많은 영상과 중독적 자극들, 가짜가 판을 치는 문화와 시대적 흐름, 외모 지상주의와 물질문명, 셀 수 없는 가짜들로 내 속사람을 채우고 있지는 않은지요. 말씀을 통해 나를 봐야 하지만 거짓을 통해 내 진짜 모습을 보지 못하고 기형적으로 성장하는 부분도 있습니다.

아담과 하와는 범죄한 후 하나님을 피해 숨습니다. 죄로 인해 하나님과의 관계뿐만 아니라 사람과의 관계도, 세상과의 관계도 깨어졌습니다. 물론 나와 내 자신과의 관계도 산산조각이 났습니다. 관계가 깨어진 곳에는 두려움이 엄습합니다. 온전한 빛이고 사랑이신 하나님을 던져 버린 우리 마음을 어두움과 두려움이 지배합니다. 어두우니 내게 무지해지고 두려우니 나로부터 내가 숨습니다. 세상의 거짓은 두려움을 더 부추깁니다. 두려울 때 거짓 정체성을 더 강화하라고 말입니다. 그래서 가짜로 나를 더 포장하라고 유혹합니다. 가짜는 마실수록 더 갈급해지고 그래서 더 가짜를 찾습니다. 가짜로 절여진 우리 속사람, 그럼에도 더더욱 짠물을 들이키고 있습니다.

두려우면 하나님의 품으로 달려가면 해결됩니다. 하나님의 품에는 빛과 사랑과 안식이 있습니다. 하나님을 피해 숨어 있는 연약한 마음은 누구에게나 있습니다. 하나님은 내 속에 분열된 마음을 정죄하지도, 비난하지도 않으십니다. 이미 오랜 기간 기다려 오신 하나님은 가장 따뜻한 품으로 탕자를 기다리듯 지금도 나를 기다리고 계십니다. 하나님과 친해질수록 내가 나와 친해질 수 있음을 기억합시다. 저 역시 나와 친해지는 길을 가고 있습니다. 저와 함께 하나님 품으로 같이 나아가시면 좋겠습니다.

마음근육 키우는 방법

- 내가 좋아하는 것이 무엇인지 아는 것도 중요하지만 뭘 싫어하는지 아는 것도 중요합니다(예, 나는 서두르는 것이 싫다, 나는 큰 소리로 말하는 것이 싫다 등). 내가 싫어하는 항목을 적어 보고 그것을 싫어하는 나 자신을 인정해 주세요.
- 내가 나의 일부를 좋아하지 않고 있다면, 즉 내가 나와 친하지 않고 나의 정체성이 성경적이지 않다고 할지라도 그런 미숙한 나를 수용하고 인정하세요.
- 내게서 약점이나 수치스러운 면을 발견하더라도 나를 바라보는 내 눈이 잘못되었을 수 있다는 열린 마음을 가져 주세요.
- 나를 바라볼 때 드는 부정적 관점을 찾고 그것과 정

반대의 관점을 취해 보세요. 오히려 하나님이 나를
보는 관점과 더 가까울 것입니다.

° 내게 또 실망한다면 내게 화내거나 나를 비난하지 마
세요. 한 번 더 나를 안아 주고 믿어 주세요. 하나님
은 무한대로 용서하시고 또 믿어 주십니다.

° 중독의 유혹이 찾아올 때 친밀한 대상과 통화를 하세
요. 일상의 대화를 나누시면 됩니다.

° 문제의 관점으로 나를 판단하기보다 인생 전체의 관
점으로 나를 바라보세요.

나를 만나는
여정의
시작

나를 알아 가고 나와 친해지는 과정에는 중요한 시작점이 있습니다. 어린 시절에는 육신의 부모님과 사랑의 관계를 통해 나를 알아 갑니다. 성장 과정에서 친구들이나 지인들과 교류하면서도 내가 어떤 사람인지 더 깨달아 가지요. 예수님을 모르는 분들도 같은 과정을 겪습니다. 하나님의 일반 은총이겠지요.

하지만 우리는 육신적 정체성뿐만 아니라 더욱 영적이고 통합적으로 하나님이 부여한 정체성을 깨닫고 하나님이 의도하신 나다운 삶을 살아가야 합니다.

정체성, 자아상, 열등감, 자존감

정체성의 시작에 대해서 말씀드리기 전에 몇 가지 용어에 대해 정리해 보겠습니다.

'정체성'은 하나님이 부여해 주신 나의 신분, 즉 하나님의 자녀를 의미합니다. 하나님의 자녀라는 신분은 불변하는 나의 기본이자 가장 핵심적인 '나 됨'의 정의입니다.

'자아상'은 그런 나를 보는 나의 관점입니다. 하나님이 주신 정체성을 있는 그대로 보지 않고 내 기준으로 보는 것이 자아상입니다. 자아상은 주관적이기에 자아상이 건강할 때 '자존감'이 높고, 자아상이 건강하지 않을 때 스스로가 열등하다고 인지했을 때 생기는 감정인 '열등감'을 느낀다고 할 수 있겠습니다.

하나님이 예수 그리스도의 피 값으로 우리에게 자녀 됨의 권세를 허락하셨지만, 우리의 신분을 모르는 분들이 많습니다. 영적인 신분은 고사하고 태어나면서부터 버려지거나 상처를 입어 일반 은총을 통한 나 됨을 모르는 분들도 많습니다. 육신적으로도 영적으로도 총체적으로 내가 누구인지 모르게 된 경우가 가장 고통이 크겠습니다.

자기가 누군지 몰랐던
모세 이야기

성경의 인물 중에서도 그런 사람을 찾아볼 수 있습니다. 대표적 인물로 모세가 있습니다. 모세는 하나님을 만나기 전에는 자기가 누구인지 전혀 몰랐습니다. 태어나면서부터 상처가 많았던 모세는 하나님을 만난 이후 정체성 변화와 성숙의 과정을 아름답게 겪게 됩니다. 모세의 이야기는 누구나 하나님의 사랑의 열심 앞에 찬란하게 성장할 수 있다는 소망이 됩니다.

> 내가 누구이기에 바로에게 가며 이스라엘 자손을 애굽에서 인도하여 내리이까? 하나님이 이르시되 내가 반드시 너와 함께 있으리라(출 3:11-12).

하나님께서는 위대한 뜻을 품으시고 호렙산에서 모세를 부르십니다. 하지만 모세는 하나님의 부르심에 바로 순종하지 않습니다. 오히려 여러 핑계를 대면서 자신은 백성의 인도자가 될 수 없다는 위축된 모습을 보입니다. 엄밀히 말해 하나님께 순종하지 않은 것이 아니라 순종할 수가 없었던 것입니다.

"내가 누구이기에."

하나님의 위대한 부르심 앞에 드린 첫 마디가 "저는 제가 누구인지 모르겠습니다"라는 초라한 자기 고백입니다. 하나님은 타지 않는 떨기나무에 불꽃을 보여 주시면서 화려하게 등장하시지만 모세의 반응은 여전합니다.

출애굽기 3장 4절에 "내가 여기 있나이다"라고 반응한 것까지는 좋았습니다. 빈약한 자기 모습에도 불구하고 여기 있다는 고백을 하지요. 하지만 정작 사명을 대하는 그의 반응은 하나님이 주신 정체성과는 상당히 거리가 멀었습니다.

하나님의 임재 앞에서 나온 첫 마디는 어쩌면 모세의 평생 고민이었을 것입니다. 아무리 생각해도 내가 누구인지 알 길이 없었을 것입니다. 혹자는 모세가 광야에서 40여 년 연단의 시간을 보내고 겸손해진 거라고 말합니다. 저는 모세의 대답이 겸손과 유사하게 보이는 무기력하고 고집 세고 수동적인 태도라 생각됩니다. 40년의 광야 생활 자체는 사람을 겸손하게 만들 수 없습니다. 하나님 없는 고통은 오히려 마음을 굳게 만들 수 있습니다. 하나님과 함께하는 시간을 통해서만 고난이 재료가 되어 온유한 성품이 만들어진다고 믿습니다. 80년간의 여러 상처로 얼룩져 자기가 누구인지 알 수 없는 모세는 하나님께 직, 간접적으로 여러 번 거절 의사를 밝힙니다. 결국 하나님의 강권하심으로 하나님과 함께하는 여정을 시작하게 됩니다.

모세는 태어날 때 노예 신분(육신적 정체성)이었습니다. 노예인 모세는 자기 민족을 떠나 왕궁에서 40년을 살게 됩니다. 왕자의 신분이지요. 그러나 우발적으로 살인을 저지른 뒤 살인자이자 도망자의 신분으로 광야로 갑니다. 그리고 광야에서는 불법 체

류자처럼 목동의 신분으로 40여 년을 살아갑니다. 태어나서 총 80여 년을 잃어버린 듯한 삶을 살면서 삶뿐만 아니라 자신의 '정체성'도 완전히 잃어버린 것이지요. 그는 더 이상 왕자도, 노예도, 히브리인도, 이방인도 아니었습니다. 그래서 모세는 어쩌면 스스로 '노바디'(Nobody)라고 생각하게 된 것 같습니다.

우리는 하나님과의 관계를 통해서만 내가 '진짜' 누구인지를 알게 됩니다. 하지만 하나님과의 어떤 만남이나 교제도 없이 살아왔던 모세는 왕자도 히브리인도 미디안 사람도 이니었습니다.

하나님이 함께하셔야 내가 명확해집니다

저는 진료와 상담, 치유의 현장에서 모세처럼 자신이 누구인지 모르는 많은 분을 만나게 되었습니다. 겉으로는 평범히게 살아가는 것 같으나, 혹은 돈은 벌고 명예와 인기는 얻었으나, 심지어 세상에서 아주 의미 있고 헌신적이며 희생적인 삶을 살아가는 것 같지만 가슴 깊은 곳에서부터 '내가 누구인지'에 대한, 하나님이 주신 영혼의 깨달음이 없는 분들 말입니다.

세상에 태어나 척박한 땅을 살면서 하나님을 만나지 못했다면 우리의 괜찮은 겉모습과는 달리 모세처럼 잃어버린 삶을 살 수 있습니다. 그리스도인이라면 진정 자기가 누구인지, 하나님을 통해 내가 나를 깨닫고 있는지, 나와 평화로운 관계인지, 무의식에서도 나의 정체성을 뼈저리게 느끼고 있는지 자문해 볼 필요가 있습니다.

모세는 히브리 노예로 태어났지만 실상은 하나님의 자녀 신분이었습니다. 많은 우여곡절과 상처로 인해 자기를 바라보는 마음이 왜곡되어 자기가 누구인지를 몰랐을 뿐입니다. 하나님과 무관한 경험과 삶은 자신의 상(像)을 왜곡할 수 있습니다. 명확한 신분이 있음에도 내가 누구인지 모르는 것이지요. 우리 역시 인생 경험이 아닌 하나님과의 만남과 영원의 관점으로 자신의 정체성을 깨달아야 합니다.

이제 반전의 시간입니다. 이런 소망 없는 모세의 삶에 하나님이 직접 개입하셔서 놀라운 기적이 일어납니다. 우리가 모두 그토록 기대하고 바랐던 속 시원한 절정의 순간입니다. 우리의 모습이나 처지와 꼭 같은 모세를 만나 주십니다. 모세의 삶은 하나님을 개인적으로 만난 이전과 이후로 확연히 나뉘게 됩니다. 평생 위축되고 수동적이고 무력했을 모세는 하나님을 만난 이후 놀랍게도 역동적인 삶을 살아가게 됩니다. 그리고 이제 모세는 사명을 받습니다. "내가 누구이기에"라고 외쳤던 모세에게 하나님은 "내가 반드시 너와 함께 있으리라"고 말씀하십니다. 이 말씀이 내가 나를 정확히 알 수 있는 정답일 것입니다. 하나님이 함께하셔야만 내가 누구인지 제대로 알게 된다는 의미입니다. 우리 중 누구에게라도 하나님은 말씀하십니다.

"내가 반드시 너와 함께 있으리라."

내가 아무리 애를 쓰고 노력해도 내가 누구인지 알 수 없다는 의미도 됩니다. 오직 절대자이시고 아버지 되신 하나님을 만나고 그 하나님이 함께하심을 경험하는 자들만 그리스도 안에서 내가 누구인지가 명확해질 것입니다. 그리고 그런 자들에게 하나님 나라를 맡기시고 기쁨을 허락하시고 평생 사명의 길을 가도록 인도하심을 믿습니다. 하나님은 지금도 우리와의 '만남' 가운데 거하십니다. 그리고 지속적으로 내가 누구인지, 내 사명은 무엇인지, 이 땅에서의 참된 가치가 무엇인지를 '알게' 해 주십니다. 모세는 하나님을 만난 그날 이후로 진정으로 온유한 자로 성장해 갑니다. 인간의 힘으로 불가능한 위대한 부르심에 순종합니다. 하나님과 함께하면서 자신의 신분을 제대로 깨달은 모세는 이후 자신의 책임과 역할, 의미와 목적에 삶을 드립니다.

하나님을 만난 이후의 또 다른 40년 동안 모세는 하나님이 맡기신 사명을 이루면서 자신의 정체성을 더욱 확고히 형성해 갑니다.

정체성은 성장해 가야 합니다

사실 정체성은 예수님을 영접한 순간에 완성됩니다. 예수님이 내 삶의 주인 되시는 순간 우리의 하늘의 신분은 하나님의 자녀로 거듭납니다. 칭의를 통해 영적 정체성이 죄인에서 의인으로 변화합니다. 너무나 놀라운 은혜입니다. 절대자의 기준에 내가 누구인가가 진정한 정체성입니다. 내가 하나님으로부터 온 하나님의 자녀가 되면 그제야 사명도 주어지고 사랑이라는 진정한 가치에 눈을 뜨게 됩니다.

그렇지만 하나님이 주신 정체성은 이제 시작 단계입니다. 하나님의 자녀라면 그 정체성답게 성장해 가야 할 숙제가 있습니다. 사람으로 태어났다면 사람답게 성장해 가야 하듯, 하나님의 자녀로 거듭나면 자녀답게 성숙해 가야 하는 것입니다. 성장과 성화의 여정이 있어야만 성숙한 정체성을 누릴 수 있습니다. 성화는 마음 전체가 복음화되는 것입니다. '온 마음'을 다해 하나님을 사랑하고 이웃을 사랑하는 그리스도의 장성한 분량에 이르러야 합니다. 여기서 중요한 것 중 하나는 '온 마음'입니다. 마음의 일부만 사용해서 사랑한다면 미숙한 상태입니다. 그래서 의식뿐만 아니라 '무의식' 영역까지 말씀으로 복음화되는 것이 중요합니다. 평생을 살아가며 우리 무의식의 영역에서까지 하나님의 말씀을 경험하고 그 말씀이 육신이 되는 성장이 필요합니다. 무의식과 정체성에 대해서는 다시 말씀드리겠습니다.

내가 반드시 너와 함께 있으리라

하나님은 내가 누구인지를 평생 누리고 살아가길 원하십니다. 나와 우리의 아버지가 하나님임을 누리고, 내게 그리스도의 권세가 있음을 누리고, 하나님과의 친밀함을 통해 기쁨을 누리고, 예수님의 남은 고난을 누리고, 인생의 깊은 복을 깨닫고 누리길 원하신다고 믿습니다. 남은 40년을 하나님과 함께하며 묻고 순종하는 시간을 통해 모세는 자기의 모든 정체성과 사명, 가치와 사랑을 완성하게 됩니다.

모세에게 필요한 딱 한 가지는 "내가 반드시 너와 함께 있으리라"(출 3:12)고 말씀하신 하나님이었습니다. 함께하신다는 말씀은 평생의 약속입니다. 평생 동행해 주시면서 삶의 시간과 일상과 고난 등을 통해 내 무의식을 성화시켜 가십니다. 하나님을 더 경험하면서 네가 너를 완성시키고 이제의 나에서 한 단계 더 성숙한 오늘의 나를 경험합니다. 모세가 갈수록 온유해진 것은 하나님과 동행함으로써 깊은 무의식 속에서 자신에 대한 무지와 고통을 진리와 기쁨으로 바꿔 나갔기 때문입니다. 그래서 자기와 자기가 하나 되어 가면서 죄의 요소들이 제거되었습니다. 하나님 안에서 참자기를 찾고 전심으로 하나님을 사랑했습니다.

모세와 동행하신 하나님은 우리에게도 늘 동일한 임마누엘 하나님이십니다. 하나님께서는 평생 나와 함께해 주십니다. 인생을 살다 보면 죽을 것 같은 어두운 시간을 지날 때가 있습니다. 마치 하나님이 안 계신 것 같은 절망의 시간입니다. 하지만 내가 깨닫지 못했을 뿐 한 번도 나를 버리지도, 떠난 적도 없으신 하나님은 그 절망의 순간에도 나를 품에 따뜻하게 안고 계십니다. 세상은 거짓으로 나의 정체성을 왜곡하려고 하지만 하나님께서는 태초부터 의도한 나의 정체성을 온전히 이루어 가십니다. 성숙한 '나'의 정체성을 이루어 가기까지 쉬지 않으시고 친밀히 임재해 주시는 하나님을 찬양합니다.

제 이야기이기도 합니다

제게도 당연히 시작점이 있습니다. 저는 가족 중 처음으로 예수님을 영접했습니다. 이모의 전도로 친구를 따라 수련회에 갔다가 예수님을 인격적으로 영접하고 그리스도인으로 거듭났습니다. 예수님이 나의 구세주임이 깨달아져 행복하고 좋았습니다. 하지만 초등학교 시절부터 있었던 분노와 중독 성향은 지속되었습니다. 입에는 욕을 달고 살았고 만화방이나 오락실을 매일 갔습니다. 보통 심리적으로 고통이 있다면 공격적이거나 수동적으로 쾌락적 열매를 맺을 수 있습니다. 내면의 고통을 잊기 위해서 쾌락에 빠지거나 타인과 자신을 비난하기도 합니다.

그랬던 제가 중학교 2학년 때 세례를 받게 되었습니다. 세례를 받으면서 성령이 비둘기처럼 제게 임하셨습니다. 제 안에서 놀라운 기쁨이 터져 나오면서 갑자기 깨달아지는 진리가 있었습니다. '하나님이 내 아빠구나.'

자연스레 가슴 깊은 곳에서 하나님이 내 아버지임이 전인격적으로 믿어지는 것입니다. 사람이 아닌 성령께서 깨닫게 하신 것입니다. 이 진리로 저는 너무나 행복했습니다. 세상 어떤 것도 부럽지 않은 순간이었습니다. 놀랍게도 세례 직후부터 제 입에서 욕설이 완전히 사라졌고 그날부터 오락실 출입이 끊겼습니다. 세례만 받았을 뿐인데 저절로 중독이 사라진 것이지요.

하나님은 스스로가 누구인지 모르는 어린 저를 만나 주셨고, 마음의 고통으로 인해 중독과 공격의 열매를 맺을 수밖에 없는 제게 오셔서 당신이 참아버지이심을 깨닫게 하셨습니다. 하나님의 아들이라는 정체성을 제대로 알기 시작한 날이었습니다. 우리가 무의식으로부터 하나님이 내 아빠 아버지임을 깨달으면 깨달을수록 하나님으로부터 오지 않은 모든 중독이나 죄, 내적 공허나 어두움은 힘을 잃어갈 수밖에 없음은 당연한 사실입니다.

모세를 만나 주셔서 삶의 의미, 사명, 가치를 주셨던 하나님이 저도 만나 주셨던 것처럼 여러분도 만나 주실 것을 믿습니다.

° 내가 나를 모른다고 해도 아직 괜찮습니다. 다만 오늘도 늘 나를 부르시는 하나님 앞에 모세처럼 "내가 여기 있나이다"라고 반응하세요.

° 육신의 관점으로 나를 정의하고 있다면 종이에 적어 보고 말씀의 관점으로 바꿔 보세요.

° 내가 나를 육신의 관점으로 오해할 수밖에 없었던 과거 사건이나 상처가 있다면 찾아서 적어 두세요. (이후에 2부 '상처를 돌보는 마음'에서 다뤄 주세요.)

° 아침에 눈을 뜰 때 우리는 하나님의 품에서 깨어납니다. 그 사랑의 품을 더 깊이 경험하게 해 달라고 기도하고 5분만 기다려 보세요.

° 성경적 정체성이 나타나는 구절을 암송하세요.
습 3:17, 마 5:13-14, 눅 3:21-22, 요 1:12, 요 15:15, 요 16:23-27, 롬 5:1, 롬 6:1-6, 롬 6:18, 롬 8:1, 고전 1:2, 고후 5:17-18, 고후 5:21, 갈 2:20, 갈 4:6-7, 엡 1:3, 벧전 2:9, 요일 5:18

삶을 휘두르는
무의식이
있었다

"저는 그리스도인입니다. 예수님을 믿은 지 30년이 넘었습니다. 예수님을 믿고 구원의 확신이 생겼고 주일도 빠지지 않고 섬겼습니다. 교회 가서 찬양을 드리고 말씀을 공부하고 함께 교제하는 것이 즐겁습니다. 하나님 앞에 순종하기 위해 늘 애쓰고 있습니다. 직장에서도 인정받아 승진도 잘 했고 지금은 꽤 높은 리더의 위치에 있습니다. 자녀들도 신앙을 잘 지키고 자라고 있어 이 모든 것이 하나님의 은혜입니다. 최근에 더 감사하게도 교회에서 안수집사 직분을 받았습니다. 영광스러운 직분을 주신 하나님께 감사드립니다. 사실 직분을 받고 싶지 않은 마음도 있었습니다. 제가 직분을 받아도 될까 고민했습니다. 물론 제가 완벽할 때 직분을 받는 것은 아니겠지만⋯ 제 마음에 아무도 모르는 문제가 있기 때문입니다.

저는 사실 도박 문제가 있습니다. 아내도 잘 모르는 사실이고 그 누구에게도 고백하기 어려운 저만의 은밀한 죄입니다. 10대부터 친구 따라 재미 삼아 도박을 했었는데 이렇게 평생 이 문제로 고통 당할지 몰랐습니다. 물론 기도도 열심히 하고 도박을 끊으려 여러 시도를 했습니다. 때로 상당 기간 도박을 하지 않고 지낸 적도 있지만 어김없이 다시 도박의 유혹 앞에 무릎을 꿇게 됩니다. 내가 참그리스도인일까요?”

위 내담자의 이야기는 참으로 안타깝습니다. 헌신한 그리스도인으로 보이지만 도박 문제로 고통을 당하고 있습니다. 물론 도박이라는 어려움이 어쩌면 하나님을 더 의지하게 만들 수 있지만 그럼에도 도박 문제는 당연히 해결해야 할 숙제입니다. 위의 내담자를 보면서 궁금증도 생기고, 또 질문도 드리게 됩니다.

첫째, 30년 이상 하나님을 의지하고 순종하며 신앙생활을 해 오신 분이 왜 도박 문제로 고통 받는 것일까요? 우리가 믿는 예수님은 도박 문제를 끊고 우리를 자유롭게 하실 능력이 있으신데 왜 우리는 이 자유를 누리지 못할까요? 내담자는 예수님과 친밀한 삶을 살아온 것 같은데도 왜 도박 중독만큼은 여전히 치유받지 못하는 걸까요?

둘째, 도박 중독과 정체성이 연관이 있다는 말인가요? 내담자의 30년간 신앙생활을 보면 그리스도 안에서 자기가 누구인지 잘 알고 있고 그렇게 살아가고 있어 보이는데… 그럼에도 정체성에 문제가 있다는 걸까요?

셋째, 정체성과 중독 그리고 무의식은 어떻게 연관되어 있나요?

위의 질문에 대답하기 위해 일단 무의식(비의식)에 대해 살펴보겠습니다.

'무의식적으로'라는 말을 우리는 잘 사용합니다. 그만큼 잘 알려진 개념이기도 합니다. 무의식은 내 마음이긴 하지만 내가 깨닫지 못하는 마음입니다. 무의식은 참으로 복잡한 영역이나 책의 집필 의도에 맞는 정도로만 설명해 보겠습니다.

무의식에 성경적 근거가 있을까요?

제가 알기로는 성경에서 무의식이라는 단어를 직접적으로 사용하지는 않는 것 같습니다. 하지만 신약 성경에서 '생각'을 의미하는 헬라어 단어 중 하나가 무의식을 의미하는 것으로 보입니다. '생각'에 대한 단어 중 '누-스'(nous)와 '프로노스'(phronos)가 있습니다. 전자가 생각이라면 후자는 '생각 전의 생각'을 의미합니다. 의식적으로 하는 생각이 누-스라면 무의식적으로 하는 생각은 프로노스라는 의미입니다.

누-스를 사용한 구절은 마태복음 22장 37절, 로마서 7장 25절, 로마서 12장 2절, 고린도후서 4장 4절 등입니다. 프로노스를 사용한 구절도 로마서 8장 6절, 빌립보서 3장 19절, 로마서 12장 16절, 고린도후서 13장 11절에서 확인할 수 있습니다.

인류의 기원인 창세기를 보면서도 무의식의 단서를 찾아볼 수 있습니다. 저는 죄로 인해 인류가 타락한 후 마음에 무의식이 생겨났다고 생각합니다. 죄는 특성상 하나님과의 관계를 파괴하며 모든 하나 됨을 깨뜨리고 분열과 왜곡과 타락을 만듭니다. 그 죄가 마음에 들어오면서부터 마음은 그 전과 달리 분열되어 타락했습니다. 마음은 더 이상 하나 된 상태가 아니라는 뜻입니다. 죄가 들어오기 전, 마음은 완전한 연합으로 작동하고 기능했을 것입니다. 죄가 없으니 나는 내 마음 전체를 다 알고 소유하고 느끼고 사용하는 것이지요. 그러니 나도 모르는 내 마음이 있을 수도 없고 그럴 필요도 없습니다. 마음에는 어두움이 하나도 없으니 깨끗하고 투명합니다. 즉, 내가 모르는 내 마음, 무의식이 없었습니다.

하나님이 떠난 후 마음에는 영이 죽어 버려 그 하부 구조인 '지, 정, 의' 영역에서도 큰 타락이 생긴 것 같습니다. 물론 뇌 구조 간의 통합도 깨어져 버렸습니다.

1. 지 – 지적 무지함, 왜곡

죄를 짓기 전, 마음을 통합적으로 사용할 수 있었던 아담은 모든 동물이나 식물의 이름을 정확히 지을 정도로 각 생물의 속성을 다 알고 있었습니다. 하나님을 닮아 마음이 하나로 완전히 작동하며 지식과 지혜가 충만했을 것입니다. 하나님과의 관계도 전혀 문제없이 하나 됨을 이루었고요. 자신의 모든 뇌 구조를 빠짐없이 사용할 수 있었고 마음도 분리나 분열 없이 온전하게 사용할 수 있었던 것 같습니다. 죄가 없으므로 뇌나 마음이 무의식과 의식 등으로 나뉠 이유도 없었지요. 그런데 죄를 지은 이후 아담의 뇌와 마음 상태는 상당히 달라집니다. 무의식이 생겨났던 것 같습니다.

아담은 죄로 인해 제대로 깨닫지도, 알지도, 판단하지도 못하는 상태가 됩니다. 즉 마음의 기능이 축소되고 왜곡되고 무지해진 것입니다. 알고 있던 것을 모르게 되는 현상이지요. 마음 전체로 인식하던 때와 달리 마음의 일부만 사용합니다. 그리고 타락한 상태로 마음을 역기능적으로 사용하게 된 것 같습니다. 하와에 대한 인식이 변해서 '뼈 중의 뼈, 살 중의 살'로 보지 못하고 하나님이 주신 여자라고 평가 절하합니다. 하나님의 눈으로 자신을 보지 못하고 죄의 눈으로 자기를 수치스럽게 왜곡하여 생각합니다. 무화과 잎으로 수치를 가릴 수 있다는 무지함도 생겼습니다. 하나님을 두려움의 대상으로 여기며 자신의 문제를 보지 못하고 하와 탓을 하는 점도 무의식적인 심리 기제입니다. 이렇게 마음이 나뉘고 어두워진 상태가 바로 무의식이라 생각됩니다. 더 이상 내가 누구인지 모르게 된 것입니다.

2. 정 - 정서적 고통

첫째, 사람은 하나님을 떠난 순간부터 고통을 다룰 수 없는 존재가 됩니다.

하나님과 함께 에덴동산에서 지냈던 아담, 하와는 에덴이라는 단어의 의미처럼 기쁨이 충만한 상태였습니다. 영이 살아 있었으므로 지성에도, 감정에도, 의지에도 아무 문제가 없었습니다. 전인격적으로 하나님에게 순종하는 상태였습니다. 정확히 내가 누구인지 잘 아는 상태이지요.

그러나 죄는 사단의 속임과 달리 고통을 동반합니다. 죄로 인해 하나님을 몰아낸 내 마음은 기쁨이 아닌 고통뿐인 상태가 됩니다. 우리는 하나님과 함께 고통을 다뤄 나가도록 창조되었지만 기쁨의 근원 되신 하나님을 버리고 떠났으므로 하나님이 떠난 내 마음은 어두움과 고통으로 가득 차게 된 것이지요. 모든 선함과 빛과 진리와 사랑이신 하나님이 없어진 자리에는 부득불 악함과 어두움과 거짓과 고통이 찾아옵니다. 빛이 물러가니 어두움이 다스리는 마음이 생겨났습니다. 그렇게 나뉜 마음에는 하나님이 없으므로 우리는 고통을 더 이상 처리할 수 없게 되었습니다.

둘째, 고통을 '스스로' 처리하기 위해 고통을 포함한 마음의 일부를 억압합니다.

하나님과 함께할 때는 무한대의 기쁨을 경험했던 인간이 하나님을 떠난 직후부터는 무한대의 고통을 경험합니다. 이 고통의 정도는 내가 감당할 수도, 처리할 수도 없기에 마음으로 그 고통을 고스란히 느낄 수밖에 없습니다. 그런데 우리의 마음은 아무 힘이 없습니다. 마음의 힘이 되시는 하나님이 없기 때문입니다. 무한대의 그 애착 고통을 우리 힘으로는 견딜 수 없습니다. 그렇다고 그 고통을 마음 밖으로 밀어낼 수도 없습니다.

저는 인류가 감당할 수 없는 고통을 처리하기 위해서 무의식을 만든 것은 아닐까 생각하게 되었습니다. 느껴지고 인식되는 의식과는 구분되고 분리된, 느껴지지도 않고 의식도 되지 않는 무의식 말입니다. 마음 전체를 두 부분으로 나눠 버린 것이지요. 그리고 고통을 포함한 모든 어두움은 무의식의 방으로 밀어 넣습니다. 그리고 의식과 무의식의 경계를 단단히 만들어 서로 오갈 수 없도록 봉해 버린 것이지요. 심리학적으로는 '억압'(repression)이라고 합니다.

이런 식으로 고통을 마음 깊이 밀어 넣고 단단히 봉해 버리면 의식에서는 고통을 느끼지 않는 위장된 평화 상태를 이룰 수 있습니다. 고통을 망각하는 일종의 시스템을 만든 셈이지요. 이렇게라도 내 안에서 기만적인 시스템을 만들어 고통이 없다는 듯 살아가고자 하는 방어기제(defense mechanism)를 가지게 되었습니다.

셋째, 이렇게 억압한 고통을 담은 마음이 무의식인 것 같습니다.

무의식 속으로 일단 고통을 밀어 넣으면 그 내용은 좀처럼 의식으로 생생하게 드러날 수 없습니다. 마음은 자체 검열을 통해 의식적으로 받아들일 수 있는 것만 선택적으로 인식합니다. 생존 본능이지요. 이렇게 무의식을 만들면 위장된 평화를 어느 정도 누릴 수 있습니다. 내 마음속에는 있는 고통이지만 무의식 저 아래로 밀어 넣어 둔 상태이니 평소에는 느껴지지 않아 마음이 비교적 편합니다. 하지만 어떤 고통도 완벽히 무의식 속으로 봉인할 수는 없습니다. 삶을 살아가면서 겪는 스트레스, 현실적 고통, 갈등 등을 통해 무의식은 끊임없이 자극받고 있으며 다양한 형태로 의식에 지대한 영향력을 끼치고 있습니다.

넷째, 물론 모든 무의식이 고통으로 가득 찬 것은 아닙니다.

하나님의 임재도 무의식에 충만합니다. 방언은 대표적 무의식적 활동입니다. 그 외에도 비교적 중립적 무의식도 있습니다. 그만큼 우리 삶은 무의식으로 가득 차 있으며 우리는 무의식으로 살아가는 존재라는 의미이지요.

3. 의 – 타락한 의지

생각과 정서가 타락한 결과, 의지 역시 왜곡됩니다. 의지는 삶의 열매와 맞닿아 있습니다. 하나님을 떠난 무의식적 생각, 그리고 감정은 하나님이 기뻐하지 않는 행동의 열매를 낳습니다. 내 무의식의 고통과 무지가 심한 만큼 우리는 왜곡된 행동을 하지요. 행동을 보면 그 사람됨을 알 수가 있습니다. 무의식에서 내 생각과 감정이 회복된다면 내가 그리스도 안에서 진정 누구인지 가슴 깊이 깨달을 수 있고 그렇게 뿌리가 바뀐 정체성은 삶의 행동으로 드러납니다. 행동과 의지 자체를 억지로 바꾸려는 노력보다는 그 근원이 되는 무의식적 생각과 정서의 변화가 있어야 합

니다. 물론 행위를 바꾸려는 노력도 꼭 필요하지만 의지로는 한
계에 부딪힙니다. 뿌리는 그대로 둔 상태에서 열매를 바꾸려는
시도이기 때문입니다.

중립적인
무의식도 있습니다

무의식은 어둡고 죄가 관영한 곳일 수 있지만 모든 무의식이 다
그런 것은 아닙니다. 중립적인 무의식도 있고 심지어 회복된 영
적 무의식도 있습니다.

우리의 습관이 일종의 무의식입니다. 내가 모르는 영역에서
나오는 행동이라 인식하지 못하기도 합니다. 초등학교 시절 평소
에는 아침에 늦게 일어나지만 소풍을 가는 날에는 누가 깨우지 않
아도 일찍 일어납니다. 딱 그 시간에 눈이 떠지는 것도 일종의 무
의식입니다. 갓난아이와 함께 자는 엄마는 너무 피곤해서 지나가
는 기차 소리에도 깨지 않지만 아이의 작은 소리에는 눈을 금방 뜹
니다. 잠은 무의식 상태이며 그 상태에서도 아이의 소리와 기차
소리를 구분해 내는 마음의 기전이 무의식입니다. 의식이 없는 마
음이지만 살아 있고 매우 역동적으로 움직이며 우리 삶에 상당한
영향을 줍니다. 남녀가 첫눈에 반하는 것도 사실 무의식 영역에서
일어나는 깨달음이겠습니다. 논리적이지 않고 직관적인 느낌으로

우리는 배우자를 선택합니다. 이 역시 무의식의 작용입니다. 보통 별 의미 없어 보이는 실수도 무의식의 의도가 반영된 행동일 때가 많습니다. 아침에 깨어 자리에서 일어날 때 왼발을 딛고 일어나세요, 아니면 오른발을 딛고 일어나시는지요? 보통 잘 모르고 이 역시 간단한 무의식의 예입니다. 우리의 꿈은 무의식으로 가는 상당히 중요한 통로입니다. 상담 시 자유롭게 연상을 해 나가는 것도 무의식에 기반한 치유 기법이지요.

마음의 뿌리, 무의식의 중요성

인지적으로, 정서적으로 깨닫지 못하는 마음의 무의식은 우리 마음의 약 95% 이상이라고 합니다. 내가 누구인지 안다는 것은 내 마음을 100% 사용하여 나를 인식하고 경험하고 살아가야 한다는 뜻입니다. 의식적 수준에서 5% 정도만 내가 누구인지 아는 것으로 부족합니다. 95% 이상의 무의식 영역이 훨씬 더 비중이 큽니다. 무의식적 생각이 더 성장해서 인지적으로 나를 더 알아 가고, 무의식적 정서가 기쁨으로 회복되면서 내가 누구인지 더 잘 알아 가야 합니다. 정체성의 많은 부분을 담당하는 무의식이 회복되면 내가 누구인지뿐만 아니라 나의 눈에 들보가 제거되어 타인에 대한 성경적 시각이 회복됩니다. 또한 세상과 하나님 나라를 바라보는 관점이 더 건강해지며, 결국 하나님에 대한 인지적, 정서적, 의지적 앎과 사랑이 더 충만해질 수 있습니다. 그래서 중독과 같이 무의식에 심각한 구멍을 내는 원인을 제거한다면 더욱 온전한 정체성을 가질 수 있겠습니다.

온 마음 다해 전인격적으로 무의식을 깨달아 가야 합니다

삶을 살아가다 보면 수많은 선택과 결정의 순간이 있습니다. 우리는 우리의 의식적 판단이나 논리적 의사에 따라 선택한다고 생각하지만 그 모든 선택의 95%가 무의식적으로 이루어집니다. 자아관, 세계관, 물질관 등 사고적 기능이나 감정적 기능도 95%가 무의식적 활동인 것입니다. 심지어 신앙관도 마찬가지입니다. 하나님의 음성을 듣고 방향을 정할 때 무의식 가운데 하나님의 뜻이 의식으로 깨달아지는 것이지요. 사실 무의식이 건강하지 않을수록 우리는 하나님의 음성과 내 음성을 착각하기 쉽습니다.

이렇듯 무의식은 눈에 보이지 않는 마음의 뿌리와도 같습니다. 온 마음을 다해 내가 누구인지를 알아 가야 한다면 무의식 속에서도 내가 누구인지를 가슴 깊이 깨달아야 합니다. 내 마음이지만 사실 내가 소유하지 못하는 마음일 수 있고, 그래서 내가 다뤄 내기 어렵기도 합니다. 이런 무의식 속에 정체성이 있으니 정말 나를 온전히 깨닫고 그 정체성대로 살아가기 어렵겠지요? 내가 아는 내 마음도 다루기 어려운데, 내가 전혀 의식하지 못하는 내 마음은 오죽하겠습니까? 하지만 세월이 흘러가고 신앙생활을 하면서 하나님의 음성을 깨닫고 무의식도 정결해진다면 무의식 저 깊은 곳도 점차 성화되어 갈 수 있습니다.

정체성은 하나님이 부여하신 것이고 우리는 그 정체성을 온 마음으로 깨달아야 합니다. 하나님의 자녀 된 권세를 온전히 깨닫고 사용해야 합니다. 그리고 성경은 온 마음 다해 하나님을 사랑하라고 하십니다.

무의식을 빼놓고 온 마음을 다할 수는 없습니다. 전인격적이라는 말도 같은 의미가 됩니다. 마음 전체가 조화롭게 인격적으로 드러나야 전인격적인 상태이지요. 의식적으로는 진리를 선포하는데 무의식에는 거짓이 있다면 결코 전인격적일 수 없습니다. 이런 경우 엄밀히 따지면 가식적이며 외식적 행위입니다. 겉과 속이 다른 모습입니다. 바리새인들이 대표적으로 의식적 신앙은 완벽했으나 무의식적 속사람은 무덤이었습니다. 무의식의 비중이 중요한 이유가 여기에 있습니다. 우리는 모두 전인격적으로, 온 마음 다해 하나님을 사랑하고 싶습니다. 온전한 마음으로 순종하고 싶습니다. 깨끗하고 정직한 마음을 드리고 싶은 것은 우리의 열망 아닙니까?

무의식 속
해결되지 못한 상처는 위험합니다

무의식은 자연스럽게 삶에 녹아들어 있습니다. 무의식 내용 중 중독을 조장하는 무의식적 원인은 우리의 삶을 고통으로 물들입니다. 무의식적 원인은 의식적으로 깨달아지지는 않지만, 파괴적인 힘이므로 마치 살아 있는 것처럼 지속적으로 의식에 악영향을 주고 있습니다. 원인은 모르겠지만 마음이 고통스러운 것이지요. 이유도 모르겠는데 중독이나 불안이 심한 상태입니다.

무의식에서 지속적으로 부정적 감정과 생각이 올라오며 나를 소진시킵니다. 나 자신과의 관계가 혼란스러워집니다. 마음이 안정되지 않고 내적 기쁨과 평안도 잃습니다. 분노와 수치, 불안, 우울 등의 감정으로 고통스럽지요. 그래서 이런 고통을 잊으려 중독에 빠지기도 합니다. 나 자신과 평화를 이루지 못하니 타인과의 관계도, 세싱과 하나님과의 관계마저 어려워집니다. 나도 모르게 자기 탓을 하거나 타인에게 분노할 수 있고, 하나님을 원망하기도 하지요. 무의식에 상처가 많으면 또한 인격적인 대상을 비인격적으로 이용하기도 합니다. 특히 사람을 도구화하거나 대상화해서 자기의 욕구를 위해 이기적으로 대합니다. 자기의 쾌락을 위해 사람이든 사물이든 중독의 매개로 사용하는 것이지요.

이렇듯 무의식의 상처가 중독과 같은 증상을 만들어 내면 마치 실체 없는 적에게 모르고 당하는 것과 같습니다. 적을 알아야 대처할 텐데 내가 인지할 수 없는 무의식에서 원인이 꿈틀거리기 때문입니다.

그 정도로 심하지 않다고 할지라도 무의식 속에 해결되지 못한 상처가 많으면 많을수록 현재의 감정은 부정적인 색채를 띱니다. 스트레스나 기분 나쁜 일이 없는 중립 상태에서도 무의식에서 은근히 올라오는 불안, 분노, 공허, 우울, 고통 등의 감정을 느끼는 것이지요. 평소 감정의 기본값이 마이너스 상태라는 뜻입니다. 뭔가 공허해서 자꾸 먹는다거나 불필요한 쇼핑을 하기도 하지요. 의욕이 없거나 무기력감이 느껴지기도 합니다. 물론 심하지 않으므로 일상생활은 어느 정도 할 수 있겠습니다(더 심해지면 무의식적 원인으로 우울증이나 불안 장애도 발병할 수 있습니다).

내가 느끼기에, 그리고 진단받을 정도까지는 아니라 할지라도 반복되는 부정적 정서가 있다면 무의식 속에 해결되지 못한 상처가 있다는 뜻입니다. 그리고 무의식에 방치된 상처는 시간이 지나면 30배, 60배, 혹은 100배의 열매를 맺을 수 있어 조심할 필요가 있습니다. 모든 무의식적 상처가 문제를 만들지는 않겠으나, 분명 시간이 지나면서 어느 시점에 더 큰 문제로 드러날 확률이 높습니다. 그래서 무의식과 그 속의 상처에 대한 적절한 관심과 회복은 필요하다고 생각합니다.

의지와 의식으로
이길 수 없는 무의식

무의식적 원인이 만들어 내는 중독은 우리의 의지로 이겨 낼 수 없습니다. 의지는 의식의 영역이기 때문입니다. 의식과 무의식 사이에는 건너기 힘든 강 같은 경계가 있습니다. 의식적으로 노력해도 무의식에까지 노력이 전달되기 어렵습니다. 불가능하지는 않지만 효과적이지 않지요. 반대로 무의식은 의식에 절대적 힘을 행사합니다. 그만큼 무의식은 우리 마음의 근원이기 때문입니다. 그렇기에 무의식적 원인은 의식으로 드러내어 치유해야 합니다. 무의식적 원인을 무의식 안에 그대로 넣어 둔 상태에서 의식적인 노력으로 극복하려고 시도한다면 자칫 실패감에 젖어 무기력해질 수도 있습니다. 그리고 의식적으로 아무리 노력해도 회복되지 않으면 내 방법이 틀렸다고 생각하기보다 하나님 탓을 하는 분들도 많이 보게 됩니다. 사물쇠에 맞는 열쇠를 제대로 끼워야 하는데 맞지 않는 다른 열쇠로 자물쇠를 열려는 시도인 셈이지요.

어쩌면 앞에서 소개한 내담자는 무의식적 중독을 의식적 노력으로 극복하려고 했는지도 모릅니다. 하나님의 말씀이 무의식 저 깊은 곳으로 임하셔야 하는데 의식상에서만 머물렀을 수도 있습니다. 무의식 자체를 치유하지 않고 자꾸 눌러서 억지로 참는 분들이 많습니다. 그리고 마치 괜찮은 것처럼 지내기도 합니다. 이는 시한폭탄을 안고 살아가는 것과 유사합니다. 누르면 누를수록 그 고통은 사라지지 않고 무의식 내에서 더 커져 갑니다. 즉 중독이 더 심해집니다. 지속적 억압은 상처가 내적으로 곪아 가게 만들며 때가 되면 이 폭탄이 터져 더 큰 중독이나 우울증이나 불안 장애 등을 유발하기도 합니다.

물론 그렇다고 내담자의 무의식에 하나님의 말씀이 단 한 번도 임한 적 없다는 뜻은 아닙니다. 30년의 신앙생활 동안 하나님께서 내담자의 의식적, 무의식의 여러 영역을 치유하고 회복하셨음을 믿습니다. 하지만 우리의 무의식적 마음에는 워낙 어두움의 공간이 많이 나뉘어 있어 아직 도박의 무의식적 원인까지는 회복되지 않은 것 같습니다. 특히나 도박과 같은 중독은 다른 것들보다 훨씬 더 깊고 광범위하게 심겨 있어 그것을 뿌리째 뽑아내기 어렵습니다.

○ 무의식과
조화로운 의지는 필요합니다.

위에서 설명드린 것처럼 의식적으로 아무리 노력해도 중독은 올라옵니다. 단순히 책을 읽고 기분 좋은 활동을 하고 의식적으로 노력하는 것도 필요하나 그럼에도 중독은 근원적으로 좋아지기 힘듭니다. 의식 차원에서 기울이는 노력은 기본적 접근입니다. 다만 의식적으로만 대응한다면 치유가 어렵다는 말입니다. 근원적으로는 무의식 자체를 치유해야 하기 때문입니다.

사람의 마음은 창조 섭리대로 치유하는 것이 효과적입니다. 사람은 마음이 먼저 변화되어 의지와 행동이 달라지는 섭리로 만들어졌습니다. 먼저 의지로 노력해서 무의식적 마음이 달라지는 것도 분명 가능은 합니다. 그러나 정말 효과적인 변화를 이루기 위해서는 의지를 만드는 무의식적 생각과 감정을 먼저 회복해야 합니다. 사랑은 의지라고 말씀합니다. 맞는 말씀이지요. 사랑이 의지를 통해 드러납니다. 그런데 그 의지를 만들어 내는 무의식적 수준의 인격적 사랑이 있어야 의지적 사랑으로 연결되어 드러날 수 있습니다.

중독에서 벗어나는 데 의식적 노력이 필요 없다는 말씀은 결코 아닙니다. 의식적 노력이 필요한 영역이 있으나 무의식 자체를 치유해야만 중독이 점차 제거되기 때문에 무의식에 초점을 맞추어야 한다는 의미입니다.

도박에 중독되는 무의식적 원인

알고 보니 내담자는 태어나서 친부모에게 버려졌으며 곧바로 입양되었습니다. 이분은 5세 전에 입양되어서 자기가 입양된 기억 자체는 없습니다. 공개 입양을 통해 어릴 때부터 입양된 사실을 알고 자라기는 했지요. 기억은 없지만 5세 전에 친부모로부터 버림받은 고통스러운 경험은 있습니다. 그리고 이런 경험을 해결할 힘이 없었던 어린아이는 그 고통을 무의식 속에서 억압해 버립니다. 보통 5세 전의 기억은 의식적으로 떠올리기 어려우므로 더더욱 무의식적으로 저장됩니다. 그래서 기억 자체는 없으나 고통은 평생 느끼게 됩니다. 다행히 5세 이후 양부모의 사랑을 받고 자라 지금의 비교적 훌륭한 인격과 신앙의 열매가 맺힌 것 같습니다. 그럼에도 도박을 하게 되는 무의식적 원인은 해결되지 못한 상태이므로 아이는 자라면서 우울해합니다.

내담자는 십 대가 되어서도 여전히 해결되지 못한 무의식적 고통으로 힘들어 합니다. 물론 부모님의 사랑과 여러 은혜로 인해 다른 부분은 큰 문제가 없었습니다. 하지만 뭔지 모를 고통이 자꾸 느껴지니 어떻게든 그 고통을 잊고 싶습니다. 그러다 우연히 친구와 게임처럼 도박을 하게 되었습니다. 그때 처음으로 고통에서 해방되는 느낌을 가집니다. 도박이 주는 짜릿함이 무의식적 고통을 잠시 잊게 만들었던 것이지요. 모든 중독이 그렇듯, 첫 경험은 천국과 같이 황홀하게 느껴집니다. 그리고 잊을 수 없는 그 쾌락은 뇌에 저장되어 평생 그 쾌락에서 벗어나지 못하게 됩니다. 무의식적으로 도박이 자신을 구원했다고 믿으며 중독된 상태를 행복이라고 착각합니다. 의식적으로는 도박이 죄임을 알고 싫어하며 극복하려 노력하지만 무의식적 차원에서는 어쩌면 지독한 죽음의 고통을 잊게 해준 유일한 구원이라고 느끼고 있는지도 모릅니다. 중독 경험 자체는 무의식적인 쾌락을 주지만 그 자체로는 반복되는 트라우마일 뿐입니다. 중독 행위가 반복되면 그 자체로 중독을 강화하며 무의식적 거짓 생각은 더 깊어지는 것이지요.

사랑으로 채워지는
무의식 속의 애착 고통

부모로부터 버려진 고통을 우리는 애착 고통이라고 합니다. 관계가 끊어질 때의 고통입니다. 존재하는 고통 중에 가장 깊은 무의식적인 고통이고 죽음과 유사한 고통을 준다고 합니다. 인류는 하나님을 상실하고, 에덴을 떠난 이후 영적 애착 고통을 느끼게 됩니다. 고통은 쾌락을 탐닉하게 만듭니다. 쾌락은 잠시나마 고통을 잊게 해 주니까요. 그래서 우리는 중독적 쾌락에서 빗어나지 못합니다. 예수님을 제외하고 그 누구도 중독에서 자유롭기 어렵습니다. 태어나서도 부모로부터 버림을 받거나 관계 단절을 경험한다면 더더욱 중독을 찾아 헤매는 공허함 속에 살아가게 될 수 있습니다.

이러한 애착 고통은 우상 숭배를 해야만, 도박 중독, 성 중독, 알코올 중독으로만 잠시 마비시킬 수 있습니다. 중독이 고쳐지기 어려운 이유가 중독의 원인이 무의식 깊은 곳에 있는 애착 고통이기 때문입니다. 그리고 이 무의식은 정체성의 핵심이 되는 영역이라 말씀드렸습니다. 중독이 있다는 것은 애착 고통이 있다는 뜻이고 그 영역은 무의식에 저장되어 있습니다. 사랑의 결핍으로 인해 구멍 난, 중독적 정체성을 이루고 있다는 뜻입니다. 이 무의식의 영역에 마음 전체의 넓이와 깊이를 덮고도 남는 크고 강력한 치유제가 필요합니다. 바로 하나님의 사랑입니다.

애착 고통보다 훨씬 더 강력한 사랑의 채워져야 합니다. 진정한 사랑은 무의식 깊은 곳에서부터 의식 저 위의 마음까지 풍성하게 만들 수 있기 때문입니다. 하나님의 사랑은 무의식을 치유합니다. 그래서 무의식적인 나다움을 완성시키십니다. 내 마음과 무의식이 사랑으로 점차 하나 되어 갑니다. 내가 나의 무의식과 친해집니다. 뿌리가 달라집니다. 그래서 중독의 열매도 사라집니다.

정체성 회복 – 무의식의 의식화 그리고 복음화

어두움과 고통이 억압된 무의식은 사람 마음에서 일종의 무저갱입니다. 지옥과 같은 고통과 죄, 어두움이 가득한 마음입니다. 무지와 고통 덩어리인 그곳에는 진정한 앎과 기쁨이 없습니다. 그곳은 하나님을 거부하고 나 자신도 거부하는 곳입니다. 이런 어두운 무의식이 많을수록 하나님도 모르고 나 자신도 모르며 온 마음으로 하나님을 사랑하지 못하게 됩니다. 온 마음이 하나 되려면 무의식과 의식의 통합도 필요하기 때문입니다. 그래서 이런 어두운 무의식에는 하나님의 빛과 말씀이 필요합니다. 성령님의 조명 아래 무의식이 점차 의식화되는 과정이 요구됩니다. 무의식을 의식적으로 깨달을수록 모르고 당하는 일이 줄어듭니다.

물론 의식화될 수 없는 무의식도 당연히 있습니다. 중요한 것은 무의식의 색깔입니다. 무저갱과 같은 무의식은 흑암의 영역이며 이곳에 빛이 임하면 형태는 그대로이지만 색깔이 바뀝니다. 방언이 대표적인 예입니다. 방언은 통역이 없다면 내가 무슨 말을 하는지 모르지요. 방언은 무의식에서부터 나온다고 생각됩니다. 의식화되진 않았지만 밝은 빛이 임한 무의식인 것이지요.

마가의 다락방에서 오순절 날 성령이 임하셨을 때도 마찬가지입니다. 이때 사도들은 성령 충만을 받고 성령이 말하게 하심을 따라 다른 언어들로 말하기 시작했습니다. 전에는 몰랐던 언어를 알게 되어 말하게 된 것입니다. 성령이 무의식 가운데 임하셔서 무의식의 회복을 주셨다고 믿습니다.

방언뿐만 아니라 하나님이 거하시는 무의식, 복음화된 무의식 그곳에는 기쁨과 평안이 있습니다. 그리고 안식이 있습니다. 풍성한 은사와 지혜가 숨겨져 있습니다. 무의식의 복음화가 더 일어날수록 시냇가에 심긴 나무가 됩니다. 이렇게 빛으로 변한 무의식이 많아질수록 내가 나와 친하고 자신이 편해지며 나 혼자 있을 때도 행복합니다. 정체성은 하나님이 의도한 나다움으로 성장해 갑니다.

무의식 안에 말씀이 임하면 무의식 속의 왜곡된 생각 및 믿음 체계가 변화되어 하나님을 향한 믿음이 더욱 강해집니다. 무의식 속에 무저갱 같은 어두움이 득세한 곳은 오히려 하나님을 거스르는 거짓 믿음이 가득한 곳입니다. 하나님을 피해 숨으며 더 깊은 어두움으로 내려가고자 하는 마음입니다. 죽음에 대한 두려움이 가득한 곳이며 하나님 없이 스스로 살아가고자 하는 육신적 영역입니다. 빛을 싫어하며 세상적 가치관이 넘쳐나는 곳이지요. 그런데 이런 절망적 무의식 속에 하나님의 말씀이 임하시면 사망이 변해서 오히려 생명의 근원이 되는 진정한 변화가 일어납니다.

예수님께서 베드로에게 이런 질문을 하십니다. "너희는 나를 누구라 하느냐?" 베드로가 직관적으로 대답합니다. "주는 그리스도시요 살아 계신 하나님의 아들이시니이다." 이 대답은 너무나 놀라운 정답입니다. 베드로가 어떻게 이런 대답을 할 수 있었을까요? 예수님께서 말씀하십니다. "이를 네게 알게 한 이는 혈육이 아니요 하늘에 계신 내 아버지시니라."

맞습니다. 베드로의 자연적 마음에서 나온 통찰이 아니라 하나님 아버지께서 계시를 통해 깨닫게 하신 놀라운 진리입니다. 제 설명으로 표현해 본다면, 말씀이 무의식에 임해 무의식이 의식화된 것입니다. 베드로도 스스로 대답하면서 깨달았습니다. 하나님께서 베드로의 무의식을 깨워 주셨다고 저는 생각합니다. 그리고 무의식에 일어난 진리를 통찰하는 선언은 이제 베드로의 믿음 체계가 되었습니다. 무의식이 깨달아질 때 무의식 안 모든 신념 체계는 새로워집니다. '아하, 예수님이 그리스도이시고 하나님의 아들이시구나!' 감화 감동이 되는 말씀(레마)으로 마음 깊이 새겨집니다.

베드로의 이런 고백과 믿음 위에 예수님은 교회를 세우십니다. 그 고백과 믿음을 반석이라고 말씀하십니다. 무의식이 변해서 믿음이 될 때 뿌리 자체가 변화된 반석이 됩니다. 그리고 이렇게 온전히 바뀐 무의식적 믿음 체계는 자신의 정체성을 더욱 확고히 하며 평생의 무게중심이 될 수 있습니다.

이런 예도 들어 볼 수 있습니다. 두 사람이 "하나님은 사랑이십니다!"라고 선포하고 있습니다. 그런데 한 분의 선포는 크게 울림이 없습니다. 다른 한 분은 동일한 선포를 하지만 그 말에 힘이 있고 파급력이 느껴지며 영혼의 울림을 주기도 합니다. 왜 같은 문장을 선포하는데 한 분은 힘이 없고, 또 다른 한 분은 강력할까요? 베드로의 설교가 적절한 예일 것 같습니다. 베드로가 한 번 설교하니 5천 명이 회심합니다. 물론 성령의 강력한 임재와 역사임을 잘 알고 있습니다. 베드로의 무의식 관점에서 보면 열쇠는 무의식이 얼마나 변했느냐에 있다고 생각됩니다. 하나님은 사랑이시라는 진리를 의식뿐만 아니라 무의식 저 깊은 곳에서도 강력히 믿고 있느냐가 중요합니다. 이 믿음이 무의식까지 내려가면 5%의 의식적 믿음에서 95% 이상의 무의식이 포함된 전인격적 믿음이 됩니다. 이렇게 의식과 무의식이 합쳐진 믿음이 완성된 믿음이며, 이 완성된 믿음에서 나온 선포는 놀라운 열매를 맺습니다.

무의식적 믿음의 대표적인 경우가 구원 전과 후의 변화일 것입니다.

예수님을 영접하기 전에는 아무리 애를 써도 예수님이 믿어지지 않습니다. 무의식부터 예수님에 대한 믿음 자체가 없기 때문입니다. 마음의 뿌리인 무의식에 말씀이 없기 때문에 의식적으로 아무리 노력해도 믿음이 생기지 않습니다. 그러나 예수님을 영접하면 예수님은 우리 마음의 주인이 되어 주십니다. 무의식까지 하나님의 통치가 임한 것이지요. 그렇다고 해서 모든 무의식이 하나님의 통치를 누리지는 못합니다. 성화의 과정이 있어야 무의식의 복음화가 확장된다고 말씀드렸습니다. 성화의 과정에서는 필연 믿음과 의심이 섞여 있습니다. 의심이 많다는 것은 의식적 지식은 있는데 무의식적으로 회복되지 않아서 뿌리부터 믿음이 없는 상태입니다. 의심은 엄밀히 말씀드리면 나와 내가 분열된 상태입니다. 내 의식과 다른 무의식이 있어 두 마음을 품은 것입니다. 이런 상태 역시 내가 나와 친밀하지 않은, 정체성이 약한 상태이겠습니다. 무의식이 회복될수록 의식과 하나되며 더 건강한 믿음을 유지하며 이 믿음은 깊은 정체성을 이루며 마음의 뿌리를 견고하게 합니다.

　무의식의 내용에 따라 하나님이 주시는 믿음으로 충만하기도 하고 세상이 주는 믿음으로 가득하기도 합니다. 하나님은 우리 무의식 속에 하나님이 심지 않으신 것을 뽑아내기를 기뻐하십니다. 어두움, 절망, 죄와 타락한 가치 및 사망이 드리워진 메마른 골짜기 같은 무의식일지라도 하나님의 생기가 임하면 지극히 큰 군대가 된다는 사실을 기억해 봅니다(겔 37:10).

상처 없는 비그리스도 vs 상처 많은 그리스도인

예수님을 믿지 않는 분 중에 상처가 많은 분도 있지만, 예수님을 믿지 않고도 상대적으로 상처가 적어서 얼마든지 행복한 삶을 사는 분들도 있습니다. 이런 분들은 정체성도 건강해 보입니다. 분명 유복한 집에서 태어나 비교적 건강하게 살아가는 분들이 이 땅에서는 더 행복할 수도 있겠습니다. 성격도 더 부드럽고 생각도 긍정적이고 감정도 비교적 편한 분들입니다. 하나님의 일반 은총으로 인해 성숙해 보이는 분들이지요.

　그래서 때로 그런 분들이 부럽기도 합니다. 아니 어쩌면 오히려 예수님을 믿고 살다 보니 연단과 고난이 더 많은 것 같기도 해서 마음이 어려워질 때도 있습니다. 심한 경우 고통 많은 집안에서 태어나 어린 시절부터 비참하고 부족하게 살면서 깊은 무의식적 상처를 안고 살아온 그리스도인들도 있습니다. 예수님을 영접한 것 이외는 삶이 너무나 고통스럽습니다. 차라리 상처 없는 평범한 삶을 살고 싶기도 합니다.

하지만 우리는 하늘의 관점으로 봐야 합니다. 세상에서 만들어진 건강한 정체성과 예수님 안에서 형성된 복음적 정체성은 차원이 다르다고 생각됩니다. 세상에서 잘 만들어진 정체성이 나쁘다기보다는, 비록 상처가 많은 무의식이라고 할지라도 오히려 하나님을 의지하여 무의식의 치유가 조금씩 이뤄지고 있다면 하나님 눈에 값진 삶이 아닐까요? 하나님은 세상에서 최고의 가치를 가진 비그리스도인보다 비록 세상의 가치는 부족해 보일지라도 하나님을 영접한 상처 많은 그리스도인을 기뻐하신다 믿습니다. 물론 비그리스도인과 그리스도인을 차별하려는 의도는 아닙니다. 누구라도 그리스도인이 되길 바라고 기도합니다. 영적인 가치가 그 무엇보다 비중이 크다는 말씀을 드리고 싶습니다. 예수님을 영접한 후 주어지는 하늘의 정체성이 세상에서 가장 멋지게 만들어진 정체성과는 비교할 수 없을 것입니다.

모두 다 그런 것은 아니지만 하나님 없이 멋진 성품과 가치관과 자존감을 형성한 분들도 어떤 의미로는 상처 입은 분들일 수 있습니다. 하나님과 무관한 삶으로 자기다움이 만들어진 것도 영적 상처일 수 있습니다. 오히려 하나님을 더 밀어낼 수도 있는 평탄한 삶이 영적 상처가 될 수 있습니다. 애통한 마음도 가난한 마음도 의에 주리고 목마른 마음도 없고 박해도 받을 일이 없었기 때문에 하늘의 복을 받을 수 없지요. 이렇게 세상적으로 부요한 무의식은 오히려 하나님을 초청하지 않으려 하지요. (물론 하나님이 하시면 구원받습니다.) 그렇다면 세상적으로 건강한 무의식은 하나님을 영접하는 데 방해될 수도 있겠습니다.

예수님과 대화했던 부자 청년 기억하시지요? 이 청년은 선한 일을 참 많이 한 것 같습니다. 영생에 대해서 자신감도 있었던 것 같습니다. 청년의 질문에 예수님께서 선한 계명을 지켜야 생명에 들어간다고 말씀하시고 청년은 어려서부터 모든 것을 지켰다고 대답합니다. 누가 봐도 속된 말로 금수저입니다. 충분한 재물과 수준 높은 행위를 갖춘 분입니다. 자기 이웃을 자기처럼 사랑했을 정도로 정체성도 훌륭했다고 보입니다. 자기의 삶과 환경에서 만들어진, 세상에서 탁월한 정체성을 가진 청년이었습니다. 정체성은 하나님과의 관계를 통해 형성되어야 하지만 청년은 재물과 선행이 자신의 정체성의 근간이었던 것으로 보입니다.

예수님은 진정한 정체성을 주시고자 더 깊이 숨겨진 가짜 정체성을 드러내십니다. 소유를 팔아 가난한 자들에게 주라고 말씀하신 것입니다. 제대로 정곡을 찌르셨지요. 청년은 자기의 무의식적 근간이었던 재물을 버릴 수 없었습니다. 하나님이 계셔야 할 정체성의 자리, 무의식의 마음을 재물로 가득 채워 평생을 보냈던 청년은 결국 근심하며 돌아가 버립니다. 세상에서 만들어진 정체성은 아무리 부드럽고 당당하고 적절하고 존경받고 따뜻하고 상처 없어도 하나님의 임재를 밀어내는 도구가 될 수 있습니다. 이렇게 세상에서 만들어진 무의식적 정체성은 어쩌면 상당히 위험할 수 있겠습니다. 하나님은 오히려 상처 입었던 창기, 세리 등 무의식 깊은 곳에서부터 애통해하는 마음에 임재하시기를 기뻐하셨음을 믿습니다.

○ 질문에 대한 답

이번 장 초반부에 질문을 드렸지요?

첫째, 30년 이상 하나님을 의지하고 순종하며 신앙생활을 해오신 분이 왜 도박 문제로 고통 받는 것일까요? 우리가 믿는 예수님은 도박 문제를 끊고 우리를 자유롭게 하실 수 있으신데 왜 우리는 이 자유를 누리지 못할까요? 내담자는 예수님과 친밀한 삶을 살아온 것 같은데도 왜 도박만큼은 여전히 치유받지 못하는 걸까요?

아직 남아 있는 도박의 원인이 해결되지 않아서입니다. 내 마음속 무의식의 일부가 아직 회복되지 못한 것입니다. 도박 문제가 있어도 사실 하나님과 친밀하게 만날 수 있습니다. 무의식에 있는 문제의 크기에 따라 친밀한 정도는 다를 수 있습니다. 도박 문제가 있다고 해도 여전히 하나님은 우리를 친밀히 대해 주십니다. 도박 문제로 우리를 판단하지 않고 그리스도의 보혈의 공로로 우리를 판단하십니다. 우리의 정체성은 완벽한 의인이기 때문입니다. 중독으로 고통 당하지만 하나님은 완벽한 사랑으로 우리를 사랑하십니다. 다만 우리의 중독에 대해 그 누구보다 슬퍼하시며 안타까워하십니다. 중독의 죄를 회개하는 것은 분명히 필요합니다. 내 마음이 나뉘고 그 틈에 죄가 있으니 정체성이 견고하지 못합니다. 그러니 내 입장에서는 하나님이 덜 친밀하게 느껴질 수는 있겠습니다. 그러나 하나님은 오히려 더 깊은 관계로 우리를 초대하셔서 남아 있는 중독의 문제를 근원적으로 해결해 주시길 원하십니다. 아직 회복의 여정이 더 필요한 것 아닐까 생각됩니다.

둘째, 도박 중독과 정체성이 연관이 있다는 말씀인가요? 내담자는 30년간 신앙생활을 하며 그리스도 안에서 자기가 누구인지 잘 알고 있고 그렇게 살아가고 있어 보이는데… 그럼에도 정체성에 문제가 있다는 말씀인가요?

정체성 자체는 문제가 없습니다. 정체성은 하나님이 주신 신분이기 때문입니다. 다만, 주신 정체성답게 내가 성장하여 완성되어 가는 과정 중이고 아직은 미완성이므로 부분적으로는 덜 건강하다고 생각됩니다. 자기가 누구인지 알고 있으나 깊은 무의식에서는 중독으로 인해 마음이 통합되지 않아 온전히 자기가 누구인지는 모르고 있을 것입니다. 그래서 중독과 같은 정체성을 훼손하는 무의식을 제거하는 만큼만 나를 제대로 알게 될 것입니다. 지속적 은혜의 과정을 통해 중독 문제를 해결한다면 더 큰 나다움과 온전한 정체성을 경험하고 깨달아 하나님을 더욱 사랑하게 되지 않을까요?

셋째, 정체성과 중독 그리고 무의식은 어떻게 연관되어 있나요?

중독의 뿌리도 무의식에 있으며 정체성의 95% 이상도 무의식에 달려 있습니다. 중독이 있다는 것은 스스로와 친밀하지 못하며 하나님과도 거리감을 느끼며 무의식적 문제가 있다는 뜻입니다. 무의식이 회복될수록 중독이 뿌리 뽑히며, 중독이 해결될수록 정체성은 견고해집니다. 그리고 하나님이 주신 정체성에 걸맞게 더 살아갈 수 있을 것입니다.

다음 장에는 구체적으로 무의식적 정체성의 회복 방법에 대해 나누겠습니다.

- 하나님 앞에 나의 무의식적 어두움이 무엇인지 깨닫게 해 달라고 기도합시다.
- 여러분이 아무리 성숙한 신앙인일지라도 아무도 모르는 자기만의 무의식적 어두움이 있을 수 있습니다. 하나님 앞에 깨달은 무의식적 어두움을 정직히 고백해 봅시다.
- 반복해서 죄나 고통에 넘어지고 계십니까? 반복되는

문제라면 무의식적 차원에 문제가 있음을 기억합시
다. 성령의 조명을 간구합시다.

° 영적 성장이나 절제는 죄나 육신을 의식의 힘으로 억
누르는 것이 아닙니다. 무의식을 회복함으로 자연스
럽게 의와 성령을 더 사랑하게 되는 것입니다. 고통
을 누르지 않고 하나님께 아룁시다.

° 대인 관계에서 생기는 갈등의 주 원인은 상대방이 아
니라 내 무의식에 있습니다. 상대의 미숙함에 성숙하
게 반응하지 못하는 내 미숙한 무의식을 다뤄야 합니
다. 상대방 탓을 멈추어야 내 무의식의 들보를 볼 수
있겠습니다.

무의식이
회복되는
25가지 방법

어두움이 임한 무의식, 죄가 관영하여 거짓된 정체성을 믿게 하는 무의식은 회복되어야 합니다. 하나님은 사망이 득세한 곳에 빛으로 임하시길 누구보다 원하십니다. 무의식적 정체성을 회복하기 위해 우리가 평소 일상에서 시도해 볼 수 있는 몇 가지 방법을 나누려고 합니다.

정체성 회복을 위한 방법

1. 하나님께서 허락하신 영적 삶이 가장 중요합니다

설교, 예배, 집회, 찬양, 성경 공부, 묵상 등 꾸준히 신앙생활을 하며 날마다 삶을 일구는 가운데, 자고 일어나는 중에 우리 무의식은 회복되어 가고 있습니다. 일상의 모든 경건생활은 우리의 의식과 무의식 전체를 복음화하기에 충분하고 남습니다. 우리의 마음을 창조하신 하나님이 치유의 열쇠를 가지고 계신 것은 당연하겠지요. 다만 하나님의 말씀과 성령의 역사가 더 효과적으로 무의식에 임재하도록 우리의 노력도 필요할 것입니다. 몇 가지 방법을 말씀드리겠습니다.

2. 나의 자아상에 말씀 적용하기

가장 좋은 방법은 말씀을 묵상하는 일입니다. 어떤 심리적 기법을 몰라도 상관없습니다. 말씀에 집중하고 몰입해서 묵상한다면 그 말씀은 살아 있는 검과 같은 운동력과 활력으로 우리의 혼과 영과 및 관절과 골수를 찔러 쪼개십니다. 마음의 생각과 뜻을 판단하시고 빛 가운데 드러내십니다. 무의식의 아픔과 상처와 어두움이 아무리 크고 깊어도 말씀은 모든 것을 치유해 내십니다. 말씀을 내 자아상에 적용해 보는 것을 추천합니다.

먼저는 내가 느끼는 나를 떠올려 보세요. 나에 대해 배운 정답 말고 내 속에서 나를 어떻게 느끼는지를 솔직하게 적어 봅니다. 성경적 지식 말고 내가 경험한 나를 떠올리시면 됩니다. 그리고 친밀한 사람과 나눠 보셔도 좋습니다. 분명 평소 내가 생각하는 내 모습이 있을 것입니다. 하나님의 사랑을 예수님만큼 받아 기쁨이 넘치는 나인가요? 세상 앞에 작아진 내 모습이 느껴지시나요? 하나님의 자녀가 아닌 고아로 살아가는 느낌인가요? 늘 내가 마음에 안 들고 못나고 초라해 보이는가요? 불안에 떨고 있는 어린아이가 느껴지시나요? 자기 연민에 빠진 내 모습은 아닐지요? 혹 화가 난 내 모습일 수도 있겠습니다. 어떤 자아상이든 그 모습을 떠올리며 얼마나 말씀과 멀어져 있는지를 살펴보시면 좋겠습니다. 그리고 솔직한 내 자아상에 하나님의 말씀을 초청해 보시면 좋겠습니다.

"하나님, 제가 저를 초라하게 보고 있습니다. 이 생각을 진리로 바꿔 주세요. 하나님 안에서 내가 누구인지 깨닫게 해 주세요."

3. 하나님과의 거리감을 느껴 보고 말씀 적용하기

눈을 감고 하나님이 정말 나와 친밀한 관계인지 정서적 거리감을 느껴 보기를 권합니다. 정서적 거리감은 무의식적 내용이 반영되므로 무의식 상태를 알려 주는 지표가 됩니다. 하나님과의 정서적 거리감이 멀수록 내가 나와 친밀하지 않다는 의미도 됩니다. 즉, 나의 무의식적 정체성에 문제가 있다는 뜻입니다. 하나님과 거리감이 있다면 왜 그런지 묵상해 보고 원인도 찾아볼 수 있으면 좋겠습니다. 거리감을 느끼는 그 관계 안으로 하나님을 초청해 보세요. 성경에서 친밀함을 계시해 주시는 하나님의 말씀을 찾아 묵상하고 기도해 봅니다.

"하나님을 떠올리면 저와 거리가 먼 것 같습니다. 이미 가장 가까이 계신 하나님을 경험하게 해 주세요."

4. 자동적 사고를 통해 자아상의 근원을 찾고 말씀으로 고치기

'자동적 사고'라는 단어가 조금 어려우실 수 있습니다. 그냥 어떤 상황에 즉각 떠오르는 생각입니다. 보통은 스쳐 지나가는 생각이라 내가 그 생각을 품었는지도 모를 때가 많습니다. 자동적 사고는 무의식에서 나와 표면적으로 드러나는 생각입니다.

산길을 가다 뱀을 봤다면 어떤 기분일까요? 보통은 불안해질 것입니다. 불안을 유발하는 자동적 사고가 떠올라서 그렇습니다. '물리면 죽는다.' 이런 생각을 떠올리면 불안해집니다. 이린 생각을 했다는 사실도 모르는 상태로 불안에 압도당합니다.

길을 가다 저를 잘 아시는 담임 목사님을 만났습니다. 코앞에서 반가운 마음에 인사를 하는데 아무런 대답이나 표정 없이 그냥 지나쳐 가십니다. 어떤 기분이 들까요? 어떤 사람은 화가 나고 또 어떤 사람은 불안합니다. 또 다른 분은 우울해지기도 합니다. 왜 사람들마다 반응이 다를까요? 각자의 자동적 사고가 다른 것입니다. '날 무시하나?'라고 생각하면 분노가, '내가 뭘 잘못했나?'라고 생각하면 불안이, '목사님이 날 싫어하시는구나'라고 생각하면 우울해질 것입니다. 어떤 사람의 생각이 맞을까요? 모든 사람의 생각이 다 틀릴 수 있습니다. 사실 그날따라 목사님이 안경을 집에 두고 외출한 터라 알아채지 못했을 뿐입니다. 이렇게 떠오르는 자동적 사고를 따라 정체성을 이루는 무의식적 생각으로 가는 방법이 있습니다.

'만약 이 생각이 맞으면, 나는 어떤 존재라는 의미인가?'라는 질문을 반복해서 던져 봅니다.

분노한 분의 생각 '날 무시하나?'를 예로 들어 보겠습니다. 만약 이 생각이 맞으면 나는 어떤 존재라는 의미일까요? '무시해도 되는 사람' 혹은 '존재감이 없는 사람', '하찮은 존재'라고 여겨질 수 있겠지요. 이런 식으로 더 깊이 들어가다 보면 '나는 무가치하다'로 연결됩니다. 그렇다면 이분의 무의식적 자아상을 이루는 생각은 '나는 무가치한 사람이다'입니다. 내가 화가 난 이유는 인사를 받아 주지 않은 담임 목사님께 있지 않습니다. 내 안의 무의식적 생각인 '나는 무가치한 사람이다'가 화를 만든 원인입니다.

성경적으로 내가 무가치합니까? 당연히 아니지요. 성경에서 나의 가치를 말씀해 주는 구절을 찾아 내가 무의식 깊은 곳에서 믿고 있는 거짓말을 성경의 진리로 바꾸시면 됩니다.

물론 시간이 드는 과정이고 연습도 필요할 것입니다. 하나님은 이 과정 속에서 내가 진짜 누구인지 깨닫게 해 주심을 믿습니다. 그리고 '나는 무가치하다'라는 생각이 교정되면 더 이상 분노가 촉발되지 않습니다. 분노의 무의식적 원인이 사라지고 그 자리에 '나는 예수님만큼이나 가치 있다'는 생각이 무의식적으로 심기니까요. 이제는 든든한 정체성이 완성되었으므로 이후 누군가 내 인사를 받아 주지 않아도 훨씬 유연하고 사랑을 담은 따뜻한 태도로 반응할 수 있게 되는 것입니다.

"하나님, 내가 무가치하다는 생각을 진리로 바꿔 주세요."

5. 하나님의 이미지 바꾸기

이미지라는 단어를 사용했습니다. 하나님에 대한 생각이 아닌, '하나님' 하면 떠오르는 이미지가 내 무의식적 상태를 나타내는 지표가 됩니다. 생각은 의식적 요소를 더 포함하지만 이미지는 무의식적 감정까지 포함한 하나님에 대한 느낌입니다. 말씀 속에서 계시되는 하나님과 내가 가지고 있는 하나님의 이미지가 차이가 날수록 내 무의식적 정체성이 약하다는 뜻입니다.

내게 질문을 해 봅니다. '하나님, 하면 어떤 느낌이 드십니까?'

사랑과 은혜가 충만한 아빠 아버지의 느낌입니까, 아니면 화난 얼굴이 떠오르십니까? 냉정한 표정의 하나님, 무관심하게 거리를 두시는 하나님, 약간이라도 잘못하면 야단치시는 하나님의 이미지는 아닐지요? 싫어도 억지로 복종할 대상일 수도, 권위적인 존재일 수도 있으며, 오히려 아무 느낌이 없을 수도 있습니다. 우리는 살아오면서 우리가 경험한 육신의 아버지의 이미지를 하나님이라고 착각할 때가 많습니다. 하나님을 오해한 만큼 내가 나를 오해하고 있다고 생각하시면 됩니다. 하나님에 대한 이미지가 성경적 진리와 거리가 있는 만큼 나의 자아상이 건강하지 않을 수 있습니다. 내 무의식적 자아상은 하나님과의 관계로부터 만들어지므로 건강한 자아상을 가지기 위해 하나님에 대한 무의식적 오해를 풀어야 합니다.

6. 감정을 따라 기억으로 들어가 거짓 생각 바꾸기(생명나무치유)

우리 마음과 뇌는 삶의 경험을 기억합니다. 과거 기억의 총합이 지금의 나라고 해도 과언이 아닐 정도로 경험이 저장된 기억은 매우 중요합니다. 기억이 전부는 아니지만 기억을 어떻게 바라보며 다룰 것인가가 중요합니다. 기억은 왜곡도 일으킵니다. 모든 기억이 다 정확하진 않지만 그럼에도 자아상 회복의 수많은 단서를 제공합니다. 경험을 통해 기억의 저장 형태가 달라지므로 어떤 경험을 했느냐가 중요합니다. 사랑을 경험한 기억은 따뜻한 추억과 같고 상처를 경험한 기억은 차가운 악몽과 같습니다. 상처 경험이 많을수록 고통스러운 기억이 되며 이 고통이 처리되지 않으면 무의식을 억압하게 됩니다. 가장 좋은 것은 고통을 경험하는 바로 그때 고통스러운 감정을 건강하게 처리하는 것이겠지요. 만약 그 시기를 놓치면 우리 마음과 뇌는 생존을 위해서라도 고통스러운 경험과 기억을 무의식 저 아래로 눌러놓게 됩니다. 그러면 의식적으로는 비교적 평정심을 유지할 수 있으니까요.

그리고 마치 아무 일 없다는 듯 일상을 살아갑니다. 그런데 이 무의식에 저장된 고통스러운 기억은 끓는 물과 같고 눌러놓은 맹수 같아서 자꾸 의식으로 드러나려 합니다. 우리의 자아는 그 고통을 느끼고 싶지 않아 다시 눌러 버립니다. 억지로 눌러 버리니 다시 밖으로 나오려는 것은 당연합니다. 문제는 우리 마음의 습관입니다. 삶을 살다 다시 유사한 고통을 경험하면 익숙한 방식으로 고통을 다시 무의식에 억압합니다. 이렇게 익숙한 방식으로 고통을 처리하다 보면 우선은 성공하는 듯합니다. 하지만 이런 식으로 자꾸 무의식 속에 고통을 쌓아 두면 결국 용량 초과로 무의식과 의식의 균형이 깨어져 버립니다. 무의식에 있어야 할 고통이 의식으로 터져 나올 수 있고 이렇게 되면 그렇게 느끼고 싶지 않았던 그 고통에 한꺼번에 압도당하니 죽을 만큼 고통스럽습니다.

무의식으로 고통을 억압하는 방식은 인간적, 육신적 방법입니다. 하나님의 방법은 고통을 하나님과 처리하는 것이지요. 물론 인간의 몸을 입고 태어난 이상 고통을 억압하지 않고 살 수는 없습니다. 하지만 우리는 이 사망의 몸에서도 하나님을 의지하고 하나님의 방법을 통해서 무의식을 다뤄 내야 하지요. 고통으로 절규하는 우리 가운데 하나님이 허락한 은혜는 하나님의 임재입니다. 특별히 무의식 속으로 하나님의 말씀과 사랑을 초청하는 것입니다.

그러면 부정적 자아상의 뿌리가 되는 무의식은 어떻게 찾을 수 있을까요? 하나님의 말씀으로 조명받아야 할 무의식의 방은 어떻게 찾으면 될지요? 물론 여러 가지 방법이 있습니다. 가장 간단한 방법은 '감정'을 따라 '기억'으로 들어가 보는 것입니다. 강렬한 감정은 사실 반영구적으로 기억에 남아 있습니다. 어릴 때 사랑받은 기억을 소환해 낼 수 있는 것도 감정이 기억으로 남아 있기 때문입니다. 사랑받은 사건 자체는 잊혀도 사건 속에 사랑의 감정이 강렬했다면 죽을 때까지 잊을 수 없습니다. 상처 받은 기억 역시 부정적 감정을 느끼게 된 사건이므로 평생 잊히지 않는 악몽일 수 있습니다.

그래서 역으로 현재의 부정적 감정을 느껴 보면 그 감정이 시작된 뿌리와 같은 무의식적 기억을 찾을 수 있습니다. 과거 무의식적 기억 속의 감정이 지금까지 느껴지며, 내 삶에 영향을 주고 문제를 일으킬 수 있습니다.

부정적 감정을 따라 무의식으로 들어가면 그 안에 부정적 자아상의 뿌리가 되는 거짓 생각이 도사리고 있습니다. 내가 나다워지지 못하게 만드는 주범은 내 무의식 속 자아상을 이루는 핵심 신념입니다. 그리고 그 핵심 신념의 내용은 진리가 아닌 세상의 거짓 생각입니다. 이 거짓 정체성을 이루는 생각을 진리로 바꾸는 것이 치유의 핵심입니다.

무의식의 상처 입은 방에 하나님을 초대하는 간단한 방법을 정리해 보겠습니다.

① 평소 내가 자주 느끼는 부정적 감정을 찾으세요.
② 그 부정적 감정을 지금 느껴 보세요.
③ 감정을 느끼는 상태에서 "이 감정의 원인이 된 무의식 속 기억으로 인도해 주세요"라고 기도하세요.
④ 혹은 이 감정과 같은 감정을 경험한 어릴 때의 기억을 떠올려 보세요.

⑤ 떠오른 기억에서 부정적 감정을 만드는 거짓 생각을 찾으세요.

⑥ 찾은 거짓 생각에 하나님의 말씀과 사랑을 초청하세요.

⑦ 잠시 기다린 후 기억 속에서 하나님이 깨닫게 하시는 말씀이나 회복을 경험하시면 됩니다.

우리 무의식은 사실 치유받기 원하지 않습니다. 무의식 중 상처가 있는 방은 본질적으로 죄가 가득하기 때문입니다. 상처를 경험할수록 그 상처가 주는 거짓 메시지가 믿음으로 심겨서 그렇습니다. 2부 내용 중 '상처는 거짓을 믿게 하지만' 장에서 더 설명드리겠지만, 상처(트라우마)는 경험이며 그 경험을 우리의 생각으로 해석하면서 거짓 믿음이 형성됩니다. 하나님은 진리로 세상과 우리 마음을 창조하셨으나 거짓은 마음을 파괴합니다. 거짓을 품고 사는 것 자체가 죄입니다. 그래서 무의식에 심긴 죄인 거짓 생각을 제거해야만 근원적 치유가 일어나는 것이지요. 거짓 생각이 제거되고 진리가 심겨야 무의식이 복음화될 수 있습니다.

우리 내면에는 정체성을 왜곡시키는 무의식적 상처가 많습니다. 한 번에 한 가지의 무의식적 방을 목표로 삼고 기도하고 묵상해 보기를 권해 드립니다. (더 자세한 내용과 구체적인 치유 사례는 2부 '상처를 돌보는 마음'에서 설명드리겠습니다.)

7. 추억 떠올리기

강렬한 감정을 경험했던 어린 시절의 기억일수록 또렷이 남습니다. 상처도 그렇지만 추억이 될 만한 긍정적 감정 경험도 마찬가지이지요. 사랑을 받았던 경험, 기쁨과 환희 등을 누렸던 과거는 지금 삶의 큰 자산입니다. 과거에 머물러 살자는 뜻이 아닙니다. 오히려 트라우마로 인한 과거 기억이 많을수록 무의식적으로 과거에 머물러 사는 꼴이 됩니다. 과거의 경험을 기반으로 현재를 보는 눈이 만들어지기 때문이지요. 물론 과거에 고통스러운 기억이 많아도 얼마든지 현재를 의미 있고 나답게 살아갈 수 있습니다. 그 과거의 고통이 건강하게 소화된다면 말이지요. 그렇지만 다수가 상처 입은 경험을 떠올릴수록 자신을 오해하게 됩니다. 우리는 어쩌면 자동으로 내 무의식의 거짓 정체성을 묵상하고 살아가는지 모릅니다. 그래서 반복되는 삶 가운데 과거의 거짓 자아상을 더 강화하기도 합니다.

그래서 트라우마를 겪었다면 그 반대의 기억인 추억이 중요합니다. 많은 분들이 어릴 때 좋았던 기억이 없다고 합니다. 물론 정도의 차이는 있겠으나 떠올릴 만한 소중한 추억은 분명 존재합니다. 선택적으로 트라우마만 떠올리지 마시고 오히려 적극적으로 소중한 추억을 떠올리면서 내가 어떤 존재인지 묵상해 보시면 좋겠습니다. 특히 하나님이 치유하신 과거의 기억은 소환해 낼수록 온몸으로 기쁨의 확산을 경험할 수 있습니다.

8. 일상의 반복

어제와 동일한 오늘의 일상도 참 중요하지요? 물론 하루도 같은 날은 없습니다. 하나님은 비슷해 보이는 일상 속에 무한한 성장의 기회를 허락하십니다. 이 일상을 어떻게 사용하느냐가 중요하겠습니다. 반복이란 때로 지루하게 느껴질 수도 있지만 연습을 되풀이하는 의미도 됩니다. 무의식적 나는 단회적 깨달음과 경험이 아닌 반복된 연습과 시행착오를 통해 자랍니다. 반복되는 일상이라고 무기력해질 필요가 없습니다. 주어진 일상을 묵묵히 살아가면 자고 일어나는 중에 내가 조금씩 성장하고 있음을 경험하게 될 것입니다. 그 일상의 은혜가 나를 촉촉이 적십니다. 하루하루 하나님 눈에 내가 누구인지 발견하다 보면 무의식 속의 정체성도 더 건강해진다고 믿습니다. 매일 만나는 사람과 마주치는 일상과 힘든 일, 지나가는 배경과 같은 모든 것이 전부 다 너무나 소중한 무의식 성장의 재료입니다. 매일 숨겨진 보화를 찾아가는 일상을 기대합니다. 날마다 내가 누구이고 하나님은 어떤 분인지 경험하는 놀랍고 흥분되는 하루를 기대합니다.

9. 순종 혹은 불순종

무의식의 회복 측면에서 순종이 중요함은 아무리 강조해도 지나치지 않겠습니다. 순종은 결국 우리 몸이 동원되어야 합니다. 몸의 순종 없이 생각이나 감정만 순종하는 것은 불충분합니다. 하나님은 우리의 몸을 산 제사로 원하십니다. 몸을 통해 순종하는 삶은 우리의 전인격적 무의식의 성장을 가져올 수밖에 없지요. 몸의 순종은 의식과 무의식 전체가 동원됩니다. 순종은 의식과 무의식을 연결해 줍니다. 생각과 경험을 일치시켜 줍니다. 순종해야 하는 일이 이해되지 않는다면 내 이해의 폭이 좁다는 의미가 됩니다. 그러나 말씀을 믿고 순종하면 그제야 내 생각의 폭이 넓어집니다. 하나님을 제대로 경험해서 그렇습니다. 좁았던 생각이 넓어지며 무의식이 의식화되므로 몰랐던 것을 알게 되지요. 순종하면 내가 어떤 존재인지 다시 깨닫게 됩니다. 내 안에 하나님이 주신 권세와 능력이 얼마나 큰지도 의식화됩니다. 무의식 깊은 죄의 뿌리도 뽑히게 됩니다. 순종을 그토록 강조하는 이유는 그것이 하나님의 사랑을 온 마음으로 경험하는 가장 멋진 길이기 때문일 것입니다. 순종은 무의식적 어두움과 질긴 육체를 무력화하는 왕도일 것입니다.

역설적으로 순종하지 못한 경험 또한 하나님을 더 알아 가는 기회가 되기도 합니다. 하나님은 나의 불순종도 사용하십니다. 불순종은 우리가 고통스러운 결과를 경험하게 만듭니다. 이를 통해 뼈아픈 회개가 일어날 수 있습니다. 내가 얼마나 죄인인지 깨닫는다면 오히려 무의식적 거짓 자아상을 분별할 수 있으며 더 간절히 하나님께 매달릴 수 있습니다. 물론 하나님을 더 알기 위해 일부러 불순종해서는 안 됩니다. 하나님의 무조건적 용서를 죄의 기회로 삼아서는 안 될 것입니다. 정직한 영혼이라면 불순종의 아픔을 거룩의 통로로 활용할 것입니다.

10. 고난의 경험

고난이 유익임을 우리는 잘 알고 있습니다. 아무도 고난을 좋아하지 않지만 하나님 안에서라면 가장 좋은 선물일 수 있지요. 무의식적 정체성을 성장시키는 데는 고난이 단연 최고의 길이라고 해도 과언이 아닙니다. 고난이 닥치면 무의식 저 아래에서 내가 진짜 믿고 있는 거짓 믿음이 드러나기 때문입니다. 이 믿음은 거짓 자아상에서 나옵니다. 평소 고난이 없을 때는 나의 실제 모습이 드러나지 않을 수 있습니다. 고난은 고통의 정도가 강해서 무의식을 자극하기에 충분합니다. 마치 흙이 가라앉아 맑아 보이는 물을 다시 흔들면 가라앉았던 흙이 온 물을 탁하게 만드는 것과 같습니다. 그러면 내 속에 흙이 있음을 깨달을 수 있습니다. 내가 얼마나 나를 잘못 생각하고 살아왔는지를 그제야 인식합니다.

무의식 속 거짓 생각은 정결해지는 것을 싫어합니다. 우리의 영혼은 건강한 정체성을 회복하기를 원하지만 죄가 있는 무의식은 고난을 거부합니다. 그래서 오히려 고난이 외야 합니다. 질긴 우리의 무의식은 고난 없이는 변화를 거부하기 때문입니다. 굳게 닫힌 어두운 무의식은 웬만해서는 열리지 않습니다. 이런 무의식을 열어 줄 열쇠는 고난 혹은 사랑(기쁨)입니다. 고난과 기쁨의 유사점은 매우 강렬하다는 데 있습니다. 우리 무의식적 어두움을 흔들 수 있기에 고난은 유익합니다. 고난이 흔들고 간 자리에 무의식은 부드러워집니다. 그리고 그 빈 공간에 기쁨이 필요함을 깨닫습니다. 고난을 통해 하나님의 기쁨이 임하면 무의식은 순식간에 빛으로 바뀝니다. 정체성은 더욱 성장하게 됩니다.

불 시험이 와야 우리의 믿음이 드러나듯 고난은 무의식의 불신앙을 드러냅니다. 그리고 정체성이 시험을 받습니다. 성경은 의인에게 고난이 많다고 합니다. 세상의 죽을 것 같은 고난도 의인인 우리에게는 생명의 시작입니다.

이사야서를 통해 하나님은 말씀하십니다.

네가 물 가운데로 지날 때에 내가 너와 함께할 것이라. 강을 건널 때에 물이 너를 침몰하지 못할 것이며 네가 불 가운데로 지날 때에 타지도 아니할 것이요 불꽃이 너를 사르지도 못하리니 (사 43:2).

물 가운데 지나기 전 혹은 불 가운데 지나기 전에 구원하신다는 말씀이 아닙니다. 물과 불 가운데로 지날 때에 구원하신다는 말씀이지요. 이미 죽음의 한가운데에 있는 상태입니다. 우리는 고난이 오기 전에 구원받기를 원합니다. 하지만 하나님은 고난 직전이 아닌 죽음과 같은 고난 중에서 우리를 구원하시길 원하십니다. 사망 직전에 구원받으면 우리는 하나님의 어떤 분이신지 제대로 알지 못합니다. 인간의 마음으로는 이미 사망 선고를 받은 지점, 전혀 소망도 없이 절망뿐인 그곳에서 하나님을 만나야 합니다. 그래야 하나님이 진정 생명이심을 경험할 수 있습니다. 모두가 나사로가 죽기 전에 구원받기 원했습니다. 하지만 나사로는 죽어야 했으며 그로 인해 부활의 주님을 더 깊이 만나는 기적을 경험했습니다. 물 가운데 지나 봐야 합니다. 불 가운데 들어가 봐야 합니다. 이런 고난이 정말 고통스럽습니다. 하지만 이런 고통이 있어야 무의식적 어두움은 그 힘을 잃습니다. 하나님은 우리의 정체성을 아름답게 빚어 가길 원하십니다. 그분의 강력한 사랑이 고난을 통해 우리를 강권하십니다. 그 사랑이 욥을 완성시키셨습니다. 예수님 역시 고난을 직접 통과하셔서 생명의 부활이 되셨습니다.

그리스도의 십자가 사건으로 인해 사망은 생명과 부활의 재료일 뿐입니다.

11. 감당할 범위를 넘어서는 경험

꼭 고난이 아니더라도 내 인격이 감당할 범위를 벗어나는 일들이 많을수록 좋습니다. 이해가 안 되고 정서적으로 받아들이기 이려운 일이야말로 우리가 더 자랄 기회가 됩니다. 이해뇌지 않는 사람을 만나면 그분이 상식을 벗어나는 분일 수도 있지만 내 이해의 폭이 좁을 수도 있음을 염두에 두는 것이지요. 내가 화가 난 원인이 상대에게 있는 것이 아니라 내 정서가 얕기 때문일 수도 있다는 말입니다. 내 생각이나 정서로 감당하기 어려운 사람이나 일로 인해 고통스럽다면, '내 무의식적 정체성이 아직 약하구나'라고 생각해 보면 어떨까요? 마음에 여유를 가지고 마음을 확장해 보시면 좋겠습니다. 특히 염려되고 걱정될 때, 무의식의 회복이 필요하다는 징후로 보시면 좋겠습니다. 근심이 있다는 뜻은 내 무의식이 확장된 후 평안이 주어지리라는 의미입니다.

내 무의식적 정체성이 성숙할수록 웬만한 사람이나 일이나 사건을 수용할 수 있습니다. 무의식이 가장 성숙하셨던 예수님은 그래서 모든 인류를 수용하십니다. 사랑으로 무의식이 가득 차신 예수님은 한쪽 뺨을 때릴 때 다른 뺨도 내어놓으십니다. 억지로 오 리를 가자고 하면 자원하는 마음으로 십 리를 가시는 분이시지요. 늘 언제나 우리의 억지와 고집과 완악함을 감당해 주시는 예수님이십니다.

12. 기쁨의 경험

기쁨은 즐거움과 차이가 있습니다. 즐거움은 기분이 좋은 상태이지요. 일이 잘 풀릴 때, 내 뜻을 성취할 때, 환경이 좋고 오감이 만족스러울 때 등 좋은 일에서 누리는 감정적 만족입니다. 즐거움도 인생에서 필수적인 경험입니다. 하지만 기쁨은 즐거움과 차원이 다릅니다. 기쁨은 인격적 관계에서만 경험되는 인격적 희열 상태입니다. 감정을 넘어 경험되는 영혼의 안식이기도 합니다. 누군가 나를 무조건적으로 사랑해 줄 때 경험되는 내적 힘입니다. 기쁨의 힘이 있는 사람은 환경을 이깁니다. 즐겁지 않아도 기쁠 수 있습니다. 바울이 옥중에서도 기쁨이 넘친 것이 이런 이유에서입니다. 환경적, 상황적 고통에도 불구하고 하나님과의 관계에서 경험한 무조건적 사랑의 힘이 바울의 내면에서 넘쳤습니다. 그래서 기쁨은 성숙한 분들의 열매입니다. 즐거움은 누구나 느끼지만 기쁨은 내면이 성숙한 분들이 온전히 경험합니다. 기쁨은 일종의 힘입니다. 고난과 스트레스를 감내하고 어떤 역경에서도 자신을 잃지 않고 승리하게 합니다.

오히려 기쁨이 있는 사람은 고난을 통해 기쁨이 증폭됩니다. 즐거움은 고난을 통해 줄어들 수 있지만 기쁨은 고난을 통해 더 빛이 납니다. 기쁨을 더 공급받아야 고난을 이겨 낼 수 있기 때문입니다. 그래서 고난이 하나님을 통과하면 큰 기쁨이 될 수 있습니다.

기쁨은 사실 인간 정체성의 기초입니다. 기쁨을 충분히 경험하고 자라야 정체성의 틀이 만들어집니다. 부모의 무조건적 사랑을 경험하는 아이들일수록 정체성이 견고하고 건강하게 자랄 수 있습니다. 아이들이 연약함이 드러나도, 잘못을 저질러도, 죄를 지어도 부모가 사랑을 철회하지 않아야 합니다. 물론 잘못에 대해서는 인격적으로 훈육히고 교정하는 동시에 존재는 무조건적으로 수용하는 것이 중요하겠습니다. 그러면 아이들도 자신에게 문제가 있어도 존재는 온전하다는 통합적 시각이 길러집니다. 존재가 흠이 없어야 자기 행위를 스스로 교정할 힘을 기를 수 있습니다. 하나님의 시각에서 우리의 존재는 흠이 없습니다. 완전히 용납된 정체성을 가져야 평생 행위에서 연약한 부분을 수정하고 보완해 나갈 수 있다는 뜻입니다.

우리의 정체성이 약한 이유 중 하나가 기쁨의 결핍입니다.

'내가 나를 정말 기뻐하고 있는가?', '내 죄와 상처에도 불구하고 내가 나를 온전히 수용하고 있는가'가 중요합니다. 나를 기뻐하는 것이 죄를 간과하는 것은 결코 아닙니다. 오히려 존재적 기쁨을 누릴 때 자신 안의 죄를 건강히 다룰 수 있습니다.

우리는 오늘도 하나님과 사람으로부터 무조건적 기쁨을 경험해야 합니다. 기쁨은 지식적 차원이 아닙니다. 전인격적 기쁨의 경험은 우리의 연약한 자아상을 하나님이 주신 정체성으로 회복시킵니다.

13. 부정적 감정을 관계 안에서 나누기

모든 부정적 감정이 나쁜 것은 아닙니다. 하지만 나를 압도하는 부정적 감정은 무의식에서 나옵니다. 부정적 감정을 거슬러 가면 무의식으로 가게 되지요. 이 감정을 느꼈을 때가 잠시 무의식이 열리는 때입니다. 부정적 감정이 일종의 무의식으로 가는 문의 역할을 하는 것이지요. 그래서 바로 이때가 기회가 되기도 합니다. 문이 열렸으므로 무의식 속으로 건강한 감정과 생각을 역으로 공급할 수도 있습니다. 문제는 이런 부정적 감정이 올라올 때 무의식을 회복할 기회를 놓치게 되는 경우입니다. 부정적 감정을 그냥 다시 누르거나 이 감정을 폭발시키거나, 또는 중독으로 도망가지 않아야 합니다. 세 가지 다 건강하지 않은 방법일 뿐 아니라 오히려 무의식을 더욱 단단하게 닫아 두는 결과를 낳습니다. 그러면 어떻게 하면 좋을까요?

무의식의 문이 열렸을 때, 즉 강렬한 감정이 드러날 때, 인격적 관계 안에서 이 감정을 그대로 나눠야 합니다. 그 감정이 전달될 때 상대방은 경청과 공감을 제공하면 됩니다.

그러면 나의 무의식과 그로 인한 강렬한 감정이 인격적 관계와 연결됩니다. 무의식 속으로 인격적 사랑이 들어오게 됩니다. 흔히 상담 과정에서 일어나는 현상이기도 합니다. 내담자의 왜곡된 무의식적 정체성에서 나오는 부정적 감정을 전달받은 상담자는 오히려 긍정적 감정으로 수용하며 사랑을 전달해 줍니다. 내담자의 부정적 정체성이 상담자의 긍정적 정체성과 연결됨으로써 회복의 길로 나아가게 됩니다.

제게도 분노 문제가 남아 있다고 말씀드렸습니다. 저는 평생의 습관처럼 그 분노를 억압했습니다. 이런 감정 처리 방식은 무의식적이어서 그러고 있는지도 몰랐습니다. 저는 제 분노를 무의식적으로 다시 누르면서 고통스러워했습니다. 분노를 드러내면 나쁜 사람이 된다는 무의식적 생각 때문이었지요. 어린 시절부터 건강하지 않은 억압의 방식을 취하고 살아왔던 것입니다. 제가 다시 분노로 고통 받는 것을 옆에서 지켜 본 동료 선생님이 제게 말씀해 주었습니다.

"화가 나는 것은 나쁜 것이 아닙니다."

정확히는 분노하는 저의 내면의 아이에게 말씀해 주신 것이지요. 이 말이 의식적인 마음을 가진 성인인 제가 아닌 무의식 속의 어린아이에게 들렸습니다. 저도 무수히 많이 사용해 왔던 말이며 의식 속의 저도 잘 알고 있는 내용입니다. 그런데 이 말씀을 들을 때 제 무의식의 문이 열려 이 진실이 제 무의식 속으로 성큼 들어왔습니다. 그리고 무의식 속의 어두운 마음이 의식의 밝은 마음과 소통했습니다. 그리고 무의식 속의 분노하는 저는 쉼을 누리며 밝아졌습니다. 무의식 속의 화난 아이는 자신이 나쁜 아이가 아님을 깨닫습니다. 자신을 있는 그대로 수용하게 됩니다. 조금 더 성장한 정체성으로 분노를 더 건강하게 다루고 있습니다.

14. 부정적 감정 및 생각의 패턴 파악하기

평소 습관적으로 나타나는 감정과 생각의 패턴을 파악해 보시면 도움이 됩니다. 무의식은 붕어빵을 만드는 붕어빵 틀이 되어 늘 같은 식으로 생각과 감정을 만들어 냅니다. 내가 습관적으로 생각하는 부정적 패턴이 있을 것입니다. 일상 속에서 자신을 최대한 객관화해서 살펴보세요. 자신을 향한 부정적 생각이나 타인에 대한 일관된 비판적 평가, 세상과 하나님을 향한 부정적 인식 패턴을 통해서 무의식적 정체성을 파악해 봅니다. 보통은 네 가지 정도로 생각 패턴이 정리될 수 있습니다.

'강박적 신념', '비관적 신념', '통제적 신념', '의존적 신념'. 무의식적 정체성이 건강하지 않을수록 네 가지 사고방식을 고수합니다.

강박적 신념은 성공과 힘을 최고의 가치로 느끼는 마음입니다. 세상에서 힘이 없으면, 성공하지 못하면 불쌍한 사람이 된다고 믿습니다. 성경적 정체성과 거리가 한참 멉니다. 예수님은 세상적 힘도 성공도 다 거절하시고 가장 약한 모습, 가장 실패한 듯한 모습으로도 기쁨 충만하게 사셨습니다.

비관적 신념은 자신을 불쌍하게 여기며 우울해하는 마음입니다. 자신은 힘도 없고 보잘것없다고 생각합니다. 그래서 자신을 늘 마지막에 둡니다. 수동적이고 비관적이고 낙심한 마음입니다. 예수님은 세상에서 가장 비관적 모습이셨으나 그 누구보다 당당하셨습니다.

통제적 신념은 자신이 모든 것을 통제하고자 하는 마음입니다. 모든 것을 통제할 때 가장 안전하고 자신도 괜찮다고 느낍니다. 하지만 인생은 통제를 벗어나는 법입니다. 자신이 인생을 통제하는 것이 아니라 하나님의 통치 아래 거하는 인생이 가장 멋진 법입니다. 예수님은 우리를 통제하지 않으시고 사랑의 법을 기준으로 수십니다.

의존적 신념은 누군가의 칭찬이나 인정을 받고 싶은 마음입니다. 누군가 나를 인정해 주지 않으면 나는 무가치한 사람이 되는 것이지요. 그래서 사람에게 지나치게 의존합니다. 예수님은 사람의 인정에 연연해하지 않습니다. 정체성이 건강하다면 사람에게 치우치지 않습니다.

매사에 이런 식으로 사고하고 있다면 무의식적 정체성을 다룰 필요가 있다고 생각하시면 좋겠습니다. 이런 생각은 성경적 진리에 비추어 점검받아야 합니다.

15. 부정적 감정을 느끼는 내 속의 나를 수용하고 경청하고 교제하기

내면의 거짓 정체성에서 부정적 정서가 의식으로 스며 나옵니다. 나뉜 나의 일부가 무의식에 억압된 상태이지요. 문제는 그렇게 분열된 나의 자아는 보통은 상처 입고 죄로 물든 미숙한 모습입니다. 하지만 그럼에도 나의 일부입니다. 죄와 나를 구분해서 죄는 회개하지만 미숙한 나의 일부는 은혜로 수용하고 키워 가야 합니다. 어두운 내 모습을 외면하고 무의식 밑으로 억압하지 말아야 합니다. 빛 가운데 드러내어 그 연약한 나의 일부와 내가 친해져야 합니다. 그리고 억압된 나를 그리스도께 인도하면서 마음 전체가 통합되어야 하겠습니다. (더 자세한 내용은 1부의 '미숙한 마음과의 대화'에 설명되어 있습니다.)

16. 자기와의 대화 관찰하기

우리는 스스로 자신과 대화를 많이 하고 살고 있습니다. 모든 사람은 예외 없이 자신과 만나고 있는 것이지요. 이 책의 전반부에서 설명해 드렸듯이 나와 내가 사이가 좋지 않으면 내 속의 대화는 늘 부정적입니다. 하나님의 시각과 상관없는 자기 비난, 자기 비하, 거짓 속삭임, 불안하게 만드는 대화, 거짓 예측 등 말입니다. 스스로 자신을 화나게 만드는 대화도 빈번합니다. 어떤 특정 상황에서 습관적으로 자신과 대화하는 내용을 '알아차려' 보시면 좋겠습니다. 얼마나 내가 나와 친하지 않은지, 얼마나 내가 날 오해하고 살아오는지 드러날 것입니다. 그리고 그 대화를 격려와 수용과 지지의 대화로 바꾸십시오.

17. 긍정적인 신체 감각에 집중하기

신체 감각이라고 하면 보통 오감을 이야기합니다. 청각, 촉각, 시각, 청각, 미각 등 말입니다. 사람의 감각은 무의식과 직결됩니다. 무의식적 정체성이 부정적일수록 여러분이 평소 느끼는 감각도 부정적일 확률이 높습니다. 별다른 신체적 질병이 없는데도 복통을 자주 겪거나 심장이 자주 두근거릴 수 있습니다. 두통이나 손발 저림도 느껴질 수 있습니다. 촉각이 부정적이라는 의미가 됩니다. 여러분의 청각이 너무 예민한가요? 아니면 기분 나쁜 소리 위주로 들리실까요?

만성적으로 불안한 분의 예를 들어 봅니다. 평생 불안으로 고통당하신 분들은 불안에만 익숙한 감각, 감정, 사고 체계가 형성됩니다. 나에게 불안을 느끼게 할 것만 눈에 들어옵니다. 즐거운 일을 해도 불안합니다. 생각하다 보면 결국 불안으로 수렴합니다. 그래서 불안 말고는 좋은 감각을 느낄 수가 없게 됩니다. 주로 불안이 주는 감각에만 익숙해서 그렇습니다. 그러다 보니 불안할 때는 다른 오감이 마비됩니다. 하나님이 주신 우리 주변의 감사 제목이나 감동의 경험, 즐거움과 이완을 누릴 수 없는 것이지요. 일상의 감사를 잃어버리기 딱 좋습니다. 불안뿐만 아니라 분노, 수치심 등 부정적 정서도 마찬가지입니다. 일단 내가 주로 느끼는 부정적 정서를 알아차려야 합니다. 그리고 긍정적 감각을 더 느끼고 경험하는 활동을 많이 하셔야 합니다.

하나님은 우리에게 자유를 선물로 주셨습니다. 우리의 오감이나 생각, 감정, 의지 등을 건강한 내용으로 선택해서 경험할 자유가 이미 우리에게 주어져 있습니다. 내가 주로 느끼는 오감이 평안하지도, 이완되어 있지도 않다면 하나님이 주신 자유를 쓰지 못하는 상태라는 뜻입니다. 감각은 연습하시면 달라질 수 있습니다. 긍정적 즐거움과 기쁨을 느끼는 시간을 의도적으로 가져 보시길 권해 드립니다. 어느새 작은 것을 보고 듣고 만져도 감동과 감사의 예배를 드리게 될 것입니다. 그리고 왜곡된 자아상에서 나오는 부정적 감정과 감각도 점차 변화하게 됩니다. 감각 연습은 자아상의 변화에 도움이 됩니다.

성경에서는 하나님을 전인격적으로 경험해야 함을 "선하심을 맛보아 알지어다"라고 표현합니다(시 34:8). 오감을 사용한 경험이 전인격적 만남입니다. 오감을 통해 하나님의 임재와 인도하심을 누리시길 기도합니다.

불안한 분들이 진료실에 들어오면 간단한 테스트를 합니다. 눈을 감고 지금 귀에 들리는 소리 다섯 가지를 들어 보도록 합니다. 보통 집중해 들어 보면 5개 정도의 소리는 들리기 마련입니다. 1분 내로 모든 테스트는 끝납니다. 그리고 물어봅니다. 5가지 소리에 집중할 때 불안이 느껴졌냐고 말입니다. 대부분은 1분

동안은 불안이 느껴지지 않았다고 대답하십니다. 맞습니다. 우리가 청각에 집중하면 불안한 감각과 느낌은 잊힙니다. 청각이라는 감각 채널에만 집중이 되기 때문입니다.

이런 식으로 우리는 긍정적 혹은 중립적 자극에 집중하는 연습을 해 볼 수 있습니다. 우리가 얼마나 평소에 불안에 집중하고 살아왔는지 깨달을 수 있습니다. 우리가 얼마나 긍정적 자극에 집중하고 살아오지 않았는지도 깨닫습니다. 날아가는 새, 하늘, 구름, 웃는 얼굴, 가족의 뒷모습, 나무, 꽃, 식물 등 너무나 많은 것들이 선물로 주어져 있습니다. 늘 느끼고 깨닫는 부정적인 감각 말고 음미할 대상에 집중하면서 감각을 새롭게 전환해 보시길 권해 드립니다.

18. 습관을 새롭게 하기

습관은 나입니다. 습관이 모여 지금의 내가 되는 것이지요. 경건의 습관은 말할 것도 없고 다른 습관도 긍정적으로 바꿔 가시면 당연히 좋겠습니다. TV 보는 습관, 책 안 보는 습관, 시간 낭비하는 습관, 비본질적인 일에 몰두하는 습관, 운동하지 않는 습관, 쉬지 않는 습관, 자기를 비난하는 습관, 타인을 험담하는 습관, 탓하는 습관, 비교하는 습관, 깎아내리는 습관 등 점차 줄여야 할 습관이 참 많습니다. 그러면 새롭게 만들어 가야 할 습관도 많겠습니다. 습관은 무의식적 정체성이 가장 잘 드러나는 영역입니다. 하루의 습관을 관찰하고 나의 정체성에 구멍 난 곳을 찾아보시길 권해 드립니다. 내 습관의 영역이 진짜 내가 누구인지가 드러나는 영적 전쟁터일 수 있습니다. 한 번에 한 가지씩 조금씩 바꿔 나가시면 좋겠습니다. 한꺼번에 많은 영역을 조율하면 실패합니다. 한 달에 한 가지라도 조금씩 변화를 준다면 성공 확률이 높겠습니다. 습관을 바꾸다 보면 잘 안 되는 기간이 분명 옵니다. 작심삼일도 귀합니다. 다시 시도해 보는 태도가 중요하겠습니다. 긍정적 습관이 만들어지기 전까지는 안 되는 것이 당연합니다. 티끌이 모이면 태산이 됩니다.

19. 진짜 나를 찾아가기

진짜 나가 있다면 가짜 나도 있습니다. 나에게 가면이 많을 수 있다는 뜻입니다. 하나님이 의도한 나다움을 놓치고 남 따라 살아가는 분들이 많습니다. 아무리 좋은 것도 억지로 한다면 나다움과 거리가 멀 수도 있습니다. 100만 원을 헌금하는 의도와 동기가 하나님으로부터 온 것이라면 그 헌금은 아름다운 행위입니다. 하지만 타인의 인정이나 눈치 때문에 100만 원을 헌금한다면 자기다운 모습이 아닙니다. 자기의 믿음의 분량에 맞게 자원함으로 살아가는 삶이 진짜 자기의 삶이겠습니다. 내가 부족할 때 성숙한 척하지 않고 부족함을 정직히 인정할 때에야 성숙으로 갈 수 있겠습니다. 부족하더라도 진짜 나를 찾고 인정할 때, 즉 내가 나와 만날 때 진정한 생명력과 성장이 비로소 시작될 수 있습니다.

어릴 때부터 강요된 나의 역할도 분별하셔야 합니다. 역기능 가정에서는 구성원의 역할이 왜곡되어 형성됩니다. 아이는 태어난 성향과 모습답게 자라야 합니다. 아이는 안전한 곳에서 진짜 자기를 외부에 드러내면서 자기와 자기가 만나면서 성장해야 합니다. 하지만 가정 내에서 불안이 높고 고통이 깊다면 아이는 자신의 모습에 집중하기 어렵습니다. 고통스러운 환경에서 살아남기 위해 생존에 집중하며 왜곡된 역할을 만들어 갑니다. 가짜 자기를 가면처럼 전면에 내세우고 그 뒤에 진짜 자기는 숨게 되는 것입니다.

영웅, 문제아, 마스코트, 미아, 희생자 등이 대표적으로 왜곡된 역할입니다. 이런 역할은 거짓 자기입니다. 하나님 안에서 참 자기를 찾아가는 여정이 필요합니다.

타인과 다른 나의 색깔과 향기, 성향을 찾으셔야 합니다. 하나님의 자녀라는 정체성이 가장 중요하지만, 어떤 자녀인지가 또한 중요합니다. 각자 주어진 성향과 모습대로 하나님의 부르심과 빚어 가심을 누리셔야 합니다. 자세한 내용은 1부의 '하나님이 허락하신 나다움'에서 더 말씀드리겠습니다.

저도 다른 분들처럼 역기능 가정에서 자랐습니다. 사실 모든 가정이 정도의 차이가 있을 뿐 모두 역기능 가정입니다. 저희 부모님은 최선을 다하셨고 귀한 분들이십니다. 하지만 부모님도 저와 마찬가지로 역기능 가정에서 자란 상처가 있습니다. 저도 어린 시절 많이 고통스러웠습니다. 그래서 그 고통 속에서 생존하기 위해 '영웅'의 역할을 발달시켰습니다. 하나님은 제가 저답게 어린아이의 시간을 보내기 원하셨지만 저는 얼른 영웅이 되어야 했습니다. 저는 공부를 잘해야 했고, 착한 아이로 자라야 했습니다. 결국 저는 의사의 길을 가게 됩니다. 하나님의 섭리 가운데 자란 것이 맞습니다. 하지만 제 무의식 속에서는 '영웅'이 되어야 집안의 고통이 줄어든다고 생각했던 것 같습니다. 그런데 공부나 성취로 성공한다고 고통이 사라지지 않았습니다. 고통은 적절하게 다뤄야 하지만 저는 영웅의 삶으로 고통을 마취시키려 했던 것 같습니다. 진짜 저의 모습은 영웅이 아닙니다. 영웅이 될 필요도, 최고가 될 이유도 없습니다. 부르심을 벗어날 정도의 탁월함도 필요하지 않습니다. 저는 하나님께 사랑받는 아들이 되면 됩니다. 충성을 다해 맡겨진 달란트만 잘 남기면 됩니다. 영웅은 무의식적으로 쉬지 못하고 일중독에 빠지며 성취주의의 함정에 취약합니다. 저는 쉬는 법을 몰랐던 영웅에서 이제 하나님 안에서 안식할 수 있는 '나다운' 하나님의 아들이 되어가고 있습니다.

20. 나를 다양하게 표현하기

무의식 속의 나를 의식적으로 표현하시면 좋겠습니다. 문학이나 예술이 좋습니다. 그림, 시, 노래, 음악, 춤 등으로 나를 표현해 보는 것이지요. 그냥 떠오르는 자신의 내적 이미지를 말로 표현해 보셔도 됩니다. 자꾸 드러내어 표현하다 보면 내가 누구인지 더 발견할 수 있습니다. 왜곡된 나도 드러나지만 아직 빛을 보지 못한 보석과 같은 나도 드러나지요. 그룹 활동 하면서 모임 속에서, 혹은 혼자 있을 때 나를 표현하셔도 됩니다. 틀릴까 봐 두려워하지 마시고 그냥 무엇이든 내 속의 생각, 이미지, 상징, 느낌, 상상 등 자유롭게 드러내는 것입니다. 어떤 분은 자기 속에서 욕이 나와서 깜짝 놀라기도 하십니다. 솔직히 말씀드리면 일단은 그래도 괜찮습니다. 욕설이 나오는 마음은 다뤄 내야겠지만, 그러한 반응을 다시 누르거나 도덕적 판단을 하지 않으면 좋겠습니다. 뭔가 마음에 이유가 있습니다. 욕설이 떠오르는 현상을 통해 내 상태를 발견할 수 있습니다. 그리고 하나님께 나아갈 수 있다면 의미 있는 성장을 이룰 수 있습니다.

21. 욕구에 정직하기

욕구는 나다움을 알려 주는 매우 중요한 정보입니다. 욕구에 죄가 개입되면 사실 문제이긴 합니다. 하지만 욕구 자체는 나의 뿌리에 해당하는 소중한 요소입니다. 욕구를 다 충족시키면서 살 수는 없지만, 욕구에 대해 정직해질 필요는 있습니다. 욕구는 사람마다 다릅니다. 비슷한 욕구가 있지만 같지는 않습니다. 하나님이 각 사람을 다양하게 만드셨으므로 욕구도 다 다를 수 있습니다. 사실 하나님은 우리의 욕구와 소망을 만족시켜 주시길 기뻐하십니다(시 37:4). 여러분의 마음속 깊은 욕구를 가만히 살펴보세요. 내가 얼마나 독특한 하나님의 창조물인지 감탄하게 될 수 있습니다. 이 욕구가 하나님을 만나 성장할수록 자원하는 순종의 열매가 됩니다. 하나님을 기쁘시게 해 드릴 욕구가 충만해진다는 뜻입니다.

　욕구가 느껴지면 죄책감을 가지고 욕구를 누르는 분들이 많습니다. 욕구에 대한 오해 때문입니다. 욕구가 마치 나쁜 것처럼 느껴지니 금욕주의가 생기기도 했습니다. 욕구에 몰래 들어온 죄가 문제이지 욕구 자체는 아주 선한 것임을 한 번 더 강조합니다. 여러분이 어떤 욕구를 느낀다면 일단 죄를 향한 욕구인지 구분하십시오. 죄가 아니면 자연스러운 욕구입니다. 그 욕구를 현실적인 범위 내에서 충분히 충족시켜 보시면 좋겠습니다. 그러면 그 욕구는 성장하게 됩니다. 더 큰 욕구와 열망과 소망으로 확장되는 시간을 통해 내가 더 나다워지며 하나님을 향해 선한 열망을 품게 될 것임을 자신 있게 말씀드립니다.

22. 무의식이 건강한 분과 교제하기

무의식적 정체성이 나보다 더 건강한 분들은 주변에 꼭 있습니다. 하나님이 서로 사랑할 수 있도록 예비해 두신 선물입니다. 이런 분들과 시간을 함께 보내는 것 자체가 건강한 자아상을 세우는 길이 됩니다. 무의식은 말 그대로 부지불식간에 영향을 주고받습니다. 건강한 자아상을 가진 분의 무의식과 덜 건강한 분의 무의식이 연결되는 것이지요. 그러면 물이 높은 곳에서 낮은 곳으로 흘러들어 가듯 건강함을 수혈받을 수 있겠습니다.

꼭 성경 공부를 같이 하거나, 거룩한 영적 행위를 같이 나누지 않아도 좋습니다. 물론 영적 활동을 함께하면 더 좋겠지요. 우리 안의 생명력은 잔잔히 흘러넘치게 되어 있습니다. 눈빛, 언어, 태도와 분위기를 통해 이 모든 무의식적 요소들이 나뉘는 것이지요. 이런 분들과 함께 있으면 마음의 안식을 경험하고 마음의 고통이 녹아내리기도 합니다. 그토록 심각해 보였던 상황이 그리 문제가 되지 않음을 깨닫습니다. 내 마음이 함께 넓어지고 더 깊어지는 것이지요. 나도 나보다 무의식이 덜 건강한 분에게 동일하게 건강한 영향을 줄 수 있습니다. 관계 가운데 돌고 도는 거룩한 영향력이 나뿐만 아니라 우리 모두의 자아상을 더 건강하게 만듭니다. 더 자세한 내용은 3부의 '서로에게 치유적인 존재'에서 설명드립니다.

23. 정신병리 증상 자체

우울증이나 공황장애 등 정신과적 증상이 때로는 나의 무의식적 정체성을 더욱 건강하게 만드는 시작이 될 수도 있습니다. 우리는 질병을 나쁘게만 보는 경향이 있지만 그 질병으로 인해 더 큰 회복을 경험하기도 합니다. 공황장애가 갑자기 발병한 분의 예를 들어 봅니다. 평소 문제가 없던 분이 갑자기 죽을 것 같은 공포에 휩싸이며 극도의 불안과 고통으로 응급실에 내원합니다. 공황이 생긴 이유가 분명히 있습니다. 그동안 무의식 속에서 질병이 진행되어 와서 내가 의식적으로 몰랐을 뿐입니다. 마음이 과부하 상태가 되었을 수도 있고 나도 모르게 눌러 왔던 상처가 곪아 터졌을 수도 있습니다. 이분은 그제야 어린 시절부터 외면하고 방치한 내 마음속 고통을 들여다보기 시작하는 것이지요. 내가 외면해 온 무의식적 자아상이 얼마나 유약하고 상처 입은 상태인지 알게 됩니다. 무의식적 정체성이 의식화된 것입니다. 회복해야 할 동기를 가집니다. 그리고 전화위복의 시간을 가집니다. 욥의 고난이 축복의 통로가 된 것처럼 우리의 질병이 자아상 회복에 선하게 사용될 수도 있습니다.

24. 나를 힘들게 하는 사람

삶을 살면서 무조건 만나는 분들입니다. 나를 힘들게 하는 사람을 만나면 필연 나의 무의식적 정체성이 시험대에 오릅니다. 평소에 나는 사랑이 많은 무의식적 정체성을 가지고 있다고 생각했습니다. 하지만 나를 자극하는 대상을 만나면 내가 몰랐던 미움이 가슴 깊은 곳에서 드러납니다. 알고 보니 내 속에 대상을 향한 증오가 있었던 것입니다. 만약 내 마음에 사랑만 있다면 누가 나를 박해해도 사랑으로 그들을 대할 수 있습니다. 예수님이 그러셨습니다. 원수까지 용서하고 사랑하셨던 예수님은 온 마음이 사랑과 진리로 하나 된 완벽한 정체성의 소유자이십니다. 죄가 전혀 없는 사랑과 진리의 연속성만 존재했던 예수님의 마음이지요. 쉽지 않지만 누군가가 나를 괴롭힐 때 내 안의 불순물이 드러남에 감사했으면 좋겠습니다. 물론 나를 괴롭히는 그분에 대해서는 적절한 대처가 필요합니다. 누군가 내게 죄를 범했을 때 상대가 회개하지 않으면 결국 이방인과 세리처럼 대하라고 하셨던 예수님의 관계 법칙은 유효합니다. 다만 내 안에 사랑이 없다는 인식은 회개와 성숙으로 가야 합니다. 하나님은 내 안의 거짓 정체성을 드러내시기 위해 때로 악인도 사용하십니다. 악인의 공격에 적절히 방어할 선은 두되 그 악인은 축복해 주시면 좋겠습니다.

25. 정신분석적 상담 등 정신치료

분석적 상담이나 정신치료 자체가 정체성을 확립하는 것에 초점이 맞춰져 있진 않습니다. 하지만 무의식을 분석하면서 자신을 더 알아 가고 치료적 효과를 얻을 수 있습니다. 혼자서 다룰 수 없는 내 마음을 전문가와 함께 탐색하며 성격의 변화를 이뤄 가게 됩니다. 성경적 방법이 아니더라도 일반 은총을 통해 하나님께서 인도하시는 대로 성장힐 수 있습니다.

무의식이

다 치유될 필요는 없습니다

한 가지 더 중요한 점은 모든 무의식이 다 의식화될 수는 없다는 것입니다. 지금의 육신을 입고 살아가는 동안에는 무의식이 육신에 걸쳐져 있으므로 육신을 벗기 전까지 한계가 존재합니다. 무의식 안에는 죄와 상처와 어두움의 방들이 사실 거의 무한대로 존재합니다. 죄는 분열을 만들고 관계를 깨뜨리듯 사람의 마음은 통합된 상태를 이루지 못하며 그래서 수많은 무의식의 방들이 존재합니다. 그렇다 보니 어두운 방 하나를 청소한다고 해서 모든 어두운 방들이 즉시 회복되지는 못합니다. 평생 하나씩 치유해 간다고 생각하시면 될 것 같습니다.

물론 무의식의 어두운 정도가 다 달라서 우리 마음 전체에 혹은 정체성에 현저히 악영향을 끼치는 무의식이 있다면 상대적으로 그렇지 않은 영역도 있습니다. 하나님은 어떤 무의식적 상처부터 회복되어야 할지 알고 계십니다. 하나님이 드러내시는 어두운 마음부터 차곡차곡 다뤄 가시면 훨씬 효과적인 치유가 가능합니다. 방 하나를 치유하면 그것이 겨자씨만 한 믿음이 되어 전체 무의식의 회복을 촉진시킬 수 있습니다. 그래서 정체성은 단회적 신분 변화이기도 하지만 그 정체성에 대한 건강한 자아상을 형성하는 평생의 과정이 됩니다.

이렇게 많은 무의식적 어두움의 방은 모두 다 회복할 수도 없지만, 다 치유될 필요도 없습니다. 우리는 육신의 한계 아래 필요한 절망을 경험하며 하나님을 더욱 의지해야 하는 존재입니다. 사도 바울은 이런 육신을 고통스러워하며 고백합니다.

오호라 나는 곤고한 사람이로다. 이 사망의 몸에서 누가 나를 건져 내랴(롬 7:24).

무의식 마음 아래에는 사망이 득세한 곳이 있어 늘 우리를 절망시킵니다. 사망의 몸에는 무의식도 포함된다고 생각됩니다. 아니 사람의 몸에서 가장 사망이 충만한 곳은 무의식이라고 확신합니다. 예수님은 사람의 입으로 들어가는 것이 아니라 사람의 입에서 나오는 것이 사람을 더럽힌다고 하셨습니다. 바리새인들을 독사의 자식이라 칭하시며 마음에 가득한 악에서 악한 말이 나온다고 하셨습니다. 악한 곳은 공통적으로 마음이며 마음 중 무의식이 가장 어둡고 악한 요소를 품고 있어서 그렇습니다. 이런 사망의 몸인 우리 무의식에서 우리를 건져 낼 그 누구도 없다고 바울은 선언합니다. 사도 바울은 그럼에도 하나님께 감사합니다. 육신으로는 죄의 법을 섬기더라도 마음으로 하나님의 법을 섬기는 은혜를 찬미합니다. 그리고 선포합니다.

그리스도 예수 안에 있는 자에게는 결코 정죄함이 없나니 이는 그리스도 예수 안에 있는 생명의 성령의 법이 죄와 사망의 법에서 너를 해방하였음이라(롬 8:1-2).

우리 무의식이 연약하여 오늘도 강력한 무의식적 죄의 힘 아래 또 죄를 짓기도 하지만 그럼에도 우리는 이미 칭의로 새로워진 존재입니다. 그리고 법적으로 실제적으로 우리는 죄로부터 자유로우며 더 이상 죄의 법 아래 있지 않고 생명의 성령의 법 아래 있음을 선포합니다. 생명의 성령의 법은 무의식의 어두움의 법과는 비교되지 않습니다.

바울은 자기 육체의 가시를 뽑아내기 위해서 세 번 간구했습니다. 하지만 하나님은 이 가시를 뽑아 주시기보다 이미 은혜가 그에게 족하다고 말씀하십니다. 육체의 가시가 안질인지, 간질인지, 그 외 다른 질병인지는 몰라도 분명한 것은 육체의 가시는 육체에 도사리고 있는 사단의 사자라는 사실입니다. 그러니 대사도 바울 입장에서는 이 육신의 가시에 대해 치유를 간구하는 것이 당연한 이치이겠습니다.

그렇다면 사단적인 특징을 가진 것이 뭘까요? 육체의 질병일 수도 있겠으나 육체에 있는 죄가 아닐까 생각해 봅니다. 바울은 죄가 우리 육체에 있다고 했습니다. 죄가 육체의 어느 부분에 있을까요? 몸에도 죄가 있겠으나 죄와 어두움의 온상이 되는 무의식에도 죄가 관영해 있다고 생각됩니다. 어쩌면 바울의 몸에도 죄와 연관된 육체의 가시가 있었고 그래서 완전수인 세 번씩 육체의 가시를 제거해 달라고 기도했던 것이 아닐까요? 분명한 것은 사도 바울의 육체에도 사단적 가시가 있었다는 사실입니다. 놀랍지 않습니까? 우리만 해결되지 못한 가시로 고통 당하는 것은 아닙니다.

저는 이런 상상을 해봅니다. 사도 바울은 회심 전에는 완벽주의자이고 율법주의자였습니다. 하나님을 위한다는 명분으로 많은 사람들을 박해한 사람이었습니다. 현대 정신의학으로 볼 때이 정도로 병적인 사람이라면 분노조절장애도 있었던 것 같고 소시오패스나 완벽주의, 중독적 성향도 심했을 수밖에 없습니다. 물론 이 모든 시나리오는 저의 상상일 뿐입니다. 앞서 언급한 내담자의 도박 중독처럼 바울도 중독과 같은 심한 죄를 가지고 있었던 건 아닐까 상상해 봅니다. 아시는 것처럼 예수님을 깊이 만났어도 모든 중독의 문제가 하루아침에 전부 사라지진 않습니다. 우리의 마음이 그렇게 한 번 만에 모든 성장을 이룰 수는 없기 때문입니다. 예수님을 깊이 만난 바울도 이런 중독에서 벗어나기 위해 세 번이나 기도했지만 결국 중독은 그대로 남아 바울을 괴롭힌 건 아니었을까 상상해 봅니다.

물론 바울의 육체의 가시가 정확히 무엇인지는 중요하지 않은 것 같습니다. 만약 중요했다면 성경에 정확히 기록했을 것입니다. 어쨌든 놀라운 점은 사단적인 것을 몸에 그대로 남겨 오히려 교만하지 않도록 안전장지로 사용하신 방식이시요. 그럼에도 바울에게는 은혜가 족할 정도로 충만했다는 점이고, 오히려 이렇게 약한 상태가 온전해지는 전제 조건이 된다는 사실입니다.

이 사단의 사자인 육체의 가시가 우리 무의식에도 있을 수 있지만 생명의 성령의 법이 무의식에 임하면 무의식 안의 죄와 사망의 힘으로부터 자유로워질 수 있음을 믿습니다. 주님 오시는 그날까지 이미 의롭게 부여된 정체성을 완성해 가되, 혼자가 아닌 하나님이 주시는 믿음을 통해 점진적으로 성화되어 갈 수 있음을 믿습니다. 하나님이 무의식에 임하시면 무의식적 믿음이 더욱 자라게 되기 때문입니다.

무의식이 다 치유되지 못한다면 이미 치유된 주변의 무의식을 더 강화하는 것이 그래서 중요합니다. 건강하지 못한 정체성이 담긴 무의식의 방 주위에 이미 하나님의 말씀으로 건강해진 정체성의 방을 더 온전하고 강력히 성장시키면 그 사이에 존재하는 어두운 정체성의 악영향을 차단할 수도 있습니다. 그리고 무의식의 방이 하나 치유되면 도미노처럼 다른 무의식의 방에도 영향을 미쳐 정체성의 회복이 확산되기도 합니다. 건강해진 한 사람이 주변을 밝히듯 건강해진 정체성으로 무의식 방 하나가 건강해지면 같은 영향력을 마음 전체에 미칠 수도 있습니다.

무의식을 다 치유하지는 못해도 자꾸 무의식을 억압하는 습관은 조심해야 합니다. 내면에서 흘러나오는 부정적 감정을 마치 없는 것처럼 누르는 것은 바람직하지 않습니다. 내 안에 부정적 감정은 무의식 저 아래에 다뤄야 할 상처가 있다는 의미로서 하나님이 주시는 신호입니다. 하나님 앞에 부정적 정서를 드러내며 무의식에 하나님을 초청하는 것이 중요하다고 생각합니다.

또 한 가지 말씀드리고 싶은 것은 모든 육체의 가시가 다 바울의 가시와 같지 않다는 점입니다. 우리 몸의 사단의 사자, 육체의 가시를 끝까지 뽑아내기 위해 애써야 합니다. 섣불리 포기하고 회복을 멈추시면 안 됩니다. 좀처럼 변화되지 않는 무의식에 뭘 그렇게 애를 쓰고 공을 들이냐 묻는다면 그런 생각은 이대로 대충 그냥 살자는 '합리화'임을 강조드립니다. 합리화는 내적 기만입니다. 우리는 주님 오시는 그날까지 최선을 다해 우리 무의식의 회복을 위해 전심으로 애써야 한다고 믿습니다. 바울이 드린 세 번의 기도는 완전수로 최선의 기도를 드렸다는 의미이지 달랑 세 번 정도 기도하고 포기했다는 의미는 아니겠습니다. 하나님께서 "네 은혜가 네게 족하다"라는 분명한 마침표를 찍어 주셔야 비로소 멈출 수 있다고 생각합니다.

무의식의 성장에는 '넘어짐'의 과정이 필요합니다

베드로의 멋진 고백 기억하시지요? 무의식이 의식화되어 예수님이 누구신지 깨닫고 놀라운 믿음의 선포를 한 베드로에게 반전이 생깁니다. 영원할 줄 알았던 베드로의 고백과 믿음은 시험대에 오릅니다. 예수님은 죽을 수밖에 없는 십자가를 설명해 주시지만 베드로는 그 일이 절대로 일어나면 안 된다며 주님의 뜻에 항변한 것입니다. 그때 예수님은 사람의 일을 생각하는 베드로를 향해 "사단아 내 뒤로 물러가라"고 하십니다.

우리 무의식은 너무 방대해서 지속적 성장 과정이 필요합니다. 한 번 믿음의 고백을 드렸다고 모든 무의식이 회복되었다는 뜻은 결코 아닙니다. 아직 승리를 쟁취할 마음의 영역이 남아 있지요. 그래서 우리는 필연 다시 넘어집니다. 그런데 넘어짐이 단단해짐의 필수 과정임을 우리는 잘 알고 있습니다. 사실 넘어져봐야 아직 내가 어떤 상태인지 진단할 수 있습니다. 원하지 않는 악한 마음이 내 마음에서 나올 때 우리는 다시 겸손해집니다. 아직 다뤄야 할 무의식이 남아 있음을 고백하며 다시 주님을 의지하는 것이지요.

무의식 속에 이미 충만하신 하나님

어떻게 하면 내 무의식에 이미 충만한 하나님을 무의식 자체에서 경험할 수 있을까요? 어떻게 하면 무의식이 하나님이 주인 되신 성전이 될 수 있을까요? 어떻게 하면 하나님의 충만을 내 무의식에서부터 누릴 수 있을까요?

하나님이 이미 우리를 의인 삼아 주시고 정체성을 완성시켜 주셨습니다. 바울은 하늘에 속한 모든 신령한 복을 우리가 받았다고 선포합니다. 맞습니다. 예수님을 영접했을 때 이미 성령은 내 안에 내주하시기 시작했습니다. 모든 신령한 복은 다름 아닌 하나님이시기 때문입니다. 그래서 저는 하나님의 임재가 우리 마음에 이미 충만하다고 믿습니다. 충만하지만 내가 경험하지 못하고 내가 때로 성령을 소멸하는 것이지요. 마음의 주인은 하

134

나님이시나 내가 아직 내 마음의 전 영역을 하나님이 다스리시도록 허락하고 있지 않습니다. 미숙한 그리스도인이지요. 그럼에도 모든 충만으로 내 안에 거하시는 하나님은 도대체 내 안의 어디에 내주하고 계실까요?

저는 마음 전체에 하나님이 임재하신다고 믿습니다. 우주 전체, 만물에 하나님이 충만하신 것처럼 내 무의식에도, 의식에도 하나님은 충만히 거하십니다. 하나님이 충만하시면 천국을 충만히 경험해야 하지만 안타깝게도 아직 내 마음의 모든 영역에 천국이 경험적으로 다 임하지 못했습니다. 이미 내 마음 전체에서 하나님은 승리하셨습니다. 그럼에도 우리는 전리품을 다 취하지 못했습니다. 가나안을 정복해야 할 숙제가 남아 있었던 이스라엘 백성처럼, 승리한 내 무의식의 전쟁터에서 전리품을 취해야 하는 평생의 숙제가 있습니다. 이것을 저는 성화라고 말씀드릴 수 있겠습니다. 이미 무의식에 충만한 하나님을 평생을 통해 만나고 찾아가는 흥분되는 여정이 우리에게 있다고 생각됩니다.

예수님이 나사로를 살리셨고 풀어놓아 다니게 하셨던 것처럼 우리도 우리 무의식에 선포합시다. 무의식에 이미 충만한 하나님의 생명력이 풀려 무의식 전체에 충만히 경험될지어다!!

진짜
나
드러내기

"저는 사람들에게 매우 친절합니다. 늘 웃음을 짓고 도움이 되는 말씀도 잘 드릴 수 있습니다. 어린 시절부터 부모님에게 예절 교육을 늘 받고 살아왔습니다. 예수 믿는 사람은 타인에게 친절하고 배려도 잘해야 한다며 그러지 못하면 야단도 많이 맞았습니다. 사실 어릴 때 저는 매우 활발했습니다. 수업 시간에도 가만히 있지 못해 움직이니 자주 지적도 받았던 것 같습니다. 어릴 때는 영문도 모른 채 부모님 말씀에 순종하여 언제부터인가 예의 바른 삶을 살았습니다. 억지로라도 조용히 있으려 노력을 많이 했습니다. 그래서 그런지 지금은 예전의 내 모습보다는 차분한 모습이 더 많습니다. 과거 어릴 때 제 모습이 그립긴 합니다. 일탈하는 상상도 사실은 합니다만 이내 죄책감이 듭니다. 솔직히 지금의 내 모습이 내 옷 같지 않아서 아직도 적응이 안 되긴 합니다. 사람 만날 때 그래서 그런지 힘이 많이 듭니다. 애써서 말도 줄이고 반응

도 자제합니다. 저는 조용한 사람인가요? 아니면 활발한 사람인
가요? 왜 저는 일탈하는 상상을 할까요? 왜 저는 지금의 제 모습
이 아니라 어릴 적 제 모습이 그리울지요? 왜 저는 지금 제 모습
이 내 옷 같지 않다는 느낌이 들까요?"

사연자 분은 드러나는 자기와 숨겨진 진짜 자기가 좀 다른 것 같
습니다. 어쩌면 진짜 자기를 모르는 상태에서 남에게 보여 주는
자신이 진짜 자기라 생각하는 것일 수 있습니다.

　친절하고 예의 바른 모습은 억지로 노력하여 만들어진 가면
일 수도 있습니다. 일탈하는 상상을 한다는 것은 진짜 자기 모습
을 찾으려는 마음일 수도 있습니다. 남에게 친절하고 예의 바른
태도가 정작 자신이 원하고 동의하는 마음에서 나온 것이 아니
라면 문제가 될 수도 있습니다. 하나님은 진짜 나로부터 우러나
오는 친절과 예의를 원하시지, 타의에 의해 틀에 맞춰진 생기 없
는 나를 원하지 않으십니다. 부모님이 예의를 가르치신 것은 바
람직하나 문제는 받아들이는 자신이 다소 억지로 따랐을 수 있
다는 말입니다. 물론 너무 어린 나이라면 아이 눈높이에 맞춰서
예절 교육이 필요할 수도 있습니다. 부모님의 선한 의도와는 달
리 자녀들은 강박적으로 부모의 요구에 맞추기도 합니다. 그래
서 왜 그래야 하는지도 모르고 선한 행동만 따르게 됩니다.
　이분에게는 자신의 진짜 마음과 만나는 숙제가 남아 있습니
다. 진짜 내가 드러나 그 진짜 나를 만난 후에는 더 자연스럽게

예의와 친절을 드러낼 수 있지요. 진짜 예의와 친절을 위해 가짜 예의와 친절을 과감하게 포기하는 것도 필요할 수 있습니다. 만약 정말 원하지 않은 채 표면적으로만 예의와 친절을 드러낸다면 이분은 자기가 누구인지 잘 모를 확률이 높습니다.

진짜 나를 깨닫는 과정은 쉽지 않습니다

'나는 누구인가?'

그런 의미에서 다시 한 번 질문을 드립니다. 간단한 질문이지만 참으로 깊은 질문이기도 합니다. 어쩌면 평생이 필요한 질문일 것입니다.

아이가 태어나서 자라면서 어느 시기가 되면 나를 느끼고 깨닫게 됩니다. 나이나 성장 정도에 따라 자기에 대한 감각이 분명해지고 더 보완되며 성숙해지는 것이 당연한 과정이지요. 이러한 과정을 통해 자기에 대한 건강한 깨달음과 발견을 얻을 수 있습니다. 문제는 자기에 대한 느낌이나, 정서, 인식 등이 위의 사례에서처럼 왜곡될 수 있다는 점이지요. 아니, 엄밀한 의미에서 모든 사람은 자기를 제대로 느끼지도, 알고 있지도 않습니다. 마음이 성숙되는 과정에서 진짜 나와 가장 근접한 깨달음을 스스로 얻었다면 충분히 성공한 것입니다. 이 과정이 쉽지 않은 이유는 나도 불완전한 존재이지만 나를 키워 주신 부모님이나 나에게 영향을 준 다른 분들 역시 불완전하기 때문입니다. 모두가 결함이 있는 뇌와 마음을 가진 존재들이므로 서로의 피드백이나 거울 반사를 통해 깨닫게 되는 나 또한 진짜 나일 수 없습니다. 안타깝지만 죄로 인해 혼란스러워지고 무지해진 우리의 육신입니다. 이런 육체로 인해 평생 내가 진짜 나를 만나고 살 수는 없어 더욱 안타깝습니다. 나와 가장 가까운 나를 내가 잘 모르고 평생을 살아야 한다니 슬픈 일이 아닐 수 없지요.

○ 정체성은 꼭 알아야 할 필수 지식입니다

정체성은 단순히 내가 누구인지에 대한 답이 아니라 인생의 여러 과정이나 목적, 사명 등을 이루기 위해 우리가 꼭 알아야 할 필수 지식입니다. 정체성은 내가 어디서부터 와서(존재론) 어디로 가야 하는지(목적론), 이 땅에서의 진정한 가치(가치론)는 무엇인지 그리고 이런 세 가지를 어떻게 아는지(인식론) 등 본질적 물음에 대한 답을 줍니다. 그래서 불완전한 인간 세상을 통해 얻는 지식은 한계가 있을 수밖에 없습니다.

감사하게도 하나님은 완전한 지식을 주시며 또 우리 내면 깊은 마음에 영원을 사모하는 마음을 주서서 우리로 하여금 본질적 질문에 답을 추구하게 하셨습니다. 하나님을 모르는 분들은 철학이나 타 종교, 자연의 섭리, 과학 등을 통해 본질적 질문에 대한 답을 찾으려 시도합니다. 미숙한 방법이지만 자기를 찾기 위해 재물을 추구하거나 명예에 집착하기도 합니다. 그러나 그런 식으로는 아무리 노력해도 나를 알 수 없습니다. 나에 대해 무지한 나에게 그리스도의 복음은 반전을 허락하십니다. 하나님은 유일하게 내가 누구인지를 정확히 꿰뚫어 보시는 분이시지요. 당연히 나를 만드신 하나님이시니 내가 모르는 나를 완벽히 알고 계십니다.

그래서 하나님께 더 가까이 갈수록 하나님을 더 알아 가지만 나 자신이 하나님 안에 어떤 존재인지도 명확히 깨닫게 됩니다. 내가 나를 몰라서 겪었던 그동안의 답답함과 모호함은 사라지고 내가 죄로부터 칭의 받는 존귀한 존재임을 가슴 깊은 곳에서부터 알게 됩니다.

나를 잘 모른다면 하나님도 모를 수 있습니다

내가 누구인지 아직 잘 모른다면 어쩌면 하나님을 제대로 알고 있지 않다는 의미일 수 있습니다. 하나님을 더 알아 간다는 것은 진짜 나와 하나님이 만났다는 의미이며, 진짜 내가 내 속에서 하나님과 친밀한 관계적 공명이 일어났으므로 '하나님-나'의 공생 관계가 무지 속에 있지 않고 인식 가운데 드러난 것입니다. 알기 전에는 몰랐으나 이제는 인격적 깨달음을 통해 하나님과 나를 동시에 알게 된 것이지요.

안타까운 것은 하나님을 안다고 하면서 앞서 소개한 사연자처럼 자신이 누구인지 모르는 분들이 많다는 사실입니다. 만약 그렇다면 그분은 자신을 모르는 만큼 하나님을 모르거나, 모르면서 안다고 속이는 것일 수 있습니다. 우리는 나 자신과 내가 만나고 있는지 자문해 볼 필요가 있습니다. 사람들에게 보이기 위한 조작된 나이거나 두려워서 가면을 쓰고 있는 나는 아닌지, 속사람을 숨기기 위해 외식하는 나는 아닌지 말입니다. 겉으로 웃고 있으나 진짜 나의 속사람은 울고 있는 분이 너무 많다고 생각합니다. 속으로 분노하지만, 그 분노를 억누르고 가짜 웃음을 짓는 그리스도인들을 비교적 흔히 볼 수 있습니다.

。 하나님 앞에
진짜 나를 드러낼 수 있다면

하나님 앞에 진짜 나를 드러낼 수 있으면 좋겠습니다. 하나님은 겉으로 드러난 조작된 나를 원하지 않으시고 나의 속사람과 만나기를 원하십니다. 두려워 떨고 있는 속사람, 죄책감에 신음하는 내 마음, 분노를 처리 못해 억압하고 있는 또 다른 나, 내 진짜 모습을 사람들에게 거절당할 것 같아 눈치 보는 나, 그 모든 진짜 나를 하나님은 간절히 만나기 원하십니다. 하나님은 가짜로 성숙해 보이는 내가 아닌, 미숙할지라도 진짜인 내 마음과 만나기 원하십니다.

모든 연약함을 용납하시는 하나님 앞에 내 미숙한 속마음을 드릴 때 내 마음은 그제야 자라게 됩니다. 그전에는 분리되어 있었던 성숙한 내 마음과 점진적으로 통합을 이루기 시작합니다. 나뉜 나를 부분적으로 느끼는 것이 아니라 전체적으로 통합된 나를 내가 만나게 되는 것이지요. 하나 됨을 이루게 하시는 하나님이 내 속에서 분리되었던 마음을 하나로 통합해 가시면서 내가 나를 전체적 관점으로 제대로 볼 수 있게 하십니다. 그전에는 사랑스럽지 않고 열등해 보였던 내가 이제는 귀하고 사랑스러워 보입니다. 회복되고 통합된 나 자신을 기뻐하며 내 속사람이 하나 됨을 즐거워하는 것이지요. 열등감은 사라지고 수치심과 두려움이 없어집니다. 내가 누구인지 가장 잘 깨닫게 되는 시기는 세상의 관점이 아닌 하나님의 눈으로 내가 나를 봤을 때이며 우리의 내면은 가장 평안해지며 고요해지며 기쁨을 경험합니다.

나와 사이가 좋아지면 이기적 욕심의 자기애가 아닌 하나님의 사랑으로 나를 사랑하게 됩니다. 이제 이 연합된 내 마음은 넘치는 사랑으로 이웃을 향하게 되지요. 그리고 이 땅에서 진정한 가치가 돈이나 명예, 인기나 그 외 세속적인 것이 아닌 하나님 사랑, 이웃 사랑임을 깨닫는 것입니다.

삶의 기본은
내가 누구인지 아는 것입니다

예수님은 공생애를 시작하시기 전에 자기가 누구인지 명확히 이해하셨습니다. 열두 살 때 벌써 절기를 시키기 위해 예루살렘으로 올라가셨던 예수님은 집으로 돌아가는 길을 이탈해서 성전에서 선생들과 대화를 나누십니다. 뒤늦게 아이를 찾은 근심하는 부모에게 "내가 내 아버지 집에 있어야 될 줄을 알지 못하셨나이까"라고 말씀합니다.

열두 살 예수는 자기 아버지가 누구인지 알고 있었던 것입니다. 예수님은 하나님과의 만남을 통해 자신이 하나님의 아들이라는 사실, 바로 정체성을 아셨습니다. 세례 요한에에 세례를 받으실 때도 하나님은 예수님이 자신의 사랑하는 아들이며 기뻐하는 자라는 정확한 정체성을 들려주셨습니다. 사단의 시험에서도 당신이 하나님의 아들임을, 공생애를 통해 늘 하나님을 아버지라 부르며 자신의 정체성을 명시하셨고요.

예수님의 사역의 기초와 기본, 완성은 당신이 하나님의 아들이시라는 정확하고 올바른 정체성이었습니다. 바로 이 기반 위에서 사역하셨던 예수님처럼 우리가 살아가야 할 삶 역시 가장 기본은 내가 누구인가를 아는 것입니다. 우리는 흠 없이 사랑스러운 하나님의 자녀입니다. 심지어 완벽한 의인의 신분을 가지고 있습니다. 달란트가 많든 적든 동일한 가치를 가진 하나님의 자녀임을 가슴 깊이 깨닫는 은혜가 우리에게 필요합니다.

단점이 많아 보이거나 열등해 보이거나 자신이 미워 보입니까? 아직 내가 누구인지를 모른다는 방증입니다. 하나님의 눈으로 나를 봐야 합니다. 하나님께서 나를 보시면 그분의 눈에는 내가 아닌 모든 허물을 덮고 내주해 계신 예수님이 보이실 것입니다. 이제 우리도 하나님의 눈으로 스스로를 보면 좋겠습니다. 미워 보이는 나의 부분을 사랑해 주고 덮어 주고 격려해 주고 지지해 줍시다.

물론 진리로 자신의 죄를 직면하는 과정은 건강하고 필요한 태도이지만 자신을 정죄하는 자기 비난은 멈추면 좋겠습니다. 죄를 깨닫게 하시는 성령의 탄식과 직면과 꾸지람은 공격성을 머금은 비난과는 전혀 다릅니다. 진리는 우리를 비난하지 않고 애통하도록 인도합니다. 하나님은 한 번도 나를 비난하지 않으시고 오랫동안 끝없이 기다리고 계십니다. 은혜와 진리를 통해 내가 누구인지 정확히 알려 주시는 하나님을 찬양하고 또 찬양합니다.

제 이야기이기도 합니다

제가 20대 초반에 자매 한 분을 소개받아 만났습니다. 첫 만남에서 저는 제 삶과 비전, 생각을 나눴습니다. 2시간 채 대화를 하지 않았지만, 자매가 제게 이런 말씀을 했습니다.

"형제님은 고통이 많으시네요. 즐거움을 더 경험하셨으면 좋겠습니다. 안녕히 계세요."

맞습니다. 첫 만남에 저는 너무 진지했고 십지가의 삶을 살아야 함을 힘주어 나눴던 것 같습니다. 그때만 해도 저는 예수님을 믿는 삶은 고난과 고통으로 가득해야 한다는 생각을 가지고 살았던 것 같습니다. 그때는 몰랐습니다. 제 삶이 상처 때문에 치우쳐 있었음을요. 저는 나름의 고통을 가지고 살면서 그 고통을 복음에 덧입혔습니다. 복음으로 고통을 해석하지 않고 오히려 고통으로 복음을 해석한 것이지요. 마치 하나님이 저를 고난의 삶으로 인도하시며 그렇게 사는 것이 제 삶이리고 정한 것 같았습니다.

저는 20대 후반까지는 바울처럼 살고 싶었습니다. 물론 제 식대로 오해한 바울의 삶입니다. 바울처럼 신앙생활을 하는 것이 올바르다고 생각했습니다. 예수님을 본받았던 바울을 우리는 본받아야 합니다. 하지만 바울을 본받는다는 것이 바울과 똑같은 성향이나 성격처럼 살라는 말은 아닙니다. 바울이 말하는 복음의 진수를 따라 살아야 하는 것이지요. 바울에게는 하나님이 주신 성향과 소명이 있었고 바울은 그 길을 따라 자기답게 순종하고 헌신했습니다. 베드로도 순교했으나 바울의 성향과 부르심과는 전혀 달랐습니다. 복음 안에 함께 사역하고 십자가와 하나님 나라를 향한 목표는 동일하지만, 각각 이방인과 유대인이라는 다른 방향을 선택합니다. 사역의 성향도 완전히 다릅니다. 저도 바울과도 다르고 베드로와도 다른, 저만의 독특한 부르심을 찾아가야 했습니다.

제게 바울과 다른 성향과 부르심이 있다는 것을 이후에 깨달았습니다. 내가 그리스도 안에서 누구인지, 나에게 어떤 성향과 달란트가 있는지 알아 갈수록 억지로 바울처럼 살 필요가 없어졌습니다. 바울의 모습으로 산 제 삶은 부분적으로 가짜였습니다. 무의식 깊은 곳에서 고통의 눈으로 성경을 보니 바울의 삶이 제 눈에 들어왔습니다. 마치 바울처럼 억지로라도 살아야지 하나님이 기뻐하실 것 같았습니다. 저는 진짜 저와 만나야 했습니다. 하나님이 창조한 내가 어떤 존재인지 알아 갈수록 제 삶은 기쁨이 더 충만해집니다. 내가 가장 나다울 때 가장 자연스럽게 자원할 수 있습니다. 말씀으로 내가 나다워지면 순교는 자연스러운 결과일 것입니다.

° 성경에서 본받고 싶은 인물의 성향과 여러분의 성향을 비교해 보시면 좋겠습니다. 전혀 다른 성향의 인물을 따라가고 싶다면 여러분에게 내적 열등감이 있다는 뜻일 수 있습니다. 내가 마음에 들지 않으므로 나와 다른 성향의 성경 인물이 더 매력적으로 느껴질 수 있기 때문입니다.

° 의무감으로 선택하는 삶 말고 자발적인 방향이 중요합니다. 의무감은 필요합니다. 하지만 억지 의무감은 지양해야 한다고 생각됩니다. 자원하여 말씀 앞에 순종하는 마음이 필요합니다. 억지는 무의식, 의식의 질서가 깨어진 상태입니다. 아무리 선한 길도 억지로 가지 않으면 좋겠습니다. 선한 일인데 억지로 해야 할 것 같으면 차라리 거절하세요. 나답게 거절한 사람은 나답게 다시 순종할 수 있습니다(마 21:30).

° 내 안에서 진짜 원하는 것을 찾아보시면 좋겠습니다. 사람의 눈치를 보거나 타인의 압력에 못 이겨서 하는 행위 뒤에 있는 진짜 내 마음을 찾아보세요.

# 미숙한
마음과의
대화

"그날따라 예배하기 싫었습니다. 다른 분들은 찬양하며 기도하는데 저는 화가 머리끝까지 났습니다. 제 입에서 찬양은 사라지고 원망이 터져 나왔습니다. 어떻게 하나님이 내게 이러실 수 있는지, 마치 하나님이 내게 잘못한 것처럼 느껴졌습니다. 그날은 다른 날과 달리 미숙하게 소리치고 절규하는 제 마음속 또 다른 어두운 마음에 귀를 기울이기 시작했습니다. 더 이상 눌러 둔 제 진짜 속내를 모른 척하지 않았습니다. 내 속의 하나님을 원망하고 나를 원망하는 마음이 의식 안으로 터져 나와 너무 고통스러웠지만 그 고통을 직면했습니다.

왜냐하면 그 상처 입은 마음도 제 마음의 일부였기 때문이었습니다. 내가 내 마음을 외면하면 누가 내 마음에 귀를 기울일까 생각했습니다. 분명 사단의 음성도 아니었고 불신앙도 아니었습니다. 단지 미숙하고 상처 입은 어린 시절의 제 마음이었고, 이 마음은 빛 가운데로 드러나서 나의 성숙한 마음과 교제해야 했습니다. 그 아픈 마음은 하나님이 필요했습니다. 나를 비난하고 하나님을 비난하는 그 마음 그대로 하나님 앞에 머물렀습니다."

온전하고 순전한 마음은 사실 불가능합니다

우리의 마음은 나뉘어 있다고 말씀드렸습니다. 하나가 아니라 최소 두 개 이상, 여러 개로 나뉜 상태입니다. 조금만 생각해 보면 분리된 내 마음 상태를 쉽게 깨달을 수 있습니다. 한 대상에 대해 양가감정을 가지는 것이 대표적인 예입니다. 사랑하는 가족이 분노의 대상이 되기도 합니다. 내 마음 깊은 곳을 살펴보면 사랑하는 대상을 향한 미움이 공존하는 것을 느낄 수 있습니다.

또 다른 예는 하나님에 대한 내 마음입니다. 하나님을 향한 사랑만으로 온 마음이 하나 되어 있을까요? 성경에서는 온 맘 다해 사랑하라는 계명을 주시지만 우리는 온전히 경외하는 마음 상태를 24시간 유지하는 것이 쉽지 않음을 잘 압니다. 어쩌면 예수님 말고는 온 마음을 다해 하나님을 사랑한 사람은 이 땅에 존재하지 않을 것 같습니다. 온 마음이 하나 되어 한 대상을 사랑하는 것은 몸을 입고 있는 우리에게는 사실 불가능합니다. 죄가 있는 육체는 땅에 속해 우리의 마음을 나눕니다. 육을 따라 살기 쉬워지는 것이지요. 그래서 마음 자체가 완벽하게 하나 되어 존재할 수 없고 분리되어 조각난 상태로 살아갑니다. 무의식은 의식과 나뉘어 존재하며 활동하고, 그 무의식 안에도 셀 수 없이 나뉜 어두운 마음이 있습니다.

예수님은 가능하십니다

그러나 감사한 것은 실존적으로 절망적인 우리에게 복음이 있다는 것입니다. 말씀이 육신이 되셔서 우리 가운데 거하시는 예수님을 믿음으로 완전한 칭의를 받고 누리게 되었습니다. 그러니 마음이 아무리 나뉘어 있어도 우리는 완벽한 의인이라 말씀드렸습니다. 여전히 죄와 어둠이 무의식에 존재해도 우리는 법적으로 실존적으로 신분적으로 의인이라는 사실이 은혜입니다.

물론 여기서 끝나면 당연히 안 되지요. 구원 이후에 이렇게 나뉜 우리의 마음은 의인이라는 거룩한 신분에 걸맞게 성숙과 성화의 과정이 필요합니다. 나뉜 마음은 하나님을 경외하고 사랑하는 마음으로 더욱 통합되어 가야 하며 그리스도의 생명이 내적인 사망을 삼키도록 경건을 연습하는 과정이 평생 필요함은 자명합니다. 이 나뉜 마음이 통합되어 온전하고 순전하게 성장하며 하나님을 더욱 사랑하기 위해서 우리는 어떻게 해야 하는

지 잘 알고 있습니다. 묵상, 기도, 예배, 찬양, 말씀, 봉사, 섬김, 고난, 성령 세례, 제자 훈련, 서로 사랑 등 주님이 열어 주신 너무나 감사하고 새로운 길을 걸어가야 합니다.

어두운 마음을 억누르고 있지는 않나요?

이런 귀한 방법을 사용하면서 내가 내 마음을 어떻게 대하는지가 중요함을 느낍니다. 의외로 많은 분들이 자기 내면의 어두운 마음이 느껴지거나 의식으로 올라오면 무의식적으로 눌러 버립니다. 금기시되는 마음을 느끼면 마치 내 속에는 그런 마음이 없다는 듯 모르는 척합니다. 내 마음 깊은 곳에 '죄'가 올라올 때(막 7:15-16) 그 죄와 함께 있는 내 마음의 일부까지 죄로 여겨 질병 취급하는 모습을 쉽게 접하게 됩니다.

과연 내 마음속 죄가 있는 곳에, 죄만 있을까요? 그 죄에 물들어 고통 당하는 내 마음의 일부도 있지 않을지요? 죄를 미워하고 대적하는 것은 아름다운 일이나 그 죄에 희생당한 내 마음의 일부도 미워하고 대적하고 눌러 버리고 질병 취급하는 태도는 바람직하지 않습니다.

최소 한 번 이상 하나님이 싫은 적은 없으셨나요? 하나님을 사랑한다고 고백하는 내 마음 속에 하나님이 싫다는 마음이 공존함을 느끼는 것이 이상할까요? 하나님이 싫다는 마음이 올라올 때 그 마음에는 죄도 있지만 내 연약한 마음도 있음을 간과해서는 안 됩니다. 물론 그것은 십자가에 이미 못 박힌 옛 자아이며 이제는 새롭게 된 자아가 살고 있음은 분명합니다. 하지만 여전히 그 옛 자아가 남아 우리가 육을 따라 살게 하며 이때 주범은 옛 자아 안에 있는 죄이지 그 자아 자체는 아닙니다. 그 자아는 오히려 죄에 희생당한 가엾은 내 마음의 일부입니다.

억압해 온 미숙한 마음과 소통해야 합니다

사실 저의 이야기입니다. 저도 몰랐습니다. 제 마음속 울고 있는 아이를 그토록 오랜 기간 죄 취급하고 살아왔는지. 죄에 가려져 늘 억압당하고 외면당했던 제 마음의 일부가 그렇게 고통스럽게 지내고 있는지 말입니다.

언제부턴가 제 마음속에서 분리되어 외로워하는 또 다른 마음과 대화하기 시작했습니다. 그 마음은 오랜 기간 방치된 상태라 매우 미숙하여 빛이 필요한 모습이었고 따뜻한 격려와 사랑이 절실했습니다. 그 상처 난 마음 밖에서 문을 두드리는 예수님의 음성을 듣지 못하게 막고 있었던 것은 바로 나였음을 깨달았습니다.

죄로 인해 아픈 마음은 진리를 받아들일 힘이 없었습니다. 그래서 마치 어린아이를 대하듯 조심스럽게 소통했습니다. 먼저는 하나님의 사랑으로 대하기 시작했고 그 상처 난 마음의 분노를 이해하고 미숙한 표현을 수용했습니다. 그러자 이전에는 놀라서 눌러 버렸던 금기시되었던 마음의 진짜 표현이 드러나기 시작했습니다. 그 마음을 정죄하거나 누르지 않았습니다. 간음하다 현장에서 붙잡힌 여인을 대하듯, 우선은 정죄하지 않았고 다시 죄를 짓지 말라는 진리도 틈만 나면 적용했습니다. 그 조각난 마음은 더 건강한 마음과 소통하기 시작하면서 점차 건강한 마음 안으로 흡수되고 있습니다. 아직도 갈 길이 멀다고 느낍니다. 50년이 훨씬 넘는 세월 동안 외면한 마음이 그렇게 쉽게 다 회복되진 않을 것입니다. 과정이 더 필요하지만, 이전보다 내적 평화를 이루었습니다.

이전에는 제 안의 죄로 물든 미숙하고 어두운 마음을 불평했고 무시했지만, 이제는 그 마음이 너무 감사합니다. 오랜 기간 내가 방치했으나 그 마음은 잘 견뎌 줬고 버텨 줬고 죽지 않고 살아 줬습니다. 오히려 성숙하다고 생각했던 내 마음이 그 아픈 마음에 용서를 구했습니다. 앞으로 그 소외된 마음을 더 귀하게 여겨 그 마음의 미숙한 소리에 귀를 기울일 것을 다짐합니다. 미숙하여 죄가 물든 표현이라고 할지라도 내 성숙한 자아가 대속하듯 대신 회개하며 품어 줄 것입니다. 조각난 마음에 내가 중보자가 되어 예수님을 지속적으로 소개하며 말씀과 찬양으로 풍성한 시간을 가질 것입니다. 예수님이 지금도 우리의 연약함을 담당하시며 이해하시며 기다리시며 사랑과 진리로 우리를 키워 가듯 말입니다.

오늘도 분노하는 내 속마음의 소리에 귀를 기울입니다. 듣고 있으면 전혀 앞뒤가 맞지 않고 미숙하지요. 그럼에도 그 마음은 내 마음이므로 내가 배척할 죄가 아니라 품고 사랑할 내 모습이겠습니다. 그리고 분노를 무시하지 않고 하나하나 설명해 주며 올바른 길도 제시하고 있습니다. 그 가운데 성령께서 함께하시며 내 안의 화평을 이루어 가시니 감사를 드립니다.

내 마음이 분리된 상태를 의인화해서 표현한 점 양해 바랍니다. 내 마음이 해리되었거나 다중인격 상태라는 뜻은 아닙니다. 분리되어 저장된 과거 트라우마나 결핍 등이 미해결된 인격적인 상태이기에 의인화하는 시도도 일리가 있다고 생각합니다.

우리는 서로 사랑하도록 부르심을 받습니다. 내 안의 나뉜 마음부터 소통하며 사랑하며 성장해 나간다면 하나님 사랑, 이웃 사랑도 더 풍성해지지 않을까 생각합니다. 여전히 나뉜 미숙한 마음을 그대로 방치한다면 그 마음은 반드시 드러나 하나님과의 관계, 이웃과의 관계를 방해하게 됩니다. 내 마음의 일부를 적극적으로 끌어안고 진리로 직면하며 그 마음을 건강하게 책임지는 삶으로 성장해 가길 기도합니다.

저는 20대 초반까지 목이 늘 쉬어 있었습니다. 달리 큰 소리를 내지도 않았지만 늘 목소리가 잠겨 있었습니다. 누가 보면 제가 늘 소리치고 다니는 사람으로 오해할 정도였습니다. 저는 왜 제 목소리가 이럴까 궁금했습니다. 20대 초반에 어머니께 제 목이 쉬어 있는 이유를 여쭤 봤습니다. 그때 어머니의 대답에 제 마음이 아팠습니다.

제가 갓난아이 시절에 어머니는 두 살 많은 형과 저를 돌보시면서 산더미 같은 집안일도 하셔야 했습니다. 지금처럼 편리한 시절이 아니었으므로 새벽부터 밤늦게까지 하루 종일 일을 하셔도 일은 차고 넘쳤습니다. 1970년대 초반 산동네에서는 모두 힘들게 살았습니다. 수도도 없어 늘 물도 길어 오셔야 하고 가난은 말할 것도 없었습니다. 저와 형을 낮잠을 재워 놓고 나면 그제야 밀린 일을 할 수 있는 시간이 났습니다. 낮잠을 자다 제가 잘 깼다고 합니다. 갓난아이라 잠에서 깬 저는 엄마를 찾으며 늘 울었다고 합니다. 어머니는 밀린 일이 너무 많으니 얼른 와서 달랠 수가 없으셨다고 합니다. 그러면 저는 30분 이상 울다가 제풀에 지쳤습니다. 저희 형제를 목숨처럼 사랑하셨던 어머니이셨지만, 어려운 현실 때문에 저는 자주 울 수밖에 없었습니다.

그 후로 목은 쉬어 갔고 그렇게 쉰 목소리는 20대 때까지 지속되었던 것입니다. 만 3세 전이라 기억은 안 나지만 제가 참 많이 울었던 것 같습니다. 그 후로도 어릴 때 제가 짜증을 냈던 기억이 많습니다. 갓난아이 때 만들어진 분노의 감정을 잘 처리하기 어려웠던 어린 시절로 기억합니다.

어린아이일수록 부정적 감정은 즉각 달래 줘야 합니다. 아직 대상 영속성도, 대상 항상성도 만들어지지 않은 아이는 보호자와 감정적 연결이 매우 중요합니다. 잠에서 깨어 불안한 아이에게 안정적 품을 제공해 그 아이가 다시 기쁨을 회복하도록 만들어야 합니다. 만약 불안해하는 아이가 보호자 없이 혼자 떨어져 있다면 불안에 잠식당하게 됩니다. 그러면 '부정적 감정 - 기쁨으로 회복'이라는 정체성의 틀이 손상되는 것이지요.

저는 목이 쉴 정도로 울며 불안, 분노에 머무는 시간이 많았던 것 같습니다. 인격을 형성할 때는 기쁘고 평안한 상태가 연속적으로 지속되어야 하는데 제 인격 안에 분노, 불안이 자리 잡게 된 것이지요. 기쁨도 있지만 특정 상황에서는 분노가 치솟고 그럴 때는 분노가 잘 다뤄지지 않게 됩니다. 다시 말해 분노를 건강히 다룰 수 없는 성격이 됩니다. 이런 분노는 무의식으로 억압되어 저는 아무 일 없다는 듯 자랍니다. 하지만 평소의 삶 가운데 억압된 분노는 늘 파괴적 힘을 발휘해 왔습니다. 제 안의 성인 아이가 많지만 단연 '분노'가 대표적입니다. 제 스스로에게 늘 억압당하고 무시당해 왔던 분노하는 아이를 하나님께서 치유하고 계십니다. 워낙 뿌리가 깊어서 시간이 걸리지만 하나님은 치유하는 시간을 제게 선물로 주십니다.

저는 제가 아주 어릴 그때, 그렇게 울면서 지쳐 갈 때 하나님은 늘 저를 안고 계셨다고 믿습니다. 어릴 때는 제가 하나님의 품에 안전하게 있는지 몰랐으므로 불안하고 분노했겠습니다. 하지만 성인이 된 이후 하나님이 저를 품고 계셨음을 깨닫고 경험합니다. 제 내면의 우는 아이는 그래서 웃게 됩니다. 오히려 기쁨으로 춤을 추게 됩니다. 제 내면의 무의식적 정체성은 한층 더 자랍니다. 설령 상처로 인해 깊은 결핍이 있다고 할지라도 하나님의 사랑은 결핍을 채우고도 남습니다. 분노가 있던 그 자리에 기쁨을 허락하신 하나님을 찬양합니다.

저는 당연히 어머니에게 어떠한 불편한 감정도 없습니다. 오히려 감사와 사랑뿐입니다. 죽을 고생을 하시며 저희를 키워 주신 부모님은 제 인생 최고의 선물이십니다. 저를 즉시 안아 주실 수 없었던 어머니의 고통스러운 마음을 깨닫습니다. 저도 자녀를 키워 보며 부모의 마음을 알아 가는 것이지요. 오히려 갓난아이 때의 상처로 인해 저는 치유 사역자로서 부르심을 받아 사명을 감당하고 있습니다. 아무리 깊은 상처도 하나님을 통과하면 기쁨의 근원이 됩니다. 모든 어두움을 치유하셔서 빛의 선물로 주시는 하나님을 찬양합니다.

- 무의식 아래에서 올라오는 고통과 절규를 다시 누르지 마세요.

- 내 안의 미숙한 내가 느껴질 때 비난하지 않고 환영해 주세요.

- 죄가 섞여 있는 나를 긍휼히 여겨 주세요.

- 오히려 마음 깊은 곳에 외로운 나를 찾아가서 말을 걸어 주세요.

- 예수님의 사랑을 미숙한 내 모습에게 나눠 주세요.

하나님이
허락하신
나다움

"저는 하나님의 자녀입니다. 제 아빠 아버지가 하나님이십니다. 저는 그래서 거룩합니다. 제 신분은 의인입니다. 아버지 하나님이 의로우시니 자녀인 저도 의로울 수밖에 없습니다. 지금은 부족해도 그래서 하나님 아버지를 더 닮고 싶습니다. 저는 늘 하나님 품에 거하고 있습니다. 하나님은 단 한순간도 저를 떠난 적 없으십니다. 저는 하나님의 친구이고 자녀이고 종입니다. 저는 세상의 빛이고 소금입니다. 저는 모든 영적 축복을 이미 다 받았습니다."

그리스도 안에서 내가 누구인지를 한번 간단히 정리해 보았습니다. 성경은 더 많은 진리로 우리를 조명하십니다. 이런 귀한 진리가 나를 통과해 어떤 식으로 세상 속에서 드러날까요? 빛으로 사는 모든 사람의 삶이 동일한 모습으로 세상에 드러날까요? 아마도 각 사람에 따라 다양하게 세상에서 표현될 것입니다. 베드로를 통해 드러난 복음의 모습과 바울을 통해 드러난 복음의 모습이 본질은 같으나 형태는 다르듯 말입니다.

그런 관점으로 볼 때 하나님 안에서 나다운 상태는 어떠할까요? 우리 중 누구 한 사람도 같은 사람은 없습니다. 정말로 독특한 성품과 기질과 특징들을 가지고 있습니다. 하나님은 하나님의 성품에 따라 우리를 무한대로 다양하게 만드셨습니다. 그중 나에게는 도대체 어떤 독특함과 사명과 길이 있을지 너무 궁금하지 않습니까? 나의 가치도, 내게 주신 사명도, 나다움도 지구상에 단 하나뿐이지요. 같은 선교에 대한 부르심이 있다고 할지라도 선교를 이루는 무한대의 영역 중 나를 쓰시고자 하는 영역이 있다는 것입니다. 나만의 독특한 향기가 있고, 맛이 있고, 내면 및 외모의 생김새와 음성의 특징이 있습니다. 그리고 굉장히 아름답습니다. 즉 영적인 색깔도 심리적 색깔도 신체적 색깔도 다 다르니 나만의 모습을 그리스도 안에서 찾아야 하지요.

유일한 나를 통해 이루어 가시는 하나님 나라의 퍼즐이 있음을 말씀드립니다. 그 퍼즐은 다른 사람이 대신 채울 수 없습니다. 만약 내가 대체 가능한 존재라면 나를 독특하고 유일한 존재로 만드실 필요가 없습니다. 나와 같은 몇 사람을 더 만드셨겠지요. 나를 향한 하나님의 꿈도 다른 분을 향한 꿈과 다릅니다. 다른 분을 향한 하나님의 계획이 선하듯 나를 향한 유일한 계획도 선합니다. 유일한 하나님을 닮은 나는 그래서 유일합니다.

진짜 자기의 원형

하나님께서 나를 어떻게 만들었는지 알 수 있는 구체적 방법이 있을까요? 여러 방법이 있겠으나 타고난 '기질'을 통해 알아 가시길 권해 드립니다. 저는 김록우 선생님의 기질 중심의 심리 발달 이론인 '기질중심심리발달론'을 통해 제가 어떤 성향으로 태어나 자라 오고 있는지 파악할 수 있었습니다.

기질은 성별처럼 평생 바뀌지 않는 타고난 나의 특질입니다. 성격은 때에 따라 바뀔 수 있습니다. 그래서 성격 유형 검사를 할 때마다 결과가 바뀌기도 하지요. 성격의 뿌리가 기질이라고 보시면 됩니다. 성격은 타고난 기질을 가지고 살아오며 만들어진 모습입니다. 하나님의 의도와 달리 왜곡될 수 있는 것이 성격입니다. 기질이 불변하는 나의 특징이라면 나를 만드실 때 하나님이 의도한 나의 핵심이라고 할 수 있습니다. 저의 기질에는 하나님의 뜻이 반영되었다고 생각합니다. 저를 감정적이고 신념적이고 외향적인 기질로 만드셨다면 그 이유가 분명 있다는 말입니다. 기질의 강점은 재능과 밀접합니다. 하나님은 제게 감정적 영역, 신념적 영역, 외향적 영역에 탁월함을 주셨습니다. 그리고 이런 기질을 사용할 때 가장 기쁨이 넘치게 됩니다. 참자기를 발휘하게 되므로 생기가 돌고 재미와 의미가 넘치게 되지요.

반대로 사고적이고 신체 감각적이며 내향적인 면은 상대적으로 부족합니다. 감정적 능력이 사고적 능력보다 더 풍성합니다. 신념을 가지고 살아가는 영역이 더 익숙하며 신체 감각은 상대적으로 부족합니다. 외향적 기질을 사용하여 외부 세계에 반응하는 감각과 능력이 내면세계에 대한 능력을 앞지릅니다. 저를 향한 창조 섭리를 알수록 하나님의 뜻과 부르심과 의도가 깨달아져서 행복한 웃음이 나옵니다. 물론 나라는 존재가 이런 식으로 간단히 설명될 수는 없습니다. 하지만 기질이라는 큰 방향성을 고려하며 그 아래 존재하는 무한한 나를 찾아갑니다.

나다움을 찾는 데 도움이 되는 조언

여러분의 모습을 제가 다 알 수 없지만, 나다움을 찾아가는 데 몇 가지 도움이 되는 말씀을 드려 봅니다.

1. 여러 과정을 통해 무한대의 나를 하나씩 알아 가기

나에게는 너무나 많은 모습이 있습니다. 드러난 내 모습, 내가 알고 있는 나만의 특징도 있지만 아직 숨겨진 보석과 같은 모습도 있지요. 저는 평생 여러 과정을 통해 거의 무한대의 모습을 하나씩 깨달아 가기를 권합니다. 너무 성급하게 내 모습을 단정해 버리지 않으시면 좋겠습니다. 얼마든 하나님 안에서 내가 더 성장할 수 있으니 닫힌 결말이 되지 않기를 바라는 것이지요.

청소년 시기에 벌써 자신에 대한 인식을 고착시켜 버린 친구들이 너무나 많습니다. 자기는 열등하고 부족하고 친구도 못 사귀고 그래서 미래도 암울하다고 느끼는 것이지요. 결코 그렇지 않습니다. 내가 누구인지 시간을 두고 섬세하게 알아 가는 과정을 평생 거쳐야 합니다. 30대, 40대, 심지어 50대가 넘은 분들도 자신의 모습을 이미 단정해 버린 경우를 꽤 자주 보게 됩니다. 내가 살아 온 범위 내에서 나를 인식하고 더 이상 기대하지 않는 모습이 안타깝습니다. 하나님께서 내 모습을 열어 가실 것입니다. 기대하십시오. 내 안의 보석은 아직 윤곽도 드러나지 않았습니다. 빙산의 일각으로 빙산 전체를 판단하지 않기를 바랍니다.

2. 호불호를 드러내는 것에 주저하지 않기

내가 무엇을 좋아하고 싫어하는지, 내가 마음이 깊은 사람인지 넓은 사람인지, 어떤 상황이나 상태를 선호하는지, 어떤 식으로 말하고 어떤 식으로 듣는지, 흥미와 관심 분야가 무엇인지, 또 어떤 것에 무관심한지 등 많은 요소가 다 중요합니다. 조용한 사람인지 활발한지, 나서는 편인지 수동적인 경향이 있는지, 성경을 사랑하되 글로 접하는 것이 더 좋은지 영상을 더 선호하는지, 나름의 선호하는 전도 방식도 다를 것입니다. 음식이나 기호의 차이 등 열거하면 끝이 없을 나에 대한 경험적 정보가 중요합니다.

그리고 죄가 아니라면 호불호는 당연히 있어야 합니다. 호불호를 드러내는 것을 주저하지 마시길 권해 드립니다. 내가 몰입할 재미있고 의미 있는 취미 활동을 한 가지 이상 꼭 만드십시오. 이 시간을 통해 나다움이 극대화될 수 있기 때문입니다. 하나님이 주신 나다움의 뿌리에서는 건강한 욕구가 흘러나옵니다. 사람마다 타고난 욕구에 차이가 있다는 점이 중요합니다. 그 자기만의 선한 욕구를 충분히 사용하는 시간이 취미와 몰입의 시간입니다.

3. 내가 누가 아닌지를 알고 나답지 않는 것 거절하기

내가 누구인지 알아 갈 때 중요한 것은 '내가 누가 아닌지'를 아는 것입니다. 태어난 아이는 먼저 '내가 누가 아닌지'부터 경험하며 '내가 누구인지'를 찾아간다고 합니다. 생후 약 6개월 전에는 엄마와 나를 구분하지 못하고 내가 엄마이고 엄마가 나라고 느낍니다. 6개월 후부터는 내가 엄마가 아니라는 인식이 만들어집니다. 하나님이 생명의 성장을 통해 내가 엄마로부터 건강하게 분화되는 순서를 이미 만들어 놓으신 것이지요. 그런 면에서 우리는 성장하면서 내가 누가 아닌지를 지속적으로 깨달으며 내가 누구인지를 더 좁혀 갑니다. 내가 누구인지를 더 알고 싶다면 일단 내가 누가 아닌지를 오늘부터 인식해 보시길 권해 드립니다.

한국 사회는 공동체성이 강하다 보니 다수의 의견에서 벗어난 표현을 쉽게 하지 못하기도 합니다. 그래서 남과 다른 의견을 주장하거나 거절하는 데 다소 소극적인 태도를 보입니다. 하나님은 성경에 싫어하시거나 거절하시는 당신의 모습을 명확히 알리셨습니다. 하나님은 하나님이 아닌 모습에 대해 명백히 우리에게 계시하십니다. 우리도 그렇게 자기를 찾아가는 것이 성경적인 과정이라 믿습니다.

4. 하나님이 주신 나만의 독특성을 찾아가며 남과 비교하지 않기

당연한 말이지만 남과 비슷해지려고 하지 않으면 좋겠습니다. 인격 성장 초기에는 내가 좋아하는 사람의 겉모습과 닮아 보이려고 합니다. 그러면서 점차 존경히는 분의 내면까지 닮아 가려고 하지요. 물론 좋은 부분을 본받고 닮아 가는 관계는 필요하지만 그럼에도 나와 그 사람은 다른 존재임을 알아야 합니다. 내가 아닌 남을 따라하려는 시도는 건강한 동일화가 아닙니다.

우열을 정하는 것도 문제가 됩니다. 개성 없는 비슷한 존재끼리는 우열을 나눌 수가 있겠지요. 하지만 우리는 서로 전혀 다른 존재인데 왜 서로 간의 우열을 나눠야 하나요? '베드로가 바울보다 낫나요? 바울이 베드로보디 더 훌륭한기요?' 식의 시각은 세상의 관점이라고 생각됩니다. 비교는 비슷한 대상 간에 일어나는 일이지 전혀 다른 대상 간에서는 부적절합니다. 물론 여기서 비교는 우열을 나누려는 의도임을 말씀드립니다. 전혀 다른 두 분의 차이나 개성, 독특성을 비교해 보며 각자의 아름다움을 느끼는 행위는 매우 건강하다고 생각됩니다. 빌립보서 2장 3절을 보면 "나보다 남을 낮게 여기라"는 말씀이 나옵니다. 여기서 낮게 여긴다는 것은 우열이 아니라 존중을 의미합니다.

5. 나의 고유성을 자랑하듯 드러내지 않기

자신을 드러내려 너무 애쓰지 않았으면 좋겠습니다. 그냥 하나님이 주신 자신의 모습대로 살면 남과 다른 나만의 특징은 고스란히 드러나게 되어 있습니다. 남을 너무 의식한 나머지 자신의 개성을 무리하게 부각하는 시도도 내면이 약하다는 방증입니다. 자칫 우리가 뭔가를 덕지덕지 붙이는 꼴이 되어 하나님이 주신 진정한 아름다움을 가리게 될 수도 있습니다. 자연스럽게 드러난 나다움은 분명 주변을 밝히고 선한 영향력을 미치게 됩니다. 흔히 존재감이라는 단어를 쓰지요. 존재감이 큰 분이 있는 반면에 은근한 분들이 있을 뿐입니다. 하나님 보시기에 둘 다 아름답습니다. 그 조용한 분을 통해서도 하나님은 빛으로 드러나시는 분임을 기억해 봅시다.

6. 자신의 아름다운 특징을 겸손이라는 이름으로 누르지 않기

남을 과하게 의식하지도 나를 부정적으로 의식하지도 않기를 권하고 싶습니다. 내가 찾은, 그리고 남이 동의해 주는 나다운 아름다움이 드러날 때 불안하거나 부끄럽거나 수치스러우신가요? 결코 그렇지 않습니다. 아무리 작은 것이라 할지라도 나다움은 하나님이 주신 선물이니 그 자체가 정말로 아름답습니다. 그냥 웃는 미소, 음성, 머릿결, 눈빛, 언어 습관 등 아무리 사소해 보일지라도 그냥 자연스럽게 드러내시길 바랍니다. 자연스럽게 드러나는 자신의 모습을 누르는 태도는 겸손과는 거리가 멉니다. 예수님처럼 절제하고 조용히 다니셔도 결국 최소 12명의 제자 혹은 더 많은 제자들에게 드러나게 되어 있지요. 누가 칭찬을 해줄 때 칭찬을 수용하지 못하는 분들도 자기가 하나님 안에서 누구인지 잘 모르기 때문입니다.

7. 세상에서 성공했다고 나답게 잘 자랐다는 게 아님을 알기

물론 하나님이 의도한 나다움을 가진다면 우리는 어떤 부분에서 탁월할 수 있습니다. 그렇지만 그 탁월함이 세상적 가치로 인정받지 않을 수 있습니다. 달란트가 많아 세상에서 좋은 직업을 얻어 당연히 드러나고 성공할 수도 있습니다. 달란트가 적어서 평범하게 살 수도 있지요. 하나님 눈에는 맡겨 주신 그 달란트를 그 개수만큼 자기답게 남긴 사람이 상을 받습니다. 더 많은 것을 남기는 사람이 더 잘한다고 평가하지 않으십니다. 하나님은 세상에 영향을 더 많이 주는 사람을 덜 주는 사람보다 더 쓰시지도 않습니다. 자기답게 자기로 실면서 부르신 그 부르심에 딱 맞게만 감당하면 하나님이 기뻐하시는 것이지요.

물론 세상 속 그리스도인은 인정받아야 합니다. 그 인정은 돈이 많거나 훌륭한 업적을 남기거나 드러나는 자리에 있어서가 아니라 부르심의 자리에서 그리스도인답게 깨끗하고 정직하고 정결하게 살 때 얻게 됩니다. 더도 말고 덜도 말고 자기에게 맡겨진 사명을 이뤄 드리는 구별된 삶을 살아가며 세상과 하나님 앞에 인정받기를 애쓰면 좋겠습니다.

8. 처음부터 모든 영역에서 나다울 수 없음을 알기

나다워지는 것에는 과정이 필요하다고 말씀드렸습니다. 먼저 찾은 나다운 모습 한 가지부터 시작해서 남은 모습을 찾아가야 합니다. 사람에 따라 시작이 다르기에 다수가 처음에는 균형 있게 나를 찾아가지 못합니다. 하나님은 각자에게 강점과 약점을 다 같이 주셨고 우리는 그 가운데서 살아가니 내면에서 갈등이 일어나고 또 외부 사람들과도 충돌을 경험하지요. 감사한 것은 한 가지 나다움을 찾아가면 갈수록 또 다른 나의 내면과 만나게 된다는 사실입니다. 그래서 조급하게 생각하지 말고 내 마음에 여러 경험을 차곡차곡 쌓으며 살아가시면 좋겠습니다.

자신이 책보다는 산책을 좋아하는 사실을 발견했다면 산책을 먼저 충분히 하면서 자기를 더 경험하시고 누리시면 됩니다. 책을 덜 읽는 자신에게 죄책감을 가지기보다는 산책하는 자신을 기쁨의 눈으로 바라보시면 됩니다. 산책을 더 누리다 보면 그다음 또 다른 나의 모습이 열리게 됩니다. 도미노처럼 말입니다. 그러면 그다음 단계로 찾은 나의 모습 또한 같은 방식으로 누려가시면 좋겠습니다. 이런 활동에는 부득불 실수가 따릅니다. 이런 실수는 참 좋은 실수입니다. 그리고 실수할 때 자기 수용과 격려는 필수입니다. 믿었던 내게 실망하더라도 반복해서 믿어주시면 좋겠습니다.

9. 감정을 전인격으로 오해하지 않기

감정은 하나님이 주신 선물이지만 감정으로 느끼는 것은 사실이 아닐 때도 많습니다. 감정은 인격의 한 가지 요소이지 인격 전체가 아닙니다. 내 생각과 감정과 그로 인한 행동이 다 성경과 일치할 때 비로소 참인격이 됩니다. 나는 열등한 것 같고 단점투성이인 것 같다는 느낌은 진리에 기반한 감정이 아니므로 거짓입니다. 내 속의 죄로 인해 애통한 마음과 나를 열등하게 보거나 우월하게 보는 생각과 감정은 분별하셔야 합니다. 그리고 나에 대한 대부분의 부정적 인식은 하나님의 시각이 아닙니다. 그리고 이런 부정적 감정을 만드는 뿌리가 되는 무의식적 거짓 생각이 있습니다. 그 생각을 찾아서 제거해야 합니다.

10. 부족한 면이 오히려 소중한 내 모습임을 알기

노력해도 잘 안 되는 부분이 있지요? 내 성격이나 모습 중에 내가 숨기고 싶은 것도 있지 않으신가요? 그렇지만 그 모습이 내 마음의 일부라면 너무나 소중합니다. 지금 당장은 버리고 싶고 바꾸고 싶은 단점이라고 할지라도 내가 나를 찾아가는 과정에 필수 요소라는 사실을 꼭 기억하시면 좋겠습니다. 가장 못난 모습을 가장 귀히 여겨 주시길 바랍니다. 내 모습의 부족한 부분이 잘 고쳐지지 않습니까? 일단은 그 부분을 비난하지 말고 수용해 주세요. 자기 수용을 통해 다음 기회를 기약하는 것이지요.

11. 나의 행위와 나를 동일시하지 않도록 조심하기

물론 행위의 열매를 통해 내가 누구인지 확인됩니다. 선을 행하는 삶은 아무리 강조해도 부족합니다. 하지만 행위로 드러나는 열매는 성숙의 수준에 따라 다릅니다. 만약 열매가 더 많은 사람이 열매가 부족한 사람보다 더 가치가 있다면, 성숙한 분이 미숙한 분보다 더 가치 있다는 의미가 됩니다. 하나님은 죄인을 위해 죽으셨습니다. 십자가상의 미숙한 강도를 위해 돌아가셨습니다. 성숙한 분만을 위해 십자가에 못 박히신 것이 결코 아니지요. 생명의 가치는 행위와 무관합니다. 행위가 미숙해도 나는 하나님 앞에 의인입니다. 내 행위를 보면서 하나님이 선물로 주신 나다움의 가치를 축소하지 마시고, 오히려 선물로 주신 정체성에 걸맞은 성숙한 행위를 하도록 노력하시길 바랍니다.

12. 고난과 역경이 있어야 내가 더 나다워짐을 기억하기

반갑지는 않으나 꼭 필요한 소식입니다. 우리는 정도의 차이가 있을 뿐 세상의 때가 묻어 있습니다. 늘 하나님 안에서 정결해져 가야 할 성화의 과정을 거치며 하나님은 고난을 통해 나의 허물을 벗기시고 진짜 나를 만나게 하십니다. 죄는 무지를 가져다주고 왜곡을 조장하지요. 내 안에 죄가 많으면 많을수록 나는 나를 모르게 됩니다. 하나님은 나를 너무 사랑하셔서 고난을 허락하셔서라도 내가 나다워지도록 하십니다. 이 땅에서 내가 정결해질 때 하나님을 더 알게 되고 세상 속에서도 더 빛이 나겠습니다. 죄가 다루어지면 나 또한 깨끗한 나를 친밀하게 만날 수 있 겠습니다. 고난을 영적으로 통과하는 길은 하나님 아버지와 친 밀해지는 것입니다. 그 결과 내가 나를 더 잘 알게 되고 나는 더 나다워질 수 있습니다.

◦ 가장 나다울 때
드러나는 하나님의 역사

우리 각 사람을 향한 하나님의 뜻은 독특합니다. 같은 사명의 길 을 간다고 해도 자세히 보면 각자의 역할은 조금씩 다를 수 있습 니다. 내가 하나님 안에서 가장 나다워질 때 나를 통해 하나님이 가장 효과적으로 드러날 수 있습니다.

바울이 바울다워야 신약 성경의 반 이상이 기록될 수 있고, 베드로가 베드로답게 싱령에 충만해야 한 빈 설교에 수천 명이 회심하는 역사가 일어납니다. 하나님의 은혜는 같으나 다양한 '나다움'을 통해 하나님의 역사가 이 땅에 다양하게 드러나게 됩 니다. 베드로가 바울처럼 살려고 했다면, 반대로 바울이 베드로 처럼 사역하려 했다면 각자에게 향한 하나님의 의도와 달리 가 짜 삶을 살았을 것입니다. 하나님은 진짜 나를 원하시지 겉으로 다른 사람을 흉내 내는 가짜 자기를 원하시지 않습니다.

내가 누구인지 잘 모르는 분들을 두 부류로 나눌 수 있습니다. 내가 누구인지 모른다는 사실을 아는 분과 내가 누구인지 모른다는 사실 자체를 여전히 모르는 분입니다. 내가 누구인지 잘 모른다면 지금부터 시작하시면 됩니다. 내가 날 친밀하게 만나고 있지 않다는 그 사실을 인정하는 것이 중요하겠습니다. 내가 뭘 모른다는 것을 알 때 더 알고자 하는 동기도 생기고 호기심도 느끼고 기도도 할 수 있겠습니다. 내가 날 잘 모른다는 것을 인식하셨다면 나를 알아 가는 멋진 여정을 이제 시작하신 겁니다. 내 속의 보물을 더 캐내게 하실 하나님을 기대합니다.

° 누군가 부러우십니까? 나에 대한 열등감으로 인해 상대가 부럽다면 이미 비교한 것입니다. 내게 주신 나다움의 보화는 아무리 발견해도 끝이 없습니다. 남의 장점을 보기보다 나를 바라봐 주세요.

° 나는 대체 불가한 존재입니다. 공동체와 가정에서 할 일과 내가 있어야 할 자리를 찾아보세요. 그 자리와 일을 하나님께서 내게 독특하게 맡기셨습니다.

° 행위가 미숙해도 존재는 완전함을 기억하세요.

° 죄가 아니라면 호불호를 분명히 나타내세요.

약점을
숨기려는
당신에게

"넌 생각이 없구나!"

제가 어릴 때 비교적 자주 들었던 말입니다. 맞습니다. 저는 사고력이 부족했던 사람입니다. 같은 또래처럼 저만의 생각을 표현하지도 못했고 아이디어를 내는 것도 서툴렀습니다. 초등학교나 중학교 시절에도 선생님의 질문에 대답을 잘하지 못했던 것으로 기억합니다. 제 생각을 사람들 앞에 드러내는 것이 부끄러웠던 것이지요. 한 마디로 사고력은 제 약점입니다.

세상은
약점을 숨기라 합니다

세상에서 약점은 숨기거나 부끄러워해야 할 부분으로 간주됩니다. 그래서 우리가 태어나 자라 가면서 은연중에 자신의 약점은 마치 수치스러운 부분이며 숨겨야 할 못난 모습으로 인식하는 경향이 있습니다. 무의식적으로도 약점이 드러나면 순간 당황하기도 하지요. 사실 죄의 본성 자체가 약점을 수치스럽게 생각합니다.

흥미로운 것은 모든 사람이 태어날 때 각자의 강점과 약점의 비율이 동일하다는 사실입니다. 자기가 가진 강점과 약점이 50 대 50이란 말씀이지요. 어떤 사람도 강점이 약점보다 더 많을 수 없습니다. 마찬가지로 약점이 강점보다 더 많은 사람도 존재하지 않습니다. 내게 강점이 10가지이면 약점도 10가지이며 이것이 하나님의 창조 섭리입니다. 물론 사람 간의 능력 차이는 분명 존재합니다. 10달란트 가진 사람과 2달란트 가진 사람처럼 말입니다. 하지만 우리는 서로 비교하도록 창조되지 않았으므로 하나님 관점에서는 10달란트를 받은 사람이건 2달란트를 받은 사람이건 동일한 가치를 가진 존재입니다. 그래서 천국의 계산법으로는 내게 혹 2달란트가 있다고 해도 적은 것이 아니며 타인과 비교하지 않고 최선을 다해 남기면 되는 것이지요.

강점이 중요하듯 약점도 중요합니다

나의 약점은 매우 소중합니다. 하나님은 강점을 주실 때 약점도 주셨으므로 둘 다 하나님의 선물입니다. 강점뿐만 아니라 약점도 말입니다.

하나님은 사람들이 서로 협력하며 나보다 남을 낮게 여기며 살아가도록 창조하셨습니다. 아담 혼자 모든 것을 다 할 수 있다면 하와도 필요 없을 것입니다. 서로 돕는 배필로 살아면서 아담의 약점은 하와가 채워 주고 하와의 약점도 아담의 도움을 받도록 만드신 것이지요. 교회도 마찬가지 아닙니까? 담임 목사님이 모든 것을 다 하는 슈퍼맨일 수 없습니다. 부르심과 강점과 달란트가 다 다르니 우리는 서로의 약점을 보완하고 도와줌으로써 하나 됨을 이뤄 가야 합니다. 누가 누구보다 더 낫다고 결코 말할 수 없습니다. 모든 사람은 모든 사람보다 더 니온 점이 있고 모든 사람은 또 모든 사람보다 부족한 약점이 분명 존재하는 것이지요.

하나님이 주신 강점도 잘 가꾸고 적절히 사용해야 함은 두말할 필요도 없겠습니다. 강점은 탁월함과 연결되어 부르심을 따라 살아갈 때 사명을 이루는 핵심 요소가 됩니다. 많은 사람들이 자신의 강점이 하나님을 만나면 은사가 되고 사역의 무기가 됨을 잘 알고 있습니다. 사도 바울은 여러 사명이 있었지만, 그중 글을 잘 쓰는 강점을 통해 신약 성경의 반 이상을 쓰는 사명을 잘 감당했습니다. 베드로 또한 여러 부르심이 있었지만 설득력 있게 말하는 강점을 통해 한 번 설교에 5천 명이 회심하는 기적이 일어났습니다. 베드로가 바울보다 더 성령 충만해서 5천 명이 회심한 것은 결코 아닙니다. 베드로, 바울 각자의 강점을 통해 하나님은 다양하게 하나님 나라를 이뤄 가시며 각각의 달란트로 선교라는 몸을 이룬 것이지요.

강점과 마찬가지의 비중과 중요성을 가진 것이 약점입니다. 자세히 들여다보면 약점과 강점은 동전의 양면입니다. 강점을 발휘할수록 약점도 따라 나오게 되어 있습니다. 말을 잘하면(강점) 말실수(약점)도 많은 법이지요. 생각이 많으면(강점) 지루한(약점) 사람이 되기 쉽습니다.

공동체 안에서 약점도 자기 몫이 있습니다

강점이든 약점이든 하나님이 내게 주신 모든 모습은 너무나 소중합니다. 강점은 강점대로 사용될 영역이 있고 약점 또한 자기 몫이 있습니다.

예를 들어 보겠습니다.

전도 집회를 준비하는 공동체가 있습니다. 전도 집회는 준비

할 것도 많고 각자의 달란트대로 섬겨야 할 영역도 많지요. 사람들 앞에서 무대에 서는 것이 강점인 분도 있고 반대로 사람들 앞에서 말문이 막히며 머리가 새하얗게 되는 분들도 있습니다. 그러면 사람들 앞에서 자신 있게 자기 역할을 하는 분은 그렇지 못한 분에 비해 더 탁월하거나 뛰어난 것일까요? 그렇지 않습니다. 강점과 약점이 서로 다를 뿐입니다. 대중 앞에 나서서 탁월함을 보이는 분도 약점이 있지 않겠습니까? 대중 앞에 서는 강점이 있다면 상대적으로 소그룹 활동에 약점이 있지 않겠습니까? 반대로 대중 앞에서 존재감을 발휘하기 어려운 분들은 반대로 소그룹에서 탁월함을 나타낼 수 있다는 뜻입니다. 서로의 강점과 약점이 조화를 이룰 때 그 공동체는 멋지게 사용될 수 있습니다.

다르게 표현해 보면 대중 앞에서 미숙한 분이 있어야 대중 앞에서 강한 분이 섬길 자리가 있고, 소그룹 활동을 어려워하시는 분이 계셔야 또 다른 분이 주도적으로 소그룹을 섬길 수 있습니다. 다른 분을 세워 주기 위해 일부러 못할 필요는 없습니다. 하나님이 겸손하라고 주신 약점은 부분적으로는 보완이 필요할 수 있으나 아무리 노력해도 여전히 약점으로 남아 있으며 강점으로 바뀔 수는 없습니다. 만약 노력한다고 해서 우리의 약점이 강점이 된다면 우리는 교만해져 하나님과 같이 되려고 할 수도 있지 않겠습니까?

사실 나의 약점은 소중한 것을 넘어 나에게 꼭 필요한 요소입니다. 약점이 있어야 내가 얼마나 한계가 많은 피조물인가를 깨닫습니다. 나의 약점은 기도 제목이 되기도 하며 겸손의 재료가 되기도 합니다. 약점이 있어야 타인의 건강한 도움이 필요하지요. 나의 연약함을 도와주는 누군가의 강점을 볼 때 우리는 서로가 서로에게 얼마나 소중한지도 깨달을 수 있겠습니다. 타인의 약점도 그래서 비난의 대상이 되면 안 됩니다. 타인의 약점이 눈에 들어올 때 우리의 강점으로 그 약점을 감당해 주는 자세가 필요합니다. 타인의 약점이 있어야 나의 강점도 빛을 발하며 그 반대도 마찬가지입니다.

약점이 있어도
나는 온전합니다

어린 시절 저는 생각이 부족한 편이었다고 말씀드렸습니다. 이제는 제 약점에 열등감을 거의 느끼지 않습니다. 수치스러워하지 않고 생각이 부족한 면을 인정하지요. 대신 하나님께서는 제게 '풍성한 정서'라는 강점을 허락하셨고 저는 이 강점을 통해 사명을 이뤄 가고 있습니다. 제 강점인 감정을 더 성장시켜 갈 때 사고력도 따라서 성장하는 것을 느낍니다. 제 부족한 사고력은 또 다른 성숙한 생각을 가진 분을 통해 도움을 받습니다. 물론 그분께는 제 정서적 능력으로 도움을 드리고 있고요. 서로가 서로에게 도움을 받고 건강한 상호 의존을 하고 있지요. 이런 식으로 제 약점은 공동체가 더 건강하게 세워지는 일에 소중히 쓰이고 있습니다. 약점이 있어도 불완전하지 않습니다. 부족한 점이 있어도 온전합니다. 연약함이 있어도 우리는 완벽합니다. 사도 바울의 고백이 우리의 고백이 되길 바라봅니다.

나에게 이르시기를 내 은혜가 네게 족하도다. 이는 내 능력이 약한 데서 온전하여짐이라 하신지라. 그러므로 도리어 크게 기뻐함으로 나의 여러 약한 것들에 대하여 자랑하리니 이는 그리스도의 능력이 내게 머물게 하려 함이라(고후 12:9).

- 약점이 죄로 인한 것이 아니라면 숨기지 마시고 인정하시면 좋겠습니다.
- 내게 있는 약점을 찾고 수용하고 옆 사람과 나누세요. 자기 약점에도 감사해 보세요.
- 약점이 있다는 것은 동전의 양면인 강점도 있다는 말입니다. 약점이 느껴질 때 강점도 찾아보세요.
- 약점에 대해 뻔뻔해지라는 뜻이 아닙니다. 자기 약점으로 인한 실수는 겸손히 보완하되 약점 자체를 사도 바울처럼 건강히 자랑해 보시면 좋겠습니다.

성격 검사와
진짜 나

최근 수년간 성격 검사가 유행입니다. 성격과 기질을 알아보는 자기 보고식 검사나 유용한 자료들이 많습니다. 소셜미디어에도 다양한 테스트가 홍보되고 있습니다. 전체적으로는 긍정적이라 생각이 들지만 몇 가지를 염두해 두고 자기를 파악하시길 권해 드립니다.

성격 검사의
한계

우선 자기가 자기에 대해 궁금해하며 자기를 이해하고자 하는 마음은 바람직합니다. 하지만 지나치게 대중화된 패턴으로 간단히 몇 가지 혹은 수백 가지 문항을 통해서는 나를 제대로 찾을 수 없습니다. 물론 이런 검사를 만들기 위해서는 많은 연구와 재정, 시간이 들어가기에 이런 자기 보고식 검사의 유용성을 의심하지 않습니다. 그렇지만 이런 검사에 한계점이 있는 것도 사실입니다.

먼저 자기 보고식 검사는 '내가 파악하는 나'를 기반으로 작성합니다. 내가 아는 내 모습은 사실 일부입니다. 즉 나라는 존재를 내가 다 파악할 수는 없으므로 부분적 정보로만 검사가 이루어지는 것이지요. 내가 아는 나의 모습보다 내가 아직 잘 모르는 내 모습이 더 많을 수 있습니다. 그래서 진짜 중요한 내 모습이 담겨 있는 무의식까지 반영된 검사 결과를 얻기 힘들다는 말입니다. 나다움은 의식 수준에서 무의식 수준까지 망라하는 전인적 나를 의미합니다. 이 무의식적인 나를 어떻게 알아 가는지가 더 중요하다 하겠습니다.

성격 유형 검사는 분명 유익합니다. 서로에 대해서 이해의 범위를 넓히기도 하고 자기를 통찰하는 큰 그림으로 사용하기에 충분합니다. 성격 유형에 따라 관계를 어떻게 지혜롭게 만들어 갈지도, 직장에서 어떻게 역할을 분담하고 효과적으로 업무를 해낼지도, 상담이나 마케팅이나 그 외 다양한 영역에도 상당히 유용하다고 생각합니다. 어떤 도구든 적절한 대상에게 적용하고 필요한 상황에 활용하면 최선의 결과를 낼 수 있습니다.

다만, 이 검사만으로 자기 유형을 충분히 파악할 수 없음에도 손쉬운 방법이라는 이유로 자기에 대한 고민 없이 검사에만 의존하실까 봐 염려가 됩니다. 역설적이지만 하나님이 만드신 무한대의 모습을 가진 나를 너무 쉽게 다 알아 가려고 하지 않으시면 좋겠습니다. 충분한 고민과 기도, 타인과의 관계를 통해, 때로 고난을 통해 가슴 깊은 곳에서 자기 확신을 가지는 과정이 필요합니다. 진짜 정체성을 깨닫는다면 그 앎은 자기에 대한 내적 힘이 될 수 있습니다. 치열한 삶을 통해서 내가 정말 그런 사람인지 확인하고 경험해 가서야만 합니다.

유용한 자료도
말씀의 권위 아래에 두어야 합니다

자기 보고식 검사에는 '가짜 자기'가 포함될 수도 있습니다. 하나님께서 태초부터 꿈을 가지고 창조하신 내가 '진짜 자기'입니다. 하지만 세상과 사단은 우리가 살아가는 동안 우리 마음에 상처, 왜곡 등을 심어 놓을 수 있습니다. 태어나서 하나님의 뜻 가운데 온전히 자라나기보다는 후천적인 여러 요인으로 왜곡된 '가짜 자기'가 만들어질 수 있다는 말입니다. 그래서 지금 내가 믿고 있는 나의 특성이 어린 시절부터 왜곡되어 자라 온 결과일 수 있습니다. 그러니 성격 테스트 등으로 나온 결과를 덥석 내 것으로 받아들이기엔 조심스럽습니다. 어떤 유용한 자료도 말씀의 권위 아래에 두어야 합니다.

저는 내담자와 상담하면서 그분들이 타고난 진짜 자기를 분석합니다. 그리고 평소 그분이 즐겨 하는 성격 테스트 결과와 비교해 보곤 합니다. 진짜 자기와 테스트상의 자기 모습에 차이가 있는 경우가 대부분입니다. 그만큼 우리의 일부는 왜곡되어 있지요. 그 결과를 놓고 왜 그렇게 차이가 나면서 자랄 수밖에 없었는지, 어떻게 하면 진짜 나를 찾아갈지 등을 함께 고민합니다. 왜곡된 내가 많으면 그로 인해 더 알아 갈 나도 풍성해집니다. 아무리 왜곡되어 자랐다고 할지라도 진리 앞에, 하나님의 사랑 앞에 제대로 성장해 갈 수 있이 걱정은 없습니다. 우리가 아무리 가짜 자기를 가지고 살아간다고 할지라도 우리를 아름답게 빚어 가시는 하나님의 열심 앞에 아름다워질 수밖에 없지 않을까요?

제 이야기이기도 합니다.

저는 제가 누구인지 잘 몰랐던 사람입니다. 하나님께서 저를 외향적인 기질로 만드셨지만 저는 제가 내향적 기질을 가졌다고 생각했습니다. 그 이유는 외향적 기질에 상처를 입었기 때문입니다. 그래서 40대 초반까지도 제가 어떤 기질을 가지고 태어났는지 혼란스러웠습니다. 하나님이 의도한 내 모습이 상처로 인해 왜곡되었으니까요. 외향적인 저는 외향적 활동을 할 때 행복해집니다. 사역을 할 때 외향적 영역에서 두각을 드러낼 수 있지요. 하지만 제가 저답게 자라기를 원하지 않는 사단은 저의 핵심 정체성에 혼란을 일으켰습니다. 저는 위축되어 지내면서 마치 내향적 기질처럼 살아왔습니다. 그러니 당연히 가짜 자기로 인해 기쁨도 없고 무력한 시간도 많았습니다. 저도 성격 검사로 파악한 나와 진짜 핵심 기질 간에 차이가 컸습니다. 성격 검사에서는 제가 타고난 기질과 정반대의 성격으로 드러나기도 했지요. 하나님이 의도한 나와는 정반대의 가짜 자기를 발달시켜 왔던 것입니다.

하지만 40대 이후로 점차 저 자신을 찾아갔습니다. 나의 타고난 기질을 기반으로 지금의 왜곡된 나를 살펴보았습니다. 타고난 기질의 내 모습을 연습시켜 갔습니다. 더 많은 감정을 누리고, 더 많은 외부 활동, 신념적 활동을 통해 하나님이 원래 의도한 내 모습으로 돌아가는 은혜를 누리고 있습니다. 진짜 나의 원형인 내 기질대로 취미와 직업적 활동과 삶을 살아가면서 내면의 기쁨은 더욱 자라고 있습니다. 내가 더 나다워질수록 순종의 삶도 더 풍성해집니다. 내가 나와 친밀해지니 내적 갈등이 줄어들고 내면의 일치감을 누리게 됩니다.

**마음근육
키우는
방법**

° 지금의 성격 혹은 인격과 진짜 자기의 핵심인 기질을 비교해 보고 그 차이를 인지하세요.

° 가짜 자기의 모습을 꼭 다 버려야 하는 것은 아닙니
다. 후천적으로 훈련해서 만들어진 내 모습이기도 하
니 감사함으로 사용하시면 됩니다. 다만, 진짜 내 모
습을 찾아야 뿌리가 제대로 심기며 내가 더욱 견고히
자랄 수 있습니다.

° 자기 기질은 성격 유형 테스트로 알기 힘듭니다. 그
래서 기질에 대한 학습과 분석과 삶의 연습을 통해
나의 뿌리를 알아 가시길 권해 드립니다.

상처를
돌보는
마음

상심한 자들을 고치시며 그들의 상처를 싸매시는도다(시 147:3).

2부에서는 '상처'(trauma)와 정체성의 관계를 살펴보겠습니다. 우리가 하나님의 형상으로 살아가고자 노력함에도 소위 '상처'를 통해 마음이 병들고 성장이 멈추거나 기형적으로 자라 가게 됩니다. 상처는 기분 나쁜 정도의 경험을 의미하지 않습니다. 상처를 입었다는 것은 내 마음이 분열되었다는 것이고, 마음의 일부가 어두움으로 얼룩졌다는 뜻입니다. 상처를 입을수록 마음은 하나 됨과는 거리가 멀어집니다. 상처가 있으면 나를 모르게 됩니다. 혹은 상처라는 관점으로 나를 보므로 나를 오해합니다. 하나님이 의도한 나를 깨닫지도 만나지도 못합니다. 상처로 인해 관계에 아픔이 생기고 다른 사람들에게 상처를 주게 됩니다. 그래서 상처를 꼭 통과해야 내가 누구인지 알 수 있습니다.

감사한 것은 상처를 말씀으로 통과한다면 오히려 훨씬 더 풍성한 삶을 살 수도 있습니다. 사단과 세상은 상처를 통해 내가 나답게 살지 못하게 방해하려고 하지만 하나님은 그 모든 악한 시도를 오히려 나를 성숙하게 만드는 재료로 삼습니다. 걸림돌이 디딤돌이 되는 아름다운 생명의 시간이 우리에게 선물로 주어지는 것이지요. 그런 의미로 상처 역시 나다움을 만드는 재료로 충분히 사용할 수 있습니다.

그리고 구체적으로 '트라우마'라는 상처에 대해 살펴봅니다. 상처는 무엇이며 상처 난 마음을 어떻게 회복하는지에 대해 설명하겠습니다. 일반적인 상담적 기법보다는 성경적 관점에서 하나님이 치유하신 예를 말씀드리겠습니다. 즉시 치유되는 경우도 있지만 점진적으로 회복하는 경우도 있습니다. 근원을 치유하면 상처는 완치됩니다. 하나님께서 말씀으로 내면을 창조하셨다면 말씀으로 내면을 완치하실 수도 있습니다. 말씀을 통해 상처가 완치된다면 여태껏 믿어 왔던 스스로에 대한 거짓 평가가 완전히 뿌리 뽑히며 새로운 자아상을 형성할 수 있습니다. 제가 치유를 도왔던 분들도 모두가 다 완진히 새로워지는 경험을 할 수 있었습니다. 하나님의 말씀은 무에서 유를 창조하십니다. 물이 변해 포도주가 됩니다. 고통이 변해 기쁨이 되며, 거짓이 제거되고 진리가 무의식에 심깁니다.

그럼에도 내가 나를 알아 가고 마음의 건강을 회복하는 여정이 왜 그렇게 더딘지도 말씀드려 보겠습니다. 상처는 정체성 왜곡의 핵심 원인이기도 합니다. 그리고 무의식적 정체성이 왜곡되었다면 필연 죄가 도사리고 있습니다. 정체성과 죄는 밀접합니다. 상처라는 경험을 통해 거짓 생각이 만들어지고, 거짓 생각을 믿는다는 것 자체가 죄라는 점이 중요합니다. 나의 자아상을 이루는 핵심 생각이 거짓이라면 죄로부터 오염된 자아상을 가지고 있다는 것입니다. 무의식 속, 트라우마가 만들어 둔 죄의 요소를 어떻게 복음적으로 다뤄 나갈지도 함께 나누겠습니다.

다시 말씀드리고 싶습니다. 최악의 상처로 내가 많이 무너져 있다고 할지라도 그 모든 현실의 어려움은 내가 나를 찾는 통로와 재료가 될 수 있습니다. 사단은 망하게 하나 하나님은 그 사망에서 온전한 부활을 만드십니다. 혹 이 글을 읽는 분 중에 이미 상처가 많은 분이라면 오히려 더 기뻐하시면 좋겠습니다. 내가 그토록 저주하는 그 상처를 통해 감춰진 생명을 더 많이 경험할 것입니다. 모세가 80년 간 입은 모든 상처가 하나님과 동행하며 하나님의 친밀한 친구가 되는 재료로 사용된 것처럼, 우리도 그 상처를 끝내 통과할 것이며 끝까지 사명을 이루고 값진 인생을 멋지게 감당할 것입니다.

상처는
거짓을
믿게 하지만

"10년이 넘는 기간 수없이 많은 지속적인 성적, 신체적 학대를 통해 제 삶은 무너질 대로 무너졌었습니다. 셀 수 없이 반복된 성적 학대로 고통은 이루 말할 수 없었고, 제가 누구인지, 삶의 의미는 무엇인지 알 수 없는 무기력한 삶을 살았습니다. 저는 제가 처음으로 성적 학대를 받은 날을 잊을 수 없습니다. 10년이 넘는 동안 매년 그날이 다가오면 저는 극심한 고통을 느끼며 죽고 싶었습니다."

"혼자서 감당할 수 없는 우울과 고통을 안고 살아온 제 인생에 하나님이 찾아오셨습니다. 하나님은 저를 트라우마로부터 자유롭게 하셨습니다! 학대로 인한 고통과 우울, 불안이 사라지고 하나님의 기쁨을 느낍니다! 제가 더럽혀진 사람이 아니라 하나님의 깨끗한 딸임을 깨닫습니다! 오랜 시간 지속된 성적, 육체적, 정서적 학대의 상처가 주는 부정적 생각과 감정에서 자유로워졌습니다! 이제는 고통보다는 하나님의 평안과 기쁨을 느낍니다! 성적 학대의 기억을 떠올려도 고통이 아닌 하나님의 기쁨을 경험합니다. 저는 제가 너무나 더럽혀진 사람이라고 생각했지만 이제는 하나님 앞에 깨끗하고 순결한 딸임을 가슴 깊이 깨닫습니다!”

말씀 치유 사역 초기에 만났던 내담자로 기억됩니다. 60분 정도 시간을 보내며 상담하고 치유 기도를 같이 했을 뿐인데 이후로 자신이 회복되었음을 제게 고백하셨습니다. 그 치유의 과정을 설명하겠습니다. (치유 기도 당시 이 내용이 공개되는 것을 동의하셨습니다.)

60분 만에 사라진 10년의 상처

기도 전에는 성적 외상으로 인한 우울과 불안, 무기력, 심리적 고통과 자살 충동 등 중증 이상의 정신병리를 호소하셨습니다. 이 분은 10년이 더 넘는 시간 동안 차마 입에 담을 수 없는 잔인한 성적 폭행 속에서 절망적으로 살아오셨습니다. 그 고통을 견디며 지옥과 같은 시간을 보내셨습니다. 비인격적인 정서적, 신체적 학대도 심하게 겪으셨습니다. 그러는 가운데 인신매매를 여러 번 당하기도 했고 심지어 쇠사슬에 매여 기초적인 필수품도 공급받지 못한 채 끔찍한 학대를 홀로 고통스럽게 견뎌 오셨습니다. 삶의 희망을 잃은 지 오래되었고 절망적인 마음으로 여러 번 자살을 시도했습니다. 자신의 몸이 더럽혀졌다고 생각하며 자신을 저주하고 힘겹게 살아오셨습니다.

이분은 정신과적으로는 만성적인 복합 외상후스트레스장애(Complex PTSD) 및 우울증으로 진단할 수 있습니다. 사실 이러한 질환은 정신과적으로 치료가 상당히 어렵습니다. 수년 이상 제대로 치료를 받는다고 할지라도 회복되기 어려운 중증 정신병리에 해당되지요. 한두 번의 트라우마도 마음에 심각한 상처를 남기는데, 이분은 10년이 넘는 기간 너무나 많은 성적, 신체적, 정서적 학대와 여성으로서는 감당하기 어려운 참담한 고통을 겪으셨습니다. 제게 60여 분이 주어졌지만, 과연 이 짧은 시간에 어떤 도움을 드릴 수 있을까 회의적인 마음도 들었습니다. 저는 다만 하나님께서 이분 삶의 고통을 근원적으로 해결해 주시길 기도하며 기도 사역을 진행할 뿐이었습니다.

우리는 마주 앉아 함께 기노했습니다. 이분의 고통 속에 하나님의 임재를 초청했습니다. 고통의 근원을 성령의 인도하심 가운데 찾아가며 내면에 심긴 원인을 하나님의 말씀으로 제거하기 시작했습니다. 하나님은 당신의 이름과 약속대로 임마누엘 하셔서 사랑과 진리로 이분의 내면에 존재하는 모든 죄의 영역과 트라우마, 어두움을 몰아내기 시작했습니다. 가해자를 용서하며 치유의 방해물들도 빛 가운데 조명해 주시고 하나씩 처리해 나갔습니다. 물론 치료자는 제가 아니라 성령이시며 말씀이셨습니다. 제게는 치유의 은사도 없었습니다. 다만 성령의 인도하심 가운데 안내자의 역할만 했습니다. "듣는 자는 살아나리라"는 요한복음 5장 25절 말씀처럼 하나님은 말씀을 주셔서 내면의 죽은 영역을 살리시기 시작했습니다.

할렐루야! 60분 정도 기도 사역을 진행한 후 내담자의 내면에 변화가 일어나자 저는 정말 놀라 기절할 뻔하였습니다. 상담을 통해 회복된 것도, 특별한 정신과적 치료 기법을 적용한 것도 아니었습니다. 누구나 할 수 있는 '기도'를 통한 열매였습니다. 기도 전에는 60분의 짧은 기도로 과연 충분히 치유가 될까, 회의적으로 생각했었습니다. 사역 초기라 더더욱 연약한 믿음이었지만 하나님께서는 겨자씨만 한 우리의 믿음을 통해 기적적인 치유의 시간 60분을 허락해 주신 것이었습니다. 내담자는 완치에 가까운 회복을 경험했습니다. 단 60분 하나님과의 만남이 이토록 인생 전체를 바꿀 수 있다는 사실이 흥분되기도 했습니다. 보편적으로는 사람의 마음이 단 한 번의 치유 경험으로 완전히 바뀔 수 없습니다. 하지만 분명 하나님께서 치유하셨고 그 결과 내담자의 내적 변화는 분명했습니다.

이분이 성적 학대를 처음 받았던 시기가 3월이었습니다. 학대의 정도가 극심했기 때문에 매년 같은 시기가 되면 내적 고통이 두 배, 세 배로 악화됩니다. 이를 '기념일 반응'이라고 하지요. 트라우마를 경험한 시기가 매년 돌아올 때면 충격적 기억이 살아나고, 심리적 어려움이 더 심해지며 급격한 감정 변화를 겪습니다. 자살 충동도 더 심해질 수 있기에 이런 기념일 반응은 정말 감당하기 어렵습니다. 그런데 내담자가 치유받고 나서 얼마 지나지 않아 제게 연락해 왔었습니다. 이제는 작년과 다르게 기념일 반응이 사라졌다며 더 이상 3월의 고통은 반복되지 않는다며 기뻐하셨고, 누구에게도 말하지 못했던 본인의 과거와 아픔이 치유된 사실을 간증하고 다니게 되셨다 하셨습니다.

할렐루야!

고통을 뿌리 뽑는 하나님의 사랑

내담자와 제게는 60분이라는 짧은 '순간'이었지만, 하나님 입장에서는 '영원'을 선물로 주실 수 있는 충분한 시간이었던 것 같습니다. 10년 넘는 트라우마로 인해 무의식부터 의식에 이르기까지 형성되어 있었던 뿌리 깊은 고통이 송두리째 사라진 것이었습니다. 치유되었다고 믿는 차원이 아니라 내적 상태가 완전히 변화하여 기쁨이 회복되었습니다. 주님이 심지 않으신 모든 것을 뽑아내시고 하늘 아버지의 새로운 생명과 사랑과 기쁨과 진리를 그 마음에 채워 주신 것이었습니다.

제가 기도 사역을 시작하기 전에 그분께 무례하게 들리는 질문을 드렸었습니다. 20대 초반 고통스럽고 끔찍한 성적 학대의 경험 속에 혹시 기쁨이 있는지 물었습니다. 당연히 그 기억을 떠올리면 전혀 기쁨이 없겠지요. 그렇게 질문하는 제가 이상하게 보였을 것입니다. 기쁨이라는 것은 하나님께서 나를 사랑하신다는 것을 인격적으로 경험할 때 느끼는 감정입니다. 그래서 하나님이 주시는 기쁨은 사실 무한대입니다. 왜냐하면 하나님 그분이 무한하실 뿐만 아니라 우리를 향한 사랑도 무한대이기 때문입니다. 사랑 그 자체이신 하나님이 사랑하신다면 그리고 그 사랑을 영혼 깊은 곳에서 경험할 수만 있다면 우리는 세상이 줄 수도 알 수도 없는 절대 기쁨과 평안 가운데 영혼의 안식을 얻게 됩니다. 아무리 큰 고통의 순간이라고 할지라도 바로 그곳에 나를 사랑하시는 하나님이 함께하셨다는 것을 깨닫고 그분의 무한대의 사랑을 경험할 수만 있다면 그 강력한 기쁨 앞에 고통과 트라우마는 사라지는 것입니다. 마치 태평양에 침을 뱉으면 태평양이 오염되는 것이 아니라 태평양으로 인해 침이 희석되어 사라지듯 말입니다. 저는 하나님이 이분의 상처를 만져 주실 때 분명 기쁨으로 임하실 것을 믿었습니다.

물론 당시 치유받기 전이었던 내담자는 전혀 기쁨이 느껴지지 않는다고 대답하셨고 당연한 반응이었습니다. 그러나 기적의 시간을 경험하신 후의 대답은 완전히 달랐습니다. 지옥과 같은 성적 트라우마의 경험 속에서도 그 전에 느껴졌던 고통이 사라지고 그 자리에 하나님의 기쁨이 느껴진다는 것이었습니다. 위에서 말씀드린 것처럼 60분의 기도 사역이 끝난 후 놀랍게도 영적 자유와 회복, 기쁨을 경험하기 시작했고 그동안 그렇게 자신을 괴롭혀 온 성적 트라우마로부터 벗어나게 되셨습니다. 물론 짧은 시간의 기도를 통해 모든 문제가 사라진 것은 아니지만 치유와 회복을 경험하기 시작하면서 수치로부터 자유롭게 되셨습니다.

예수께서 손을 내밀어 그에게 대시며 이르시되 내가 원하노니 깨끗함을 받으라 하시니 즉시 그의 나병이 깨끗하여진지라(마 8:3).

트라우마가 만들어 낸 왜곡된 정체성

이 시대는 트라우마의 시대라고 해도 과언이 아닙니다. 세상은 갈수록 여러 트라우마로 고통을 당하며 신음합니다. 어느 통계에 의하년 평균적으로 목숨의 위협을 느낄 만한 트라우마를 1-2년에 최소 한 번 이상 경험한다고 합니다. 최근 우리나라가 트라우마와 재난으로 정말 고통스러운 시간을 보내고 있습니다. 우리나라뿐만 아니라 세계 어디를 가더라도 비참한 트라우마의 비명을 피할 수 없어 참으로 안타깝습니다.

트라우마는 한 개인이 소화하거나 감당할 수 없는 부정적이고 충격적 경험입니다. 교통사고 등의 여러 사고, 화재, 학대, 폭력뿐만 아니라 전쟁, 고문, 자연 및 사회적 재해 등이 이에 해당되지요. 자기 인격적 능력 범위 내에서 충분히 다룰 수 있는 부정적 경험은 엄밀히 따지면 트라우마가 아닌 셈이 됩니다.

예를 들어 보겠습니다.

뺨을 한 대 맞는 경험도 어린아이에게는 학대와 트라우마가 될 수 있지만, 성인에게는 단순히 하루이틀 기분 나쁜 일일 수 있겠습니다. 경험은 믿음을 만든다는 사실을 알고 계신지요? '믿음'은 강렬한 '경험'을 '해석'할 때 만들어집니다. 뺨을 맞은 어린아이는 그 경험을 자기중심적으로 해석합니다. 그래서 나를 때린 사람이 문제라고 생각하는 대신 뺨을 맞은 내가 '사랑스럽지 않아서 맞았다'고 생각합니다. 이 왜곡된 해석은 강렬한 경험과 함께 기억 속에 저장되어 정체성의 근간을 이룹니다. 이 아이는 마음 깊은 곳에 '나는 사랑스럽지 않아'라는 신념이 만들어졌을 수 있습니다.

우리는 이런 식으로 평생 동안 경험을 해석하고 믿음 체계를 만들어 갑니다. 반면에 늘 사랑받은 '경험'이 있는 아동은 '나는 사랑스럽다'라고 해석합니다. 그리고 그 해석은 강렬한 사랑의 경험과 함께 기억 속에 정체성화되어 저장됩니다. 그리고 늘 자신을 사랑스러운 사람으로 생각하며 안정적인 삶을 살아가게 되지요.

요약하면 이렇습니다. 어릴 때 아이가 부모의 사랑을 경험하면 자신에 대한 긍정적 믿음을 가지게 되고 학대를 경험하면 자기에 대한 부정적 믿음을 가지게 됩니다. 사람은 생각을 통해 경험을 해석하는 존재이기 때문입니다.

트라우마는 매우 위험합니다. 학대나 사고에 노출되면 뇌 기능에도 문제가 발생하며 자기에 대해, 세상에 대해, 타인에 대해, 미래에 대해 상당히 왜곡된 생각과 감정을 가지게 됩니다. 그리고 그 왜곡된 생각을 진짜라고 믿게 되지요. 그런 경험의 결과로 부정적 감정의 노예가 되기도 합니다. 이런 트라우마가 제대로 치료되지 않는다면 만성적으로는 성격에도 상당한 문제가 생기며 신체의 신진내사도 무너져 현실을 살지만 실상은 현실이 아닌 트라우마 속에서 두려워하며 살아가게 됩니다. 트라우마의 고통이 크니 중독에 빠져 살아가는 분들도 많습니다.

하나님의 관점으로 본
트라우마

그렇다면, 트라우마를 영적 관점으로 확대해서 본다면 어떻게 정의할 수 있을까요?

트라우마는 '하나님의 진리가 아닌 세상의 거짓을 믿게 만드는 모든 경험', '사랑과 진리의 부재 경험'으로 정의해 볼 수 있습니다. 하나님은 진리의 말씀으로 세상을 창조하셨습니다. 그리고 사랑으로 우리와 관계하십니다. 즉, 진리가 아닌 것, 사랑이 아닌 것은 하나님으로부터 말미암지 않은 것입니다. 엄밀히 말쏟드리면 어떤 경험이든 진리가 아닌 거짓을 믿게 만드는 경험, 사랑의 결핍과 부재가 있는 모든 경험 자체가 트라우마가 됩니다. 그런 의미에서 충격적 학대뿐만 아니라 일상에서 반복적으로 경험하는 사건에서도 트라우마가 생겨날 수 있습니다.

TV에 나오는 아이돌 그룹을 보며 그들의 외모를 다들 부러워합니다. 그리고 그 결과 무의식에 '예쁜 외모가 더 좋다'는 생각이 자리 잡는다면 아이돌 그룹을 본 경험도 트라우마가 될 수 있다는 뜻입니다. 외모가 더 가치 있다는 거짓을 믿게 되었기 때문입니다. 심지어 간증 집회에서 하나님이 함께하셔서 일류 대학에 갔다는 간증을 듣고 무의식적으로 '하나님을 잘 믿으면 좋은 대학에 간다'는 생각이 자리 잡았다면 그분에게는 간증이 트라우마로 작용했을 가능성도 있습니다. 하나님을 잘 믿으면 좋은 대학 간다는 공식은 결코 진리가 아니기 때문입니다.

그런 의미에서 조심스럽지만 거룩해 보이는 경험도 트라우마로 작용할 수도 있습니다. 비슷한 이유로 거대한 금액의 로또 당첨도 트라우마가 될 수 있습니다. 만약 로또 당첨의 경험을 통해 하나님보다 돈이 더 가치가 있다는 거짓 생각을 무의식적으로 믿게 된다면, 로또 당첨이 겉으로는 긍정적 경험처럼 보이나 실상은 부정적 트라우마가 됩니다.

이런 트라우마를 경험하면 더 나아가 하나님의 시각으로 나를 볼 수 없게 됩니다. 어린 시절부터 학대받고 자란 경우를 예를 들어 보겠습니다. 신체적, 정서적 학대는 사랑의 부재, 진리의 부재이므로 학대받는 사람의 마음에 왜곡을 심습니다. 하나님은 말할 수 없는 사랑으로 나를 귀하게 보시지만, 학대를 받은 사람은 자신이 결코 사랑스럽다는 생각을 가질 수 없게 됩니다. 이러한 생각은 엄연히 진리가 아닌 거짓이며 트라우마라는 충격적 경험을 통해 무의식 깊은 곳에 새겨지는 사단의 거짓말이지요.

하나님을 바라보는 시각도 오염이 됩니다. '하나님도 나를 사랑하지 않으셔', 심지어 '하나님은 내게 상처를 주시는 분이야', 혹은 '내게 무관심한 하나님' 등 진리와는 전혀 무관한 거짓을 믿게 되는 것입니다. 따라서 우리의 정체성 자체가 흔들리게 됩니다. 나와 나 사이에 하나님의 사랑이 아닌 트라우마로 인한 거짓과 고통이 가득하게 되어 나는 더욱 나와 멀어지게 됩니다.

말세가 될수록 세상에는 사랑이 식어 간다고 성경은 말씀하십니다. 죄가 관영하고 사랑이 식은 세상에서는 일상의 트라우마가 더욱 많아질 수밖에 없다고 생각됩니다. 거짓이 득세하고 불법과 편법이 더욱 판을 치는 한, 사회적 재해와 자연재해를 포함한 트라우마가 더 늘어날 것은 분명해 보입니다.

트라우마, 어떻게 치유될까요

트라우마 속에서 우리는 어떻게 회복될 수 있을까요?

1. 트라우마보다 더 강한 사랑과 진리를 경험해야 합니다

트라우마는 일종의 경험입니다. 우리는 지식을 믿기보다는 내 경험을 믿는 경향이 있습니다. 말씀에 아무리 '하나님은 사랑이시다'라고 기록되어 있어도 성령을 통해 내적으로 그 진리가 사랑과 진리로 경험되어야만 우리의 트라우마가 제거되고 사랑의 경험으로 새로워질 수 있습니다. 경험은 경험으로 치유되어야 합니다. 경험은 뇌의 무의식적 회로까지 포함한 학습이므로 단순히 의식적 학습(지식적 공부)으로는 치유되기 어렵습니다. 하나님의 진리와 사랑이 경험이 되어 트라우마 속으로 들어올 때 트라우마를 통해 심겼던 무의식적 거짓과 부정적 감정이 치유됩니다. 진리와 사랑이라는 인격적 임재는 우리의 생각과 감정과 의지를 예수님의 생각과 감정과 의지로 변화(transformation)시키십니다.

2. 트라우마의 경험에서 함께하신 하나님을 깨달아야 합니다

많은 경우 트라우마를 경험했던 현장을 떠올리면 상당히 고통스럽습니다. 왜냐하면, 그 트라우마로 인한 부정적 정서와 인지가 아직 해결되지 못한 상태로 남아 있기 때문입니다. 아무리 큰 트라우마라고 할지라도 심리치료나 기도 사역, 상담을 통해 트라우마 경험을 재해석(인지)하고 연관된 감정을 풀어낸다면 트라우마 경험을 떠올려도 더 이상 고통스럽지 않게 되지요.

한 가지 확실한 것은 하나님으로부터 정서(사랑)와 인지(진리)를 트라우마 경험 속에서 새롭게 경험한다면 이 완벽한 인격적 사랑의 경험이 트라우마를 치유한다는 사실입니다. 영적 현실을 엄밀히 말씀드리면, 우리는 그렇게 느껴지지 않을지라도 우리가 트라우마를 경험했던 바로 그 현장에 하나님도 함께하셨습니다. 하나님은 어떤 순간과 상황에서도 우리를 단 한순간도 떠난 적이 없는 분이심을 성경은 말씀하십니다. 트라우마가 워낙 강력해서 그 순간에 함께하셨던 하나님을 인식하지 못했을 뿐이지요. 그곳에 이미 계셨던 하나님의 충만한 임재를 다시 느끼고 깨달을 수만 있다면 그 사랑의 임재에 비해 트라우마가 얼마나 작은지 경험적으로 알게 됩니다. 하나님의 사랑과 진리가 트라우마 경험을 녹여 치유하시는 것입니다.

살아가면서 이 땅에는 안전한 곳이 없음을 깨닫습니다. 에덴을 벗어난 인생에게 이 땅은 고되고 험한 광야 같지만 유일한 소망 되신 하나님께서 우리의 안식처가 되시니 얼마나 감사한지요. 이 땅이 아무리 트라우마로 얼룩진다고 할지라도 그와 비교할 수 없을 정도로 더 크신 하나님의 사랑이 우리와 함께하시니 고난도 아픔도 넉넉히 통과할 수 있습니다. 사망을 이기시고 죽음을 정복하신 하나님, 우리를 지금도 완전한 품으로 보호하시는 하나님이심을 고백합니다. 다니엘의 세 친구처럼 트라우마나 사망에서 구원받은 성도들도 있지만 죽임을 당하거나 학대 가운데 살아갔던 믿음의 선배들도 있음을 기억합니다. 트라우마로부터 보호받아도 감사하지만, 그리 아니하실지라도 영광을 올려드립니다. 트라우마 시대에 우리와 함께하셔서 넉넉히 이기게 하시는 하나님을 찬양합니다.

제 이야기이기도 합니다

제 삶에도 당연히 트라우마가 많습니다. 제 기억에는 5세나 6세 정도였던 것으로 생각됩니다. 이날은 처음으로 어머니의 심부름을 했던 날이라 기억이 더 생생합니다. 저의 집은 산동네에 있었고 가장 가까운 가게도 한참 걸어 내려가야 하는 거리였습니다. 어머니가 하루는 제게 그 가게에 가서 쌀을 사 오라고 말씀하셨습니다. 집을 떠나 심부름을 해 본 적이 없는데, 내가 쌀을 사 올 수 있을까 의아했습니다. 어머니의 심부름이니 잘하고 싶었습니다. 어머니로부터 돈을 받아 가게까지 걸어서 갔습니다. 가게 사장님께 쌀을 사러 왔다고 말씀드리니 사장님이 당황해하셨습니다. "쌀이 무거운데 들고 집에 갈 수 있어?"라고 말씀하시는 사장님께 "그래도 엄마의 심부름이니 꼭 쌀을 사서 가야 해요"라고 고집을 피웠습니다. 사장님은 마지못해 가장 가벼운 쌀을 제 어깨에 올려 주셨습니다. 가장 가벼운 쌀도 제게는 참 무거웠던 것으로 기억됩니다.

그 쌀을 어깨에 메고 한참을 걸어 산동네 저의 집까지 올라갔습니다. 땀이 비 오듯 흐르고 제 옷도 젖었던 것으로 기억합니다. 제 기억이 맞다면 집까지 30분은 족히 걸린 것 같습니다. 메고 온 쌀을 거실에 힘겹게 내려놓았습니다. 저는 어머니의 환한 얼굴과 칭찬을 당연히 기대했습니다. 하지만 쌀을 내려놓는 순간 무언가 잘못된 분위기를 느꼈습니다. 어머니와 가족, 친척까지 있었던 것 같은데 그분들이 제 모습을 보고 웃기 시작했습니다. 웃는 얼굴은 맞는데 웃음의 종류가 다른 것 같았습니다. 가족들이 저를 보고 비웃는다고 느껴져 고통스러웠습니다.

알고 보니 어머니는 쌀 심부름을 시킨 적이 없다고 하셨습니다. 저는 어머니의 말씀을 잘못 알아들었고, 어른들 눈에 제가 엉뚱한 짓을 한 것이지요. 시키지도 않은 심부름에 그토록 애를 썼습니다. 저는 그 순간 수치심이 몰려왔습니다. 많이 부끄러웠습니다. 얼굴이 화끈거리고 너무 불안하여 쥐구멍에 숨고 싶었습니다.

이 일은 그날 이후 잊혔습니다. 사실 잊힌 것이 아닙니다. 아무 일도 없다는 듯 무의식 밑으로 억압되었던 것이지요. 이 사건은 눈에 보이지 않고 깨닫지 못할 뿐 제 삶 깊숙이 영향을 주는 트라우마 중 하나로 자리매김이 되었습니다.

이후로 저에게는 몇 가지 변화가 생깁니다. 일단 사진을 찍는 것을 싫어하게 되었습니다. 그래서 거의 안 찍었습니다. 누군가가 저를 쳐다보는 것이 불편해진 것이지요. 그전에는 곧잘 사람들 앞에서 노래도 잘하고 했으나 사건 이후 발표나 노래는 절대 하지 않았습니다. 초중학교 때 음악 시간이 가장 힘들었습니다. 한 명씩 나와서 노래하는 일은 지옥과 같이 느껴졌습니다. 실제 20대 초반에 교회에서 첫 찬양 인도를 했던 날은 잊을 수 없습니다. 30~40명 앞에서 공황 발작을 경험했습니다. 그들이 나를 쳐다보는 눈빛에 수치심과 불안이 밀려왔던 것이지요.

저의 20대 초반의 공황 발작과 어린 시절의 발표 불안, 시선 공포는 원인이 무엇일까요?

추측하신 대로 5세 경의 사건이 원인이었고 제 삶의 트라우마였습니다. 사실 이런 종류의 사건이 늘 상처를 만들지는 않습니다. 하지만 제게 이 사건은 깊은 트라우마로 작용했습니다. 열쇠 자물쇠 기전 기억나시죠? 저와 다른 기질의 분들에게는 이런 사건이 트라우마로 남지 않겠지만, 제게는 트라우마를 일으킬 만한, 정확한 열쇠가 된 사건이었습니다.

이후 제 정체성에 구멍이 났습니다. 공황 발작, 수치심, 발표 불안이 생겼을 뿐 아니라 대인 관계가 위축되었고 외향적 삶을 회피했으며 소명을 외면하게도 되었습니다. 이 사건이 보기보다 제 무의식적 정체성에 심각한 타격을 입혔던 것 같습니다.

'나는 실수할 것이다. 사람들은 날 비웃을 것이다. 실수하는

나는 흠이 있는 존재다.'

트라우마는 거짓을 믿게 되는 경험이라고 말씀드렸습니다. 심부름 사건을 통해 제 무의식적 정체성은 이 세 가지 거짓말을 믿게 됩니다. 하나님의 눈으로 저를 바라볼 힘이 없었던 어린아이는 이 사건 속에서 나타난 '부분적 모습'이 '저의 전부'라고 믿게 된 것입니다.

하나님은 하나님이 심지 않으신 것은 다 뽑아내길 원하십니다(마 15:13). 제게도 그런 날이 왔습니다. 40세 전후 어느 기도 사역 중에 5세 때의 기억이 떠올랐습니다. 그 기억 속에는 해결되지 못한 상처가 그대로 있었습니다. 그 기억을 떠올리자 억압되었던 수치심, 분노, 불안 등의 감정이 물밀듯 밀려왔습니다. 사람들의 비웃음과 억울함, 수치스러운 분위기가 그대로 전해졌습니다.

40세 성인인 저는 어릴 때 기억을 떠올리며 절규했습니다. 해결되지 않은 상처를 재경험하면 과거에 느꼈던 고통을 그대로 경험합니다. 40세 성인의 마음은 괜찮으나 5세 아이의 마음은 전혀 괜찮지 않습니다. 5세 아이로 돌아가서 그 아이의 부정적 감정과 부정적 생각을 다뤄야 합니다. 트라우마 기억 속에 무의식적으로 도사리고 있었던 세 가지 거짓 생각을 주님께 올려 드렸습니다.

"하나님, 평생 무의식에서 믿고 살아왔던 이 세 가지의 생각을 회개합니다."

"하나님의 진리와 사랑으로 임재해 주세요. 5세 아이가 알아야 할 진리와 경험해야 할 사랑을 누리게 해 주세요."

엄밀히 말씀드리면 자신에 대해 거짓을 믿고 있는 것 자체가 죄입니다. 5세 아이가 고의로 죄를 지은 것은 아니지만 그것은 다뤄 내야 할 거짓입니다. 신실한 하나님, 저를 태초부터 안고 계셨던 말씀하시는 하나님은 절규하는 5세 아이에게 임재해 주셨습니다. 그리고 말씀해 주십니다.

"나는 너를 기뻐한다."

누구나 할 수 있는 말이고 어렵지 않은 문장입니다. 하지만 상처 입은 현장에서 생생하게 들리는 하나님의 음성은 모든 거짓을 뽑아내기에 충분하고 남습니다. 더 이상 가족이 비웃는 듯한 분위기나 수치심은 느낄 수 없습니다. 억울함도 눈 녹듯 사라집니다. 저는 더 이상 실수하는 흠 있는 존재가 아니라 하나님이 기뻐하시는 온전한 존재임을 무의식에서 전인격적으로 믿어집니다.

이제는 상처 난 기억인 5세 때의 경험을 떠올리면 더 이상 고통스럽지 않습니다. 오히려 그 경험은 기쁨의 상징입니다. 나를 보고 환하게 웃으시는 하나님의 얼굴이 선명히 박혀 있는 지성소와 같습니다. 사망의 거짓이 가득 찬 지옥과 같은 기억이 이제는 사랑과 진리의 경험이 넘쳐나는 천국으로 바뀐 것 같습니다. 마이너스에서 0이 된 것이 아니라 통쾌한 플러스가 된 것입니다.

치유받은 날 이후로 저는 무의식적으로 하나님의 큰 웃음이 자주 느껴집니다. 자연스레 자주 여러 상황 가운데 하나님이 저를 기뻐하심이 떠오릅니다. 무의식이 바뀌면 뿌리가 달라지므로 평소의 정서적 분위기가 긍정적으로 바뀔 수밖에 없습니다.

5세 트라우마를 경험했던 당일, 5세가 느꼈던 상황과 객관적 상황은 많이 달랐던 것 같습니다. 사실 제 어머니는 아무 잘못이 없습니다. 그냥 귀여워서 웃고 넘기실 만한 일입니다. 어른의 입장에서는 일상의 해프닝입니다. 하지만 5세 아동은 적절한 해석을 해낼 능력이 없으니 자기중심적으로 오해를 했지요. 사단은 그런 틈을 노린 것 같습니다.

지금도 우리 마음 가운데 하나님을 오해하고, 나를 오해하게 만드는 수많은 경험이 내재되어 있는지도 모릅니다. 평소 내 마음속에 나를 힘들게 하는 과거 기억이 있다면 그 기억을 떠올리며 하나님의 말씀과 사랑을 초대해 보시면 좋겠습니다. 기다렸다는 듯 우리에게 두 팔 벌려 달려오시는 하나님을 경험하게 되실 것을 확신합니다.

**마음근육
키우는
방법**

('무의식이 회복되는 25가지 방법' 6번 참고)
° 현실의 어떤 고통이라 할지라도 그 현실을 해석해 내는 트라우마가 있을 수 있습니다. 현실도 다뤄야 하지만 과거의 미해결 트라우마를 다루셔야 합니다.

° 부정적 정서와 고통이 느껴질 때 회피하지 마시고 그것이 치유의 시작임을 기억해 주세요. 현재 고통이 지닌 과거의 뿌리를 깨닫게 해 달라고 기도하세요.

° 어린 시절 상처로 인해 하나님이 원망스럽습니까? 아무리 깊은 상처일지라도 복음을 적용하면 감사와 기쁨으로 바뀜을 기억해 주세요. 상처 난 기억 속으로 하나님의 사랑과 말씀이 임하도록 기도하세요.

° 고통스러운 과거가 치유된다면 그 기억을 떠올려도 더 이상 고통스럽지 않습니다. 고통이 남아 있다면 그 기억 속으로 반복해서 하나님 말씀을 적용해 주세요.

° 치유되었음을 다섯 가지로 점검해 주세요

  - 기억 속 고통이 변화되어 평안을 느끼는가?

  - 기억 속 거짓말이 사라지고 새로운 믿음이 생겼는가?

  - 경험 중에 하나님이 계셨음이 느껴지는가? 하나님과의 정서적 거리감이 없어졌는가? 더 나아가 오히려 기쁨이 더 충만해졌는가?

  - 기억에서부터 시작된 현재의 고통이 사라졌는가?

  - 변화된 열매가 지속적으로 유지되고 있는가?

회복이
왜 이렇게
늦을까

예수께서 대답하여 이르시되 심은 것마다 내 하늘 아버지께서 심으시지 않은 것은 뽑힐 것이니(마 15:13).

또 이르시되 하나님의 나라는 사람이 씨를 땅에 뿌림과 같으니 그가 밤낮 자고 깨고 하는 중에 씨가 나서 자라되 어떻게 그리 되는지를 알지 못하느니라(막 4:26-27).

기적보다 일상의 은혜가 더 중요합니다

60분의 기적에 대해 조금 더 나누기 전에 한 가지 강조하고 싶은 것이 있습니다. 자칫 모든 치유가 이렇게 극적이어야 되는 것처럼 오해하실 것 같아 조금은 우려가 됩니다. 사실 인간은 여전히 죄성을 가진 존재들이라 하나님이 베푸신 은혜를 통해 하나님을 더 알아 가기보다는 기적이나 초자연적 현상에 집착하기 쉽습니다. 그리고 지속적 노력이나 수고를 통해 성장해 가기보다는 로또처럼 심지 않고 거두는 한순간의 기적을 원하는 마음도 있습니다. 예수님이 기적을 베푸신 현장에도 그런 분들이 많았고 지금의 시대에도 여전히 그런 경우가 많습니다.

저는 60분간의 기적도 중요하지만 사실 60년 이상 점진적으로 성장해 가며 하나님의 은혜를 경험해 가는 일상이 훨씬 더 중요하다고 믿습니다. 성경에는 즉시 치유되는 사례도 풍성하나 평생을 두고 그리스도의 장성한 분량에 이르도록 꾸준히 노력하라는 권면도 충만합니다. 모든 것에는 균형이 중요합니다. 강렬한 경험도 중요하지만 냉철한 지식도 필요합니다. 극적이고 초자연적인 기적도 놀랍지만 오랜 시간 지속하는 평범한 일상은 더 놀랍지요. 성공도 감사하지만 실패도 어떤 식으로든 성장의 재료가 됩니다. 풍성함으로 넘치게 채우시는 하나님이시지만 결핍을 허락하시고 정신병리를 남겨 두시기도 합니다. 또 여러 고난을 통과하게 하시면서 이 모든 것을 통해 오직 하나님만 바라고 의지하게 하십니다.

'즉시 치유되는 기적'은 우리에게 허락된 하나님의 아름답고 다양한 선물 중 하나라고 생각합니다. 치유에만 너무 집착하면 그 외의 풍성한 주님의 선물을 놓칠 확률이 높아집니다. '즉시' 기적적으로 치유된다면 그 자체도 너무 감사하지만 그렇게 은혜를 베푸시는 하나님이 누구신지가 더 중요하겠지요. 내가 원하는 방식으로 치유되지 않을 때도 하나님을 찬양하고 그분께 감사를 올려 드리길 기도합니다. 치유되어서 감사하고 또 그렇지 않아도 감사한 마음이 우리에게 풍성하면 좋겠습니다.

온전한 회복을 주시는 성경적 치유의 원리

사실 이 장에서 설명드리는 치유 원리의 핵심은 '즉시'에 있다기보다 하나님이 베푸시는 성경적 치유 원리 자체에 있습니다. 말씀을 통해 구체적으로 내면을 회복하시는 하나님의 치유 기전에 대해 나누고 싶은 것입니다. 성경적 치유 원리가 성령님을 통해 내면에 적용될 때 어떤 분은 '즉시' 치유되기도 하고 또 어떤 분은 시간이 더 필요한 것 같습니다.

그러나 하나님의 말씀이 내면의 특정 영역에 적용하면 분명 100%의 변화가 있음을 강조드립니다. 말씀이 레마로 내면에 임하면 완전한 변화가 임합니다. 물론 이런 실제적인 내면의 변화가 일어난다고 해도 우울증 등의 정신병리 자체가 치유되려면 시간이 더 필요할 때가 많습니다. 예를 들어 보겠습니다.

치유에 시간이 걸리는 이유 1
'다양한 원인들'

내 우울증의 원인이 열 가지라고 가정해 봅시다. 원래 우울증이나 불안장애, 공황장애 등의 정신병리는 단 한 가지 원인에 의해 발생하지 않습니다. 여러 원인적 요소로부터 다양한 과정을 거쳐 결국 정신병리 증상으로 드러나 진단을 받게 되지요. 그래서 이론적으로는 열 가지 원인이 다 해결되어야 완전히 회복되고 치유됩니다. 두 가지 정도가 치유된다 할지라도 피부에 와닿는 변화를 당장은 느끼기 어려울 것입니다. 다섯 가지 원인이 해결된다면 아마 그 전보다 호전되었다고 느끼겠지요. 만약 열 가지 원인이 다 제거된다면 완치되었음을 전인격적으로 경험하게 되겠습니다.

앞서 하나님의 말씀이 명확히 적용된 영역에는 100%의 변화가 일어난다고 설명드렸습니다. 그런데 하나님의 말씀이 임하여 단번에 열 가지 원인이 다 제거되기보다는 한 번에 한 가지 원인씩 제거되는 경우가 훨씬 많습니다. 하나님의 말씀을 통해 원인 한 가지를 제거하면 그다음으로 다시 또 다른 원인을 찾아 말씀으로 치유해야 합니다. 그러다 보면 시간이 필요하겠지요. 그런 이유로 치유에는 시간이 걸릴 때가 많으며 지속적 치유 과정을 거쳐야 완전한 회복에 이를 수 있습니다.

치유에 시간이 걸리는 이유 2
'마음의 속성'

하나님이 말씀하셔도 한 번에 한 가지 원인만 치유되는 주된 이유는 '마음의 속성' 때문입니다. 하나님께서 만드신 우리 마음은 나름의 질서와 작동 방식이 있습니다. 마음은 어린 시절부터 시간이 누적되며 발달합니다. 유아부터 성인에 이르기까지 생물학적 뇌 발달이라는 과정도 요구됩니다. 오랜 시간 동안 경험이나 학습에 의해 오늘의 우리 마음이 만들어지지요.

마음에는 심은 대로 거두는 원리가 있어 심은 만큼 뿌리가 만들어지고 심은 것이 다양하면 각각의 뿌리가 서로 얽혀 있기도 합니다. 한 가지 뿌리에서 여러 열매가 맺히기도 하고 여러 뿌리를 통해 한 가지 열매만 드러나기도 합니다. 마음에는 의식뿐만 아니라 무의식이라는 특이한 구조까지 있어 온 우주만큼이나 복잡하고 광대하지요.

이러한 마음에 오랜 세월 동안 얼마나 많은 것을 심고 살아 왔겠습니까? 좋은 것뿐만 아니라 악한 죄나 상처, 모든 세상의 고통까지 마음에 담고 살았습니다. 상처나 결핍 등으로 오염된 우리 마음은 최소 수년에서 수십 년간 정신병리를 일으킵니다. 정신병리 역시 여러 요소가 마음에 그물처럼 얽혀 자란 상태이지요.

즉, 지금의 마음과 정신병리가 형성된 '과정'이 수십 년인데,

이 모든 과정을 하나님께서 한순간에 없애고 치유하신다면 어떻게 될까요? 과연 우리 마음이 갑작스러운 치유를 견딜 수 있을까요? 무한대와 같이 광대한 우리의 생각이나 감정이 순식간에 달라져 버릴 수도 없을뿐더러 그런 식으로 치유된다면 우리는 인간이 아니라 기계이겠지요. 살아 있는 우리 마음을 컴퓨터 고치듯 다룰 수 없다는 말입니다. 하나님은 우리의 마음의 속성을 충분히 고려하고 존중하며 인격적으로 대하십니다. 하나님은 스스로 만드신 우리 마음의 질서와 속성을 따라 때로는 우리를 배려하시기 위해 느리게 치유하기도 하시는 것 같습니다.

그리고 마음에 심긴 것의 많은 부분은 내 책임이라는 사실도 강조하고 싶습니다. 나는 죄를 습관적으로 심고 살아가는데, 그 습관을 자각하고 애통해하며 책임을 지는 연습이 필요합니다. 내가 복음 앞에 죄인임을 깨달으며 처음에는 미숙했으나 점차 나의 자유의지로 순종을 선택함으로써 장성해 가는 노력도 필요한 것이지요. 그런 성장 과정이 전혀 없이 하나님께 요청한다고 해서 그 즉시 치유가 일어난다면 우리는 '과정'이 주는 기쁨과 성숙을 경험할 수 없게 될뿐더러 영적으로 무책임한 삶이 강화될 수 있겠습니다.

그러면 과정이 중요하니 20년 된 상처의 원인은 20년이 걸려야 치유되고 제거된다는 걸까요? 결코 그렇지는 않습니다. 20년간 상처가 깊어지며 곪아 가기도 하지만 동시에 회복과 치유를 돕는 건강한 마음도 20년에 걸쳐 자라 오고 있다는 점을 알아야 합니다. 상처를 받을 때도 있으니 은혜를 경험할 때도 있으니 두 마음이 분리되어 함께 자라고 있는 것이지요.

정신병리의 원인이 되는 조각 난 고통의 영역(상처 입은 마음)은 보통 우리 마음 전체로 흡수되지 못하고 마음 내에 격리되어 있습니다. 상처는 특성상 상처 입은 마음을 무의식 깊은 곳으로 고립시키며 분리된 상태로 파편화하여 저장합니다. 그리고 어떠한 건강한 접근이라도 외면하며 저항합니다.

치유는 문제가 되는 영역(상처 입은 마음)이 마음 전체인 인격의 틀 내로 흡수되어야 가능해집니다. 그렇게 되기 위해서는 조각 난 마음(상처 입은 마음)을 마음 전체와 하나로 통합하는 복음의 능력이 필요합니다. 말씀은 분리되었던 것을 하나 되게 하지요. 하나님의 말씀을 통해 '상처 입은 마음'과 이미 존재하는 '건강한 마음'이 연결되어 하나가 되는 것이 완치의 과정입니다. 하나님이 말씀하시면 우리 마음의 상태와 균형이 달라지는 것이지요. 마음만 통합되는 것이 아니라 우리 안에 내주하시는 하나님(진리와 은혜) 안으로 통합되어야 합니다.

하나님께서 성령님을 통해 사랑과 진리를 깨우치게 하시며 회복을 주시는 네 가지의 통합 과정이 있습니다.

1. '상처 입은 마음' 그 자체를 회복시키심
2. '건강한 마음'을 더 성숙하게 만드셔서 '상처 입은 마음'을 흡수하게 하심
3. '상처 입은 마음'과 '건강한 마음'을 연결하는 길을 강화하시거나 혹은 새롭게 만드심
4. 가장 중요한 과정으로, '상처 입은 마음'과 '건강한 마음'이 서로 통합되되 더 나아가 '영적인 마음'으로 통합시키심

하나님의 말씀이 상처의 원인을 제거하면 이 모든 과정이 일어나고 죽어 있던 원래 마음이 영적인 마음으로 변화되어 더 성숙됩니다. 일반적인 심리상담 및 정신과적 치료를 통해 마음이 통합되는 것과 하나님의 말씀을 통해 통합되는 것은 비교할 수 없는 큰 차이를 낳습니다. 일반적인 상담 치료 역시 하나님이 주신 선물이지만, 하나님이 말씀을 통해 직접적으로 주시는 통합은 우리의 육신이 말씀이 되는 영적 변화이며 사망이 생명으로 부활되는 완전한 기적입니다.

제 경험상 개인의 내적 준비 상태에 따라 다르지만 보통 20년의 상처라도 짧게는 수일, 혹은 수개월 내에도 충분히 통합되

어 치유되기도 합니다. 물론 마음 밭의 준비 상태에 따라 길게는 수년 이상이 걸리기도 하지만 분명한 것은 하나님께서 말씀하시면 그 영역은 100% 회복이 일어난다는 사실입니다. 말씀의 빛이 비친 '상처 입은 마음'에 완전한 치유가 일어나고 한 가지 원인이 제거됩니다. 열 가지 원인이 있다면 한 가지는 완전히 처리된 상태이니 남은 아홉 가지 이유도 같은 식으로 치유하면 되겠습니다. 이러한 과정을 통해 치유가 누적되고 회복된 영역이 늘어나면서 결국 특정 질병은 완치됩니다.

치유에 시간이 걸리는 이유 4
'우리의 무지와 불신앙'

치유가 시간이 걸리는 이유는 다양하지만 이번에는 각도를 달리해서 부정적 이유에 대해 실명하겠습니다.

'치유는 과정'이라는 유명한 말처럼 치유에는 과정이 필요해서 낫기까지 시간이 걸리는 경우도 많습니다. 하나님 관점에서 시간이 필요하다면 우리는 건강한 치유를 위해 그 시간을 통과해야 합니다. 하지만 치유가 필요 이상으로 더디다면 어쩌면 우리가 하나님의 말씀을 믿거나 의지하지 않고 우리의 방법으로 고아처럼 애쓰기 때문일 수도 있습니다.

하나님에 대한 기대가 없는 분을 많이 봅니다. 하나님이 누구신지 잘 모르니 그분의 섭리나 능력에 대한 기대가 없는 것이지요. 의외로 많은 경우 무의식적으로 치유를 원하지 않는 분들도 상당히 많습니다. 우리 무의식에는 우리가 이해할 수 없는 자기 파괴적 기전도 상당히 많습니다. 회복되지 않은 상태에 머물도록 적극적으로 자신을 방치하는 것이지요.

혹은 성경적 치유 원리에 대해 무지해서 어떻게 하나님의 말씀을 정신병리의 원인에 적용할지 모를 수도 있습니다. 아니면 하나님이 만드신 마음의 원리를 모른 채 무턱대고 치유해 달라는 기도를 하실 수도 있습니다. 물론 간절하게 마음의 치유를 위해 기도하는 중심과 태도는 100점입니다. 그러나 "공황장애를 치유해 주소서", "우울증을 낫게 해 주세요"라는 식의 기도는 마치 "신앙이 좋아지게 해 주세요", "건강하게 해 주세요"라는 식의 기도와 유사합니다.

신앙이 좋아지려면, 건강하게 살려면 기도도 중요하나 구체적 원리와 방법이 필요합니다. 신앙이 좋아지려면 영적 시간이 필요하고 건강을 회복하기 위한 활동이 요구됩니다. 마찬가지로 우울증이 좋아지고 공황장애가 낫기 위해서는 마음의 속성을 알고 성경적 진리를 기반으로 기도해야 합니다. 그리고 구체적 성경적 원리를 따라 치유의 과정을 겪어야 하지요. 물론 단순히 우울증을 낫게 해 달라는 기도가 잘못된 것은 절대 아닙니다. 하지만 조금 더 구체적으로 기도하면 어떨지요?

“하나님! 우울증의 원인을 찾게 해 주세요!”

(상담을 통해 또 기도하며 원인을 깨달았다면)

“하나님, 우울증의 이유가 되는 과거 특정 사건 속 트라우마와 그 영향으로 부정적이고 왜곡된 신념이 생겨났음을 깨닫습니다. 부정적으로 왜곡된 불신앙적 생각 말고 마땅히 품어야 할 하나님의 진리를 깨닫게 해 주세요!”

“말씀하시는 하나님, 진리를 계시하시는 하나님의 진리를 깨닫길 원합니다!”

이러한 기도는 마음의 원리를 알고 구체적으로 구하는 기도이므로 훨씬 더 효과적으로 치유되며 시간을 단축할 수 있습니다. 구체적 기도를 통해 내 속에 어두움이 있음을 깨달으셔야 합니다. 이유도 모르고 방법에도 무지한 채로 기도한다면 응답은 어렵지 않을까요?

‘즉시’보다는 ‘적시’에 치유하시는 하나님

우리는 즉시 치유되길 원하지만 하나님은 ‘적시’에 치유하십니다. 우리는 60분 안에 모든 문제를 해결하기 원하나 하나님은 필요한 시간을 통해 우리를 치유하시고 성장시키십니다. 그렇다고 희망 고문처럼 치유의 시간을 일부러 늘이거나 잡을 듯 잡히지 않는 식으로 마냥 기다리게 하시는 분도 아닙니다. 하나님은 속히 치유하기를 기뻐하시며 우리의 영혼이 즉시 자유로워지길 간절히 원하십니다.

60분의 기적을 경험한 내담자의 예를 기억하시지요?

이분은 60분의 기도 사역 후에 즉시 치유되었습니다. 저는 그분과 기도 사역을 할 때 60분 만에 성적 트라우마가 다 치유되기를 결코 기대하지 않았습니다. 주어진 60분의 시간 동안 회복이 얼마나 될지는 추측할 수 없었습니다. 다만 하나님께서 그 시간 속에서 하나님이 원하시는 딱 그 정도의 치유를 베푸시길 기대했습니다. 이분의 상처와 아픔은 제가 만난 그 누구보다 크고 심했지만 놀랍게도 치유 또한 기적적이었습니다. 왜 이분은 그토록 심한 정신병리를 가지고서도 이렇게 60분 만에 회복될 수 있었을까요? 분명한 것은 하나님께서 '적시'에 치유하셨다는 점입니다. 훨씬 경한 증상을 가졌음에도 60분이 아니라 6시간, 6주를 치유해도 시간이 더 필요한 분들이 많습니다. 즉, 증상의 심각도에 따라 회복의 속도가 결정되는 것은 아닙니다.

즉시 치유된 몇 가지 이유를 생각해 본다면 다음과 같습니다.

1. 마음의 준비 상태, '좋은 마음 밭'

내담자는 수많은 어려움 속에서도 결국 예수님을 영접했고 이후 가해자를 용서하려는 시도도 많이 했다고 합니다. 성적 트라우마를 구체적으로 어떻게 치유하는지를 몰랐을 뿐 마음은 이미 옥토였습니다. 이미 나름의 시간을 통해 하나님은 그 마음에 복음의 씨앗을 심어 놓으셨습니다. 제가 사역을 했을 때는 그동안 뿌려진 진리가 자란 상태였고 마음 밭에 열매가 맺히는 때였습니다. 하나님은 때마침 제 사역을 통해 이미 맺힌 열매를 거두게 하신 것이지요. 제가 한 것은 정말 아무것도 없었습니다. 그저 좋은 마음 밭에 하나님의 말씀이 떨어지니 즉시 치유되는 기적을 경험한 것이지요.

2. 주 원인을 해결함

보통 한 정신병리를 유발하는 데 다양한 종류의 원인이 존재한다고 말씀드렸습니다. 즉, 한 원인만 제거한다고 해서 질병이 온전히 치유되는 것은 아니지요. 언제 원인이 만들어졌는지에 따라서도 고통의 비중이 달라집니다. 즉, 어릴 때 만들어진 원인일수록 파괴적 힘이 강합니다. 비슷한 맥락으로 처음 경험한 트라우마일수록 강력한 쓴 뿌리가 됩니다.

그렇기에 여러 원인 중 가장 어린 시절에 만들어진 첫 원인을 찾아 제거하는 것이 치유에 상당히 효과적입니다. 내담자는 외상후스트레스장애, 우울증의 가장 첫 원인을 기도 사역을 통해 제거했습니다. 증상이 심하고 고통이 컸지만 그 증상을 만들어 내는 가장 큰 트라우마를 다루고 나니 대부분의 마음이 회복되는 기적을 경험했습니다. 주된 원인을 제거하면 그 후 나머지의 원인들도 도미노 현상처럼 지속적으로 회복되는 경향이 있습니다. 있는 자가 더 받아 풍족하게 되는 원리이지요.

3. 단일 종류의 원인

우울증을 예를 들어 보겠습니다. 우울증의 원인은 다양할 수 있지요. 보통 생물학적 원인, 심리적 원인, 사회 관계적 원인, 영적 원인으로 분류해 볼 수 있습니다. 가장 어려운 상태가 이 네 가지 원인을 다 가지고 있는 경우입니다. 각 원인에 같은 종류의 하위 원인이 또 있을 수 있으니 종류가 네 가지이지 직접적 원인은 열 가지 스무 가지 등 더 많을 수 있다는 뜻입니다. 내담자의 경우는 심리적 원인이 주였으며 나머지 세 가지의 원인에서는 비교적 자유로워 보였습니다. 영적 삶에 헌신적이었고 뇌 기능의 불균형이 없지는 않았으나 조절 가능했던 것 같습니다. 관계적, 사회적으로도 열린 마음으로 삶을 살아오신 것이지요. 원인이 되는 종류가 적을수록 치유에는 더 유리하다 싶습니다. 하나님이 말씀하실 때 그 말씀을 거부하고 외면할 만한 내적 방해 요인이 상대적으로 적었던 것이지요. 그러니 말씀이 말씀 되는 경험을 더 깊이 누릴 수 있었고 치유는 상대적으로 빨랐다고 생각됩니다.

4. 어린 시절에 형성된 긍정적 자원

20대에 성적인 학대가 시작되기 전 유아기와 학령기, 청소년기에 비교적 행복한 가정에서 큰 어려움 없이 자라셨습니다. 어린 시절부터 애착도 잘 형성되었고 흔히 말씀하는 '회복 탄력성'도 비교적 좋았던 것 같습니다. 상담을 하거나 치유 사역을 할 때 어린 시절부터 긍정적 관계를 통해 건강한 정서와 사고를 가진 분들, 즉 심리적 자원이 좋은 분들은 확실히 회복 속도나 정도가 다른 것을 볼 수 있습니다. 이 역시 하나님이 우리 마음에 심어 주신 마음의 특징에 해당됩니다. 이런 기반이 있어 10년이 넘는 비인격적 성적 학대 속에서도 인내하고 지낼 수 있었던 것 같습니다. 어린 시절부터 긍정적 인간관계를 경험할수록 하나님의 말씀을 순전하게 잘 받아들이는 경향이 더 생기는 것 같습니다.

5. 알 수 없는 하나님의 주권적 이유

치유된 이유를 몇 가지 추측해 볼 수 있겠으나 늘 그렇듯 하나님은 초월적으로 역사하십니다. 마음이 준비되어 있지 않아도, 정신병리의 원인이 복잡하고 다양하고 심각해도, 어린 시절 경험한 긍정적 자원이 부족해서 인간의 눈으로 볼 때 절망적인 상태라 할지라도 하나님께서 말씀하시면 '즉시' 치유되는 일은 분명 일어납니다. 위에서 말씀드린 보편적 원리를 뛰어넘어 치유된다면 그것은 하나님의 주권 아래에서 일어나는 기적이겠습니다. 우리 편에서는 할 수 있는 모든 방법을 강구해 하나님을 의지하고 치유의 길로 적극 나아가야 하지만, 하나님의 영역에 대해서는 겸허히 수용하고 순종해야 합니다. 어떤 경우이든 하나님은 우리를 '적시'에 치유하십니다.

치유가
전혀 되지 않은 60년

제일 안타까운 경우는 평생 그리스도인으로 살아왔으나 여전히 제자리에 계신 분들입니다. 하나님께서 우리 내면의 정신병리의 원인을 말씀으로 치유하신다면 기적적으로 즉시 치유되거나 한 번에 한 가지씩 치유되어 점진적으로 회복되는 것이 정상입니다. 하지만 60년의 시간 동안 어떤 변화도 없이 살아가는 것은 결코 은혜의 과정이 아닐 것입니다. 하나님이 말씀하셨다면 그리고 그 말씀이 내면의 특정 영역에서 전인격적으로 경험되었다면 말씀이 육신이 되셨다는 의미입니다. 조금 더 엄밀히 말씀드리면 사람은 정체되거나 제자리에 있을 수 없습니다. 세월을 통해 어떤 방향으로든 변하게 되어 있습니다. 변화 없이 제자리에 있는 것처럼 보이는 분들은 실상 기형(deformity)으로 자랐기 때문입니다. 몸은 어른이나 속마음은 미숙한 상태가 기형적 성장이 아닐지요?

허락을 받고 제 아내의 이야기를 나눕니다. 아내가 수년 전에 교통사고를 겪었습니다. 운전하던 중 좌회전을 하다가 달려오는 차와 충돌한 사고였습니다. 당시 차 문이 찌그러져 열리지 않았고 아내는 그 속에 꼼짝없이 갇혔습니다. 상대 차에서는 기름이 새며 연기가 피어났습니다. 아내는 움직일 수 없었고 문도 열리지 않은 상태에서 차가 곧 폭발할 것 같은 두려움에 떨어야 했습니다. 누군가 와서 차 안에서 나오라고 말은 했으나 아무 힘도 쓸 수 없는 아내를 꺼낼 수 없어 두고 가기도 했습니다. 구급대원이 조수석 문을 열어 줄 때까지 수십 분간은 죽음의 공포가 엄습했다고 합니다.

아내가 구출될 때 구급대원이 아내를 빼내면서 '살아 있다!'라고 놀랄 정도로 사고는 심했던 것 같습니다. 사람이 죽었어도 이상하지 않을 사고였지만, 다행히 아내는 목 염좌 외에는 다친 곳이 없었습니다. 상대방 차주 분은 다리 골절만 입으셨습니다. 하나님이 두 분 다 지키셨다고 믿습니다.

아내의 몸은 무사했지만 마음이 문제였습니다. 사고 이후 외상후스트레스장애와 그로 인한 우울증이 생긴 것입니다. 사고 이후 약 1개월간은 사고 트라우마가 현실처럼 느껴졌습니다. 이미 사고는 과거에 끝난 일이지만 심리적으로는 사고 난 차량 속에 계속 갇힌 느낌이었습니다. 감정을 느끼지 못하거나 불안만 느껴졌습니다. 좌절, 절망 속에 살았고 자동차 운전은 더 이상 불가능했습니다. 다시 사고가 날 것 같은 과도한 두려움을 연속해 겪었습니다. 사고 수습을 위해 경찰이 연락을 해도 극도의 두려움으로 회피했습니다. 불면증은 물론이며 깊은 무기력과 우울, 식사 거부에 체중이 일주일에 5kg이나 줄었습니다. 몸은 경직되어 갔고 심하게 예민해졌습니다. 성격 변화, 분노, 의욕 상실, 무감동, 무쾌감 등 우울증이 점차 심해져 갔습니다. 대인관계 역시 단절된 상태였습니다. 스스로를 탓하며 고통스러운 시간을 보냈습니다.

물론 사고 순간부터 아내는 하나님을 의지하며 기도했습니다. 그러나 기도할수록 자동차 사고에서 자신을 지키지 않으신 하나님에게 불신이 더 강해졌다고 합니다. 하나님의 임재가 느껴지지 않아도 지속적으로 기도하며 노력하는 아내였습니다. 아내를 지켜보는 저 또한 너무 고통스러웠습니다.

제가 정신과 의사이니 약물 등으로 치료하며 지켜봤으나 1개월이 지나도 회복될 조짐이 보이지 않았습니다. 사람이 최선을 다했으니 이제 하나님께 깊이 나아가야 할 때가 되었습니다. 하나님께서 마음을 주서서 아내와 함께 기도 사역을 시작했습니다.

80분 정도 함께 책에서 설명드린 성경적 치유 방법으로 트라우마 사건을 다루었습니다. 그 과정을 자세하게 설명드리겠습니다.

1. 우울증과 외상후스트레스장애의 원인을 떠올리다

아내가 보이는 우울증과 외상후스트레스장애의 원인이 되는 교통사고가 난 날의 기억을 떠올렸습니다. 기억을 떠올리자 해결되지 못했던 극도의 불안, 두려움이 다시 엄습해 왔습니다. 이후 설명드리겠지만 진짜 원인은 교통사고가 아니라 어린 시절부터 형성된 무의식적 상처였습니다. 원인이 크게 세 가지였던 것이지요. 교통사고도 원인이지만, 엄밀히 따지면 교통사고는 진짜 원인을 자극한 요인에 가까웠습니다.

2. 거짓 생각을 깨닫고 하나님의 관점을 구하다

찌그러진 차 안에서 두려움에 떨어야 했던 이유는 교통사고 자체가 아니었습니다. 아내는 실제 염좌 말고는 다친 곳이 없었기 때문입니다. 하지만 교통사고라는 트라우마는 '죽을 것 같다'는 거짓을 믿게 만들었습니다. 죽음과 삶은 하나님께 달려 있지 교통사고에 달려 있지 않습니다. 하지만 그 순간의 강렬한 경험은 죽을 것 같다고 생각하기에 충분했습니다.

이 생각은 진리로 바뀌어야 할 생각입니다. 아내와 저는 현장에서 두려움에 떨게 한 생각 말고 하나님이 보시는, 관점의 진리를 구했습니다. 만약 이 사고를 하나님의 관점에서 해석할 수 있다면 얼마나 안전했는지를 깨달을 수 있을 것입니다. 하나님은 그 순간 아내를 보호하고 계셨기 때문입니다.

3. 하나님 앞에서 원망을 고백하다

하지만 인간적인 생각으로는 하나님께서 보호해 주지 않은 것처럼 느껴졌습니다. 보호하셨다면 사고가 나서는 안 된다고 생각했기 때문입니다. 하나님이 보호하셔도 때로 사고가 납니다. 하나님이 눈동자처럼 지키시는 수많은 그리스도인들도 사고와 사건을 당하지 않습니까? 우리가 육체를 입고 살다 보니 육체의 상처가 그토록 힘든 것이지요.

아내는 하나님에 대한 원망과 솔직한 고통을 정직히 고백했습니다. 머리로는 하나님이 지키신 것을 알지만 마음에서 다르게 느낀다면 솔직한 심정을 아뢰는 것이 맞습니다. 그래야 하나님에 대한 오해도 풀릴 수 있습니다.

4. 원인인 거짓 생각에 말씀이 임하시다

사고 이후 한 달 이상 지난 아내가 아닌, 사고 난 차 안에서 두려워하는 아내에게 하나님이 말씀하시도록 기도했습니다. 늘 임마누엘 하시는 하나님은 주의 이름을 부르는 자들에게 신실하게 임재해 주십니다. 그리고 늘 말씀하시고 구원해 주십니다. 기도 후 하나님은 제 아내의 마음 깊은 곳 '죽을 것 같다'는 생각을 바꾸어 주셨습니다. 그리고 하나님이 아내를 안전하게 품고 계심을 경험시켜 주셨습니다. 말씀을 무의식에서부터 깨달은 아내는 생각이 완전히 바뀌었습니다. '죽을 것 같다'는 생각 자체는 뿌리가 뽑혀 나갔습니다. 할렐루야! 무의식의 상처가 치유된 것입니다!

저는 20여 년간 말씀 치유 사역을 하면서 이와 유사한 은혜를 참 많이 누렸습니다. 하나님의 말씀이 우리 무의식에 임하면 모든 거짓과 고통이 사라지며 정체성이 새로워집니다. 사고 난 기억 속에 '죽을 것 같다, 안전하지 않다'는 생각이 사라지고 '하나님 품에서 안전하다'는 생각을 가지게 되었습니다. 사고 난 차 안에서 두려워하는 아내가 아니라 안전함을 누리는 아내가 된 것입니다.

5. 부분적 치유와 회복

그런데 하나님이 치유하셨음에도 고통이 모두 사라진 것이 아니라 반 정도 남아 있음을 느꼈습니다. 왜 그럴까요? 사람의 마음 구조는 복잡합니다. 때로 양파 껍질 같습니다. 두려움이 사라지니 남아 있는 다른 부정적 감정, 절망감과 무기력감이 올라온 것입니다. 하지만 공포와 두려움이 너무 큰 나머지 절망감과 무기력감이 있는 줄 몰랐던 것이지요. 강렬한 두려움이 치유되니 그 옆에 함께 있었던 절망감, 무기력감이 그제야 느껴진 것입니다. 큰 돌을 빼고 나니 그 밑에 작은 돌이 보이는 것과 같습니다.

6. 두 번째 원인인 거짓 생각

공포를 유발하는 생각은 사라졌지만, 절망감과 무기력감을 유발하는 생각을 다뤄야 합니다. 남아 있는 절망감, 무기력감을 만들어 내는 생각을 찾아봤습니다. '앞으로 또 사고가 날 것이다, 다음 번 안전은 보장받을 수 없다'는 생각이 숨어 있었습니다. 이 생각 역시 하나님으로부터 온 진리가 아닙니다. 물론 사고가 또 날 수도 있습니다. 하지만 그 가능성을 감안한다면 그토록 절망감과 무기력에 빠질 이유가 없지요. 100%의 확률로 사고가 다시 난다는 생각은 거짓입니다. 그래서 우리는 다시 이 부정적 생각에 하나님의 진리가 임하도록 기도했습니다.

7. 다시 말씀으로 치유하시다

하나님께서 다시 진리를 보내셔서 '앞으로 사고가 또 날 수밖에 없다'는 생각을 제거해 주셨습니다. 절망감과 무기력감을 만드는 생각이 제거되니 다시 평안이 밀려옵니다. 기도 사역 전과는 너무나 다른 평안을 경험하는 것이지요.

보통 교통사고 같은 트라우마가 완전히 치유되면 사고 당시 상황에 대한 기억을 떠올려도 부정적 생각이나 정서를 느낄 수가 없습니다. 사고로 인한 부정적 생각이 사라지면 생각으로 인한 감정도 사라져서 그렇습니다. 아내의 기억과 경험 속에서도 하나님의 말씀으로 공포, 불안, 절망 등의 감정은 사라졌습니다. 이제 완전히 치유되었다면 아내는 교통사고를 떠올려도 평안해야 합니다.

8. 더 깊은 무의식적 세 번째 원인

치유를 점검하기 위해 사고 난 아내의 경험 속에서 부정적 감정이 남아 있는지 살펴보았습니다. 완전한 평안은 아니었습니다. 아직도 기억 속에 무기력이 남아 있었습니다. 그렇다면 또 다른 거짓 생각이 남아 있다는 것이지요. 아내와 저는 무기력감의 원인이 되는 생각을 다시 찾아봤습니다. 하나님께서 조명해 주셨고 진짜 원인이 결국 드러났습니다. 하나님은 어두움을 빛 가운데 드러내시는 분이십니다. 교통사고가 단순 교통사고로 끝나지 않고 외상후스트레스장애와 우울증으로 발전될 수밖에 없는 원인이 드러난 것입니다.

교통사고는 원인이라기보다는 유발 인자였습니다. 뿌리 깊은 진짜 원인은 어린 시절부터 있었던 거짓 생각이었습니다.

'혼자 해결해야 한다. 혼자 살아가야 한다. 나는 보호받지 못해 왔다.'

아내의 무의식 저 아래에 '나는 혼자'라는 생각이 있었음을 깨닫게 되었습니다. '고아'처럼 자라왔다는 핵심 정체성을 이루는 부정적 지이상이 있었던 것이지요. 아내는 장녀로 참 착하게 살아왔습니다. 혼자서 감당하기 어려운 일을 경험하며 참고 참았습니다.

당연히 아내는 고아가 아니었습니다. 부모님에게 늘 순종하는 누가 봐도 착실한 딸이었습니다. 장인, 장모님도 아내를 고아처럼 키우지 않으셨습니다. 당연히 무조건적인 사랑으로 키우셨습니다. 하지만 힘든 삶의 경험을 통해서 무의식에는 '고아' 같다는 거짓 생각이 자리 잡았던 것입니다. 아내는 이런 생각을 하고 살아왔는지도 전혀 몰랐습니다. 자기도 모르는 무의식적 생각이었으니까요.

교통사고가 나고 찌그러진 차 안에 갇혀 죽을지도 모른다는 생각을 했을 때, 문이 열리지 않고 아무도 도와주지 않는다는 생각이 올라왔을 때, 무의식 속의 '나는 고아같이 혼자'라는 생각이 오버랩되었습니다. 한 번의 자동차 사고이지만 차 안에 있는 무기력한 자신이 어릴 때 고아처럼 자란 자신을 재경험한 것이지요.

무의식에 묻혀 있어야 할 상처 난 아이가 의식으로 드러났습니다. 고아 같은 그 아이는 무의식 속에서 우울증으로 고통 당하고 외상으로 공포에 떨고 있었습니다. 무의식 속에 억압되어 있을 때는 잘 몰랐으나 교통사고로 인해 의식으로 튀어나왔으니 아내의 모든 마음 전체로 우울증과 외상후스트레스장애가 퍼져 나간 것입니다.

9. 완치를 허락하신 하나님

위의 첫 번째, 두 번째 거짓 생각도 고통스럽지만, 사실 마지막 생각이 가장 깊은 고통을 만들었습니다. 아내의 상실감과 고통과 비탄이 너무 컸습니다. 그동안 무의식 아래로 눌러둔 상처 입은 아이는 제대로 고통을 풀어 본 적도 없었습니다. 말할 수 없는 '고아'의 고통이 밀려왔습니다. 뿌리 깊은 영혼의 고통이 드러나니 영혼이 깨어지는 듯했습니다. 고통이 사라지게 해 달라고 기도했습니다. 신실한 하나님께서 절규하는 아이의 고통을 풀어내어 주시기 시작하십니다. 하나님도 같이 아파하셨음을 믿습니다.

우리는 원인이 되는 마지막 거짓 생각을 하나님 앞에 고백했습니다. 우리 힘으로 바꿀 수 없는 뿌리 깊은 거짓 자아상 안으로 하나님을 초청했습니다. 하나님께서 절망 가운데 있는 '고아'의 참아버지가 되시도록 기도했습니다. 하나님 아버지의 사랑과 진리가 임하도록 간구했습니다.

참 좋으신 아빠 아버지는 단 한 번도 우리의 기도를 거절한 석이 없으셨습니다. 하나님은 충만히 임재해 주셨고 아내가 깨달을 수 있도록 말씀해 주셨습니다. 사고 나기 전부터, 사고 현장에도, 그 후에도 아내를 품에 품고 계셨음을 온 마음으로 깨닫게 해 주셨습니다. 하나님은 아내뿐만 아니라 상대 운전자 또한 안전히 지켜 주셨음도 깨닫게 해 주셨습니다. 늘 혼자였고 보호받지 못하는 고아 같다는 생각을 제거해 주셨습니다. 아내를 늘 보호하시는 아버지 되심을 깨닫게 해 주셨습니다. 맞습니다. 하나님은 우리의 참아빠 아비지이십니다.

당연한 결과이지만, 거짓말처럼 두려움, 공포, 절망감, 무기력감이 사라졌습니다. 그리고 점차 증상은 사라지고 아내는 원래의 모습으로 회복되었습니다.

10. 완치 이후

이후 아내는 완전히 달라졌습니다. 더 이상 고아 같다는 생각은 없습니다. 혼자서 어린 자녀를 데리고 해외에도 잘 다녀왔습니다. 이 책을 쓰는 시점은 아내의 사고 이후 수년이 흐른 시점인데 운전을 해도 너무 잘합니다. 그리고 어제는 아내가 다시 확인해 줬습니다.

"그 사고를 떠올려도 아무 느낌 없어요."

아내는 교통사고라는 불필요한 외상을 입었지만, 하나님은 그 사고를 통해 아내에게 필요한 일을 행하셨습니다. 숨어 있었던 고아의 정체성을 뽑아내시고 하나님의 딸이라는 정체성을 심으신 것입니다. 그 사고가 없었더라면 무의식적 거짓 생각이 아직도 아내의 마음 깊이 자리 잡고 있을지도 모릅니다. 하나님께서 고의로 교통사고를 내신 것은 당연히 아닙니다. 하지만 모든 상처와 고통과 사망과 죄도 하나님의 손에서는 선하게 사용됩니다. 사단은 우리를 흔들기 위해 고통이나 고난을 주기도 합니다(욥 1장). 하나님은 최악의 상황도 생명의 재료로 사용하시니 우리는 모든 일에 할렐루야로 찬양할 수 있습니다. 그런 의미에서 교통사고는 감사의 이유입니다.

11. 그리고 성장하다

'외상 후 성장'이라는 개념이 있습니다. 외상을 입으면 장애로 남기도 하지만 성장할 수도 있다는 말입니다. 설령 교통사고가 또 난다고 해도 더 이상 고아라는 생각에 사로잡히지 않을 수 있습니다. 혹 죽음 앞에 서더라도 죽을까 두려워하기보다는 죽을 수 있는 담대함도 생기게 됩니다. 교통사고 자체가 감사한 것은 아니지만 전체적으로 하나님 앞에 더 감사하게 됩니다. 하나님의 선하신 손길 안에서 우리의 정체성은 어떤 상황에도 더 자랄 수 있습니다. 상처로 인해 마음이 깨어질 수 있지요. 그럼에도 말씀을 통과하면 깨어지기 전보다 더욱 단단하게 하나 된 마음으로 성장할 수 있습니다.

아내는 가슴 깊은 곳에 묻어 두었던 일들을 자연스럽게 밖으로 표현하는 힘이 생긴 것 같다고 합니다. 그리고 그전에는 자신이 누구인지, 자신의 상처가 무엇인지도 모르고 살아왔다면 이제는 자신을 더 알게 되었다고 합니다. 더 수용적으로 자신의 상처를 보게 되어 오히려 더 기도할 수 있다고 합니다.

12. 외상으로 영구 장애를 입은 분들

물론 여러 외상으로 영구 장애를 입으시거나 사망하시는 분들이 주변에 있습니다. 그 상처의 정도가 너무 크신 분에게 우리가 그 상실과 고통을 경솔히 이해한다고 해서도 안 될 것입니다. 같이 아파해 주고 옆에 있어 주고 공감해야 하지만 그마저 거절하시는 분이 있습니다.

기도하고 바랍니다. 그 상처를 압도하는 하나님의 진리와 사랑이 이분들의 상처를 재해석해 주시기를 간구합니다. 이런 장애가 수용될 정도로 무의식을 확장하는 것은 하나님이 하셔야 함을 믿습니다.

우리는 고통 앞에 무기력합니다. 우리 힘으로만은 이겨 낼 수 없습니다. 하나님께서 우리 가운데 사랑과 기쁨을 주셔서 함께 나누는 공동체가 필요합니다. 분명한 것은 하나님의 진리와 사랑이 공동체를 통해 나누어진다면 이겨 내지 못할 상처와 상실과 죽음은 없다는 것입니다. 하나님은 작은 상처는 쉽게 치유하시고 심각한 상처는 어려워하시는 분이 결코 아닙니다. 상처와 상실에 따라 시간과 과정은 다를 수 있습니다.

이 땅에서 장애와 사망을 안고 살아가지만, 그 상실과 비교되지 않게 채우시는 하나님을 찬양합니다. 모든 사망의 그림자를 천국의 생명으로 반전시키실 하나님을 기대합니다.

마음근육 키우는 방법

- 한 번에 한 문제씩 다루세요. 한꺼번에 마음의 고통을 전부 다룰 수는 없습니다. 하나님이 일깨워 주시는 문제부터 다루시길 권해 드립니다. 예를 들어 분노, 중독, 불안, 대인관계 회피의 문제가 있다면 이 중 분노부터 다루는 것이지요. 책에서 말씀드린 다양한 방법을 적용하면서 분노를 다루다 보면 문제가 줄어들게 됩니다. 현실적으로 받아들일 만큼 회복되었다면 그다음으로 불안을 다루기 시작하는 것입니다. 이렇게 순차적으로 다뤄 나가는 것이 효과적입니다.

- 시간이 지나도 정체성이 성장하지 않는다고 느껴진다면, 분명 치유의 요소 중 빠뜨린 부분이 있을 것입

니다. 혹시 회개하지 않은 죄가 있진 않나요? 용서하지 못하는 사람은 없는지요? 하나님이 원망스럽진 않으실까요? 필요하다면 상담을 통해 나의 문제를 객관화하시길 권해 드립니다.

º 무의식 내에 여러 원인이 누적되어 있다면 성장은 더딥니다. 상처 난 기억 한 가지 속에도 원인이 되는 거짓 생각이 많을 수 있습니다. 그런 경우 제 아내의 예처럼 겹겹이 숨어 있는 거짓 생각을 찾아내어 하나씩 제거하셔야 근원적 치유가 일어납니다.

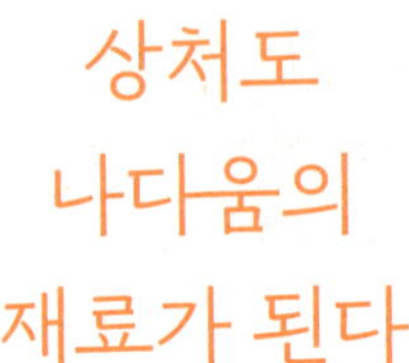

상처도
나다움의
재료가 된다

우리는 태어나서 평생 사랑을 받지만, 상처도 받을 수밖에 없습니다. 사실 상처는 나의 자아상에 구멍을 만들어 내가 누구인지 헷갈리게 합니다. 상처가 만든 왜곡의 눈으로 나를 보고, 타인을 보고, 세상을 보며 하나님도 오해하기 때문입니다.

전혀
쓸데없을 것 같은 상처

그래서 사단과 세상의 전략은 우리가 상처 받도록 하는 것입니다. 상처는 사랑과 진리가 부재한 모든 경험입니다. 거짓 경험이 상처가 되지요. 상처를 통해 거짓이 심기면 우리의 내면은 힘을 잃습니다. 사단은 알고 있습니다. 우리가 하나님의 자녀로 살아

가면 갈수록 자신들이 오히려 힘을 잃는다는 것을요. 그래서 어떻게든 상처를 통해 내가 나를 오해하게 만들려고 합니다. 상처를 통해 내가 하나님을 곡해하도록 하는 것입니다.

상처 자체는 좋은 것이 결코 아닙니다. 상처를 받으면 많은 경우 죄의 열매가 드러나기 때문입니다. 중독이라는 열매로 고통이 생길 수 있습니다. 다른 사람을 공격하며 상처를 주기도 합니다. 상처를 처리하지 못해 우울증에 빠질 수도 있습니다.

평소에 온유해 보이는 분이 운전 중에 갑자기 분노를 폭발하는 것을 본 적이 있으신지요? 왜 분노를 표출하는 걸까요? 분노의 원인이 무의식에 있는 상처이기 때문입니다. 그리고 그 상처는 인격의 연속성에 흠을 내지요. 그래서 마치 다중인격처럼 전혀 다른 인격적 모습으로 드러날 수 있습니다. 여러 의미에서 상처는 사망의 기운으로 가득 찬 곳입니다. 사실 상처는 완전한 사망이자 어둠이고 고통입니다.

그런데 전혀 쓸데없을 것 같은 상처에도 긍정적 비밀이 숨겨져 있는 것 아시는지요?

상처에는 나다움의 힌트가 숨어 있습니다

상처 속에 나다움에 대한 힌트가 숨어 있습니다. 사람마다 자기에게 유독 고통스러운 상처가 다를 수 있습니다. 어떤 사람은 말한 마디에 상처를 입습니다. 또 다른 사람은 목적 달성에 실패하면 상처를 입습니다. 어떤 사람은 교통사고와 같은 위험한 경험이 상처가 되지만 그러한 경험에 전혀 상처를 입지 않는 분들도 있습니다. 어떤 사람은 사람들의 평가가 상처가 되지만 또 어떤 사람은 타인의 평가에 무관심합니다. 사람마다 다른 성향을 가지고 있기 때문입니다. 성향에 따라 특정 상처를 잘 받거나 혹은 덜 받습니다. 성향 혹은 기질이 관계적인 사람은 작은 관계적 제스처에도 민감하게 반응하는 능력이 있으며 관계를 맺을 때 행복해합니다. 사람의 표정을 잘 읽고 동정심도 잘 베풀 수 있습니다. 관계가 소중하기에 부드러운 말을 쓰거나 가능한 예의 바르게 행동합니다. 그래서 타인에게도 유사한 인정과 배려를 원합니다. 혹 누군가가 나를 무례하게 대하거나 무시한다면 상처를 훨씬 더 크게 느낍니다.

상처에는
나의 탁월함이 숨어 있습니다

반면 관계보다는 일이 더 끌리는 분들도 있습니다. 이런 분들은 관계할 때보다 일할 때 더 활발하고 행복해합니다. 시간 가는 줄 모르고 일에 몰입하지요. 어떤 업적을 잘 이뤄 가길 원하시는 분들이며 대체로 계획적이고 아이디어를 잘 냅니다. 이런 분들은 자신의 목적을 설정하고 노력하며 성취하고자 합니다. 만약 어떤 목표를 정하고 달려가다 좌절한다면 상처가 될 수 있습니다. 예컨대 대학 진학에 실패하면 자신을 더 비난하며 열등감에 휩싸일 수 있습니다. 사람들의 시선에는 그리 상처가 되지 않으나 성과를 내지 못하면 고통스럽지요.

혹시 이 글을 읽는 분 중에도 어린 시절부터 상처를 겪은 분들이 있을 것입니다. 그 일이 상처가 되었다는 것은 그 일을 더 잘할 수 있는 성향을 가지고 있다는 의미입니다. 뭔가를 잘못해서 상처가 되었다기보다 그 일에 더 섬세한 감각이 있어서입니다. 그래서 부정적 자극에 상처도 더 입는 것이지요.

좌절을 겪었던 분야는 여러분의 강점을 발휘할 분야입니다. 관계적 상처가 많으십니까? 여러분은 관계를 잘할 수 있는 섬세함과 소질을 타고났을 확률이 대단히 높습니다. 다만 상처 입었을 당시는 힘이 없었을 것입니다. 관계적 힘이 없을 때 부정적 경험은 상처가 되지요. 이후 장성해서 관계적 힘을 가진다면 타고난 관계적 성향과 함께 탁월한 삶을 살 수 있습니다.

일이 잘 안 풀릴 때 누구보다 더 괴로워하십니까? 일에 대한 감수성과 판단력 및 장악력이 좋을 확률이 높습니다. 그러니 일이 잘 풀리는 것을 누구보다 더 기대하고 바라실 것입니다. 그런데 일에 좌절을 겪으니 얼마나 더 고통스러우시겠습니까?

교통사고와 같은 위험을 겪은 후 외상후스트레스장애 증상으로 힘드십니까? 감각적으로 섬세하고 탁월해서 남들보다 감각 능력이 높다는 의미가 됩니다. 그러니 같은 사고에도 훨씬 더 위험을 지각하고 부정적 촉각을 더 생생하게 경험하는 것입니다. 이런 분들은 섬세한 감각이 필요한 모든 일에 최적인 분들입니다.

평소 걱정이 많아서 남들보다 더 불안해하십니까? 과거 상처를 통해 현재도 불안한 생각을 많이 하십니까? 그렇다면 여러분은 생각의 탁월성을 누릴 수 있는 분이십니다. 생각을 잘하는 분은 부정적 생각도 많이 하니 걱정이 많은 것이지요. 걱정도 상상력이라는 말을 들은 적이 있습니다. 다만 부정적 상상력이니 고통스럽지요. 하지만 하나님께서 주신 사고적 분량과 소질이 충만한 것은 맞다고 생각합니다.

대중 앞에서 불안해지십니까? 대중 앞에 불안한 분은 다 그런 것은 아니지만, 외적 상황 파악에 탁월할 가능성이 높습니다. 외부의 자극이 눈에 잘 들어오니 부정적 자극도 더 잘 느껴져 불안해지는 것입니다. 외부 사람을 만나고 외향적인 일을 처리하는 능력이 좋은 분일 수 있습니다. 물론 내향적 성향의 분들도 대중 앞에서 불안해지기 쉬울 수 있습니다. 내향적인 분은 외부 세계가 약점일 수 있어서 그렇습니다. 그렇다면 내면세계가 탁월할 가능성이 높습니다.

이런 상처는 이제 하나님을 만나야 합니다. 상처를 그대로 두면 평생 나의 장점을 사용하지 못할 수 있습니다. 받은 달란트를 두려워서 땅에 묻어 두는 것이지요. 상처를 통해 자신을 바라보며 거짓에 속지 않기를 바랍니다. 사단과 세상은 상처의 덫을 놓지만, 하나님은 오히려 그 상처를 이용하셔서 생명을 이루십니다.

상처 입은 내 모습이 말씀 안에서 회복되면 그제야 내가 누구인지 명확히 보입니다. 내가 얼마나 관계를 잘하는지, 내가 얼마나 사고력이 탁월한지, 내가 얼마나 목적 지향적인 사람인지, 내가 얼마나 감각적으로 탁월한 사람인지, 내가 얼마나 내면이 깊은 사람인지, 얼마나 외부의 일을 능숙하게 잘 처리하는지 명확해집니다. 상처가 있는 부분은 나의 강점 영역이므로 회복되면 훨씬 너 탁월해집니다.

상처가 주는 왜곡은 말씀이 주시는 진리를 통해 완전한 반전을 이룰 수 있습니다. 상처가 위축시키는 내 안의 생각을 말씀에 비춰 보시면 좋겠습니다. 상처가 변해 기쁨이 됩니다. 저는 상처에 하나님의 복음이 임하면 더 큰 생명을 경험하는 경우를 많이 목격했습니다. 정체성을 잃게 만드는 세상의 전략이 수포로 돌아가고 오히려 정체성이 건강해지는 사건 말입니다. 큰 고통일수록 회복되면 큰 기쁨이 되는 역전의 비밀이 복음 안에 있습니다. 비약일 수 있지만 세상과 죄는 예수님을 죽였어도 예수님은 오히려 부활과 생명으로 구원의 역사를 이뤄 가시니 말입니다.

부모로부터 버림받은 것만큼 고통스러운 상처는 없을 듯합니다. 다윗은 부모에게 버림받은 상처보다 그를 영접하시는 하나님께 수용받은 회복을 고백합니다. 상처를 통과한 사람은 하나님 안에서 내가 누구인지를 깊이 깨닫는 은혜를 누릴 수 있습니다. 슬픔이 변해 기쁨이 되는 기적을 누립니다. 다윗의 고백이 우리의 고백이 되길 기도합니다.

내 부모는 나를 버렸으나 여호와는 나를 영접하시리이다(시 27:10).

제 이야기이기도 합니다

30대 후반까지 강의를 할 수 없었습니다. 제가 강의를 한다는 것 자체가 부끄럽고 받아들일 수 없었습니다. 사람 앞에서 뭔가를 발표하는 일은 하고 싶지 않았습니다. 사람들의 반응이 부정적으로 상상되니 늘 실수할 것 같고 잘 못할 것 같았습니다. 30대 후반에 치유 사역을 시작하면서 떠밀려 강의를 맡았습니다. 강의하지 않겠다고 거절했으나 어쩔 수 없이 하게 된 것이지요. 제 강의를 본 아내가 한참을 웃었습니다. 강의도 너무 못하지만 단어 선택도 부적절했던 것입니다. 대중 앞에 위축되고 떨고 있는 저를 발견했습니다. 저도 그런 제가 부끄러웠습니다.

외향적이고 감정적인 제 기질에 상처가 있었습니다. 하나님은 외부 세계와 사람에 대한 감수성을 제 기질에 심어 주셨습니다. 외부 사람에 대한 감각이 섬세했기에 그 영역에서 그만큼 상처도 잘 받았습니다. 만약 상처 없이 하나님이 주신 내 모습 그대로 발달시켜 왔다면 대중 강연은 신나는 일이었을 것입니다. 하지만 어린 시절 특정 상처를 통해 외향 기질과 감정 기질이 위축되어 버리니 제가 가장 자신 있어야 할 영역이 가장 고통스러운 영역이 된 것입니다.

그런데 강의를 하면 할수록 강의 실력이 빠르게 성장했습니다. 급격하게 강의의 매력에 깊이 빠지게 되었습니다. 사실 지금은 강의하는 것 자체를 무척 사랑하고 즐겨 합니다. 강의를 하면 오히려 힘이 솟으며 기분도 좋아지고 행복해집니다. 나중에 알고 보니 대중 강연이 제 타고난 기질과 부합하는 활동이었습니다. 왜 이렇게 빨리 실력이 성장하는지, 내가 왜 강의를 통해 힘을 얻는지 알게 된 것이지요. 강의는 제게 하나님이 주신 참자기를 사용하는 활동입니다. 사단과 세상은 상처를 줘서라도 하나님이 부르신 길을 막으려 했을지 모릅니다. 하지만 그 상처로 인해서 오히려 제가 누구인지 더 확실히 깨닫습니다. 상처를 통과하면 기쁨은 더 커집니다.

이제는 미국이든 캐나다든 호주든 어디든 강의 요청이 들어오면 장기 휴진을 하더라도 병원 문을 닫고 달려갑니다. 태초에 외향, 감정, 신념의 기질을 주신 하나님은 하나님의 의도답게 저를 사용하고 계십니다. 비록 상처로 인해 제 달란트를 40대부터 사용하게 되었지만 늦어도 문제없습니다. 하루라도 나답게 살고 나답게 하나님을 만나고 나답게 사역할 수 있다면 그 한 날이 다른 곳에서의 천 날보다 낫습니다(시 84:10).

- 내가 받은 상처의 긍정적 측면을 생각해 보세요. 상처 자체는 100% 부정적인 것이지만 상처로 인해 얻을 수 있는 요소들이 있습니다.

- 떠올리기 고통스러운 과거의 상처는 곧 기쁨의 근원이 될 것입니다. 고통스럽지만 상담, 치유 사역, 제자 훈련 등을 통해 다루시면 좋겠습니다('무의식이 회복되는 25가지 방법' 참고).

- 상처로 인해 가장 위축되고 자신 없는 삶의 영역이 있다면 오히려 나의 타고난 강점 영역일 수 있습니다. 도전해 보시면 좋겠습니다.

말씀으로
마음의 근원
치유하기

또 새 영을 너희 속에 두고 새 마음을 너희에게 주되 너희 육신에 서 굳은 마음을 제거하고 부드러운 마음을 줄 것이며(겔 36:26).

근원적 치유가
쉽시 않은 이유

정신 건강이든 신체적 건강이든 근원적 회복을 말하기는 참 어 려운 것 같습니다. 왜냐하면 질병이나 심리적 고통의 근원이나 원인의 실체를 파악해 내는 것이 그리 간단하지 않기 때문입니 다. 확실한 것은 원인적 요소의 비중은 현재보다는 과거가 더 크 다는 점입니다. 그래서 어린 시절부터 긍정적 경험이 많고 비교 적 안정적으로 살아온 분들은 커서도 비교적 건강한 내면을 가지게 되지만 그 반대로 부정적 경험으로 고통 가운데 성장했다면 커서도 정서적으로 힘든 삶을 살 확률이 높지요.

과거에 만들어진 고통의 원인은 그래서 찾기도, 접근하기도 더 어렵습니다. 그리고 보통 이런 원인은 충분히 깨닫거나 인지하기 어려운 상태로 왜곡되어 저장되어 있습니다. 저장된 장소도 보통은 무의식 저 아래, 마음의 심연에 우리도 알기 어려운 형태로 숨어 있지요.

게다가 유전적 요소라든지 뇌(brain)의 기질적 문제라든지 다양한 요소가 결합되어 원인을 이뤄 가니 갈수록 복잡해지지요. 그런 의미에서 사람의 마음을 들여다보고 진단하고 해결책을 제시하는 것이 제일 어려운 일 중 하나일 것입니다.

심리학이나 정신의학에서는 오랜 세월 원인적 요소를 진단하고 치료하는 여러 심리적 기법들이 발전되어 왔습니다. 여러 정신분석적, 심리치료적 상담 및 요법들을 사용해서 다양한 각도로 접근하는 것이 중요합니다. 정신의학적 약물 치료도 원인적 요소를 치료하는 데 상당히 유용하고 필요한 치료법입니다. 이 모든 치료적 접근이 신앙에 위배되거나 하나님의 창조 섭리에 어긋나지만 않는다면 통합적으로 사용할 수 있습니다.

하지만 모든 치료적 접근에는 분명히 한계가 있습니다. 아무리 좋은 진단 및 치료적 접근도 각각 장점과 단점이 있기 마련입니다. 물론 모든 치료 기법은 각각의 의미와 효과가 분명히 있습니다. 그리고 일반 은총으로 심리상담 치료적 기법을 주신 분은

하나님이시라고 믿습니다. 그럼에도 불구하고 정신질환의 깊고
복잡한 원인을 마음속 무의식으로부터 제거해서 근원적으로 완
치되기에는 대부분의 치료 기법은 분명 한계가 있습니다. 왜냐
하면 모든 심리적 고통이나 정신적 질병의 근원을 완치하는 일은
사람의 영역이 아니라 하나님의 영역이기 때문입니다.

고통의 근원을 치유하는 성경적 진리

우리 마음은 지, 정, 의뿐만 아니라 영(spirit)으로 구성되어 있습
니다. 일반적 심리학이나 정신치료에서는 지, 정, 의를 주로 다
룹니다. 물론 최근에는 정신치료나 상담에서 영적인 접근을 치
료에 포함해 진행하고 있습니다. 하지만 일반 심리학에서 말하
는 영적인 접근은 기독교적 관점에서 보면 '하나님에 대해 죽은
영'을 다루는 것이지요. 사실 영은 주님으로 인해 살아 있을 때
진정한 가치와 의미가 있습니다. 죽은 영은 근원적 치유(하나님의
생명이 필수적)에 이르는데 필요한 역할을 감당하지 못하기 때문입
니다.

　물론 기존 방법으로 심리적 완치를 어느 정도 경험할 수 있습
니다. 하지만 영적인 영역을 포함한 전인격적인 치유는 복음을
제외하고는 불가능한 것입니다. 영적인 세계를 배제하고 접근할

수는 없다는 뜻입니다. 애초에 사람은 영(생기)으로 만들어진 존재이고 영을 포함해서 정신적 회복이 다 같이 일어나야만 사람은 사람다워집니다. 물론 예수님을 믿지 않는 분도 여러 치료를 통해 회복과 호전을 경험하며 행복한 삶을 살 수 있습니다. 그렇다 하더라도 살아 있는 영을 포함한 진정한 전인적 치유는 어려운 것이 사실입니다.

단순 정신적 차원의 회복도 중요하다고 생각하지만, 복음의 부요함을 깨달은 이상 치료에 더 큰 욕심을 가지게 되었습니다. 환자분의 우울증이 겨우 호전되는 정도가 아니라 영혼의 기쁨이 충만한 상태로 회복되길 원합니다. 트라우마로 인해 고통받다 여러 치료로 일상에 복귀하는 것도 매우 값진 일이나 그 트라우마를 넘어 하나님의 사랑으로 더 깊은 성숙으로 온전하게 회복되길 원하는 것이지요.

어떤 정신질환이든 그 질환의 원인, 근원이 있다면 쓴 뿌리를 빛 가운데 드러내 완전히 뽑아낼 수 있고, 진리와 사랑이 무의식에 심기는 일이 풍성히 일어날 수 있습니다. 무의식 자체가 뒤집혀 어둠이 아닌 빛으로 가득한 내적 상태가 되는 것이 우리를 향한 하나님의 뜻이며 간절한 열망이라고 믿습니다.

내면의 무의식적 원인이 완치되는 복음적 비밀은 하나님의 '사랑과 진리'입니다. 사랑과 진리는 나눌 수 없는 예수님의 인격적 상태이지만 설명을 위해 구분해서 말씀드리겠습니다. 하나님은 사랑과 진리로 우리를 키워가십니다. 하나님의 사랑이 고통

의 근원에 임해 치유되는 예는 '상처는 거짓을 믿게 하지만' 편에
서 설명드렸습니다. 이번 장에서는 진리로 인해 우리 내면의 근
원이 회복되는 경우를 말씀드려 보겠습니다. 진리를 통해서 육
신의 생각이 영의 생각으로 회복되는 경우입니다. 삶 가운데 적
용해 보시면 좋겠습니다.

진리가 생각의 형태로 내면화되어야 합니다

진리는 인격이시므로 영, 혼, 육을 다 치유하십니다. 그러나 진
리는 지, 정, 의 등 자아를 나타내는 혼과 그 구조 중 하나인 생
각에 더 맞닿아 있습니다. 진리가 생각 자체는 아닙니다. 진리는
인격이므로 지, 정, 의가 다 포함되지요. 진리가 영을 통해 우리
마음에 임할 때 혼의 구조 중 생각이 그 진리를 깨닫게 됩니다.
그리고 그 영적 진리로 인해 인간적 생각은 하나님의 생각으로
변화됩니다.
　사람의 마음은, 생각이 감정을 만들고 감정은 행동을 유도하
도록 작동합니다. 물론 그 반대도 가능합니다. 성경은 마음을 새
롭게 함으로 변화를 받으라고 말씀하십니다. 이때 마음은 생각
의 형태를 의미합니다. 생각이 새로워질 때 삶이 변화되는 것이
우리 몸속에 저장된 하나님의 창조 섭리입니다. 그렇기에 진리가

생각의 형태로 내면화되는 것이 중요합니다. 생각이 전부는 아니지만 생각의 비중은 마음 전체 중 핵심에 해당됩니다. 하나님의 창조 섭리를 방증하듯 우리 뇌에서 감정이 아닌 생각을 담당하는 영역이 뇌의 최고경영자(CEO)입니다. 그래서 생각이 변화되지 않으면 감정이 변화되지 않고 행동 또한 변할 수 없습니다.

이번 장에서는 성경적 원리에 기반해서 생각을 회복하는 과정을 살펴봅니다. 실제로 회개를 뜻하는 헬라어 '메타노이아'는 행동의 변화, 감정의 변화를 포함한 그 아래 핵심이 되는 생각의 변화까지 일어나는 것을 의미합니다. 진정한 변화는 생각을 바꾸는 것을 포함합니다. 거짓 생각이 진리로 바뀔 때 진정한 회개가 일어납니다.

거짓 생각을 뿌리 뽑아야 치유가 완성됩니다

치유 집회나 부흥회에서 감정이 고양되었다가 그 감정이 오래 가지 않고 금방 사라질 때가 있습니다. 예를 들어 직장을 갑자기 잃은 한 가장이 불안을 느끼고 불안한 마음을 극복하기 위해 부흥회에 참석합니다. 은혜를 경험한 후 마음이 한결 가볍고 기분 좋은 상태로 일상으로 돌아갑니다. 이대로 평안을 누리면 불안이 말씀으로 해결된 것이겠지요. 그런데 이 가장은 이틀 뒤부터 다시 불안해집니다.

여러분도 비슷한 상황에서 불안이 재발하는 경험이 있었을 것입니다. 이 가장이 하나님의 은혜를 가짜로 경험했다는 의미일까요? 어쩌면 은혜를 통해 감정적 카타르시스는 경험했으나 불안을 유발하는 뿌리까지 치유받지 못했다는 뜻일 수 있습니다. 이 뿌리는 불안을 유발하는 생각, 보통은 진리가 아닌 거짓 생각이며 이 뿌리가 제거되어야 비로소 불안이 근원적으로 사라지게 됩니다.

평생 이 가장의 무의식 아래에는 본인도 모르는 '거짓 생각'이 도사리고 있었을 것입니다. '생계는 내가 책임져야 해'라는 생각이 무의식 속에 있었다면 직장을 잃은 사건은 이 무의식적 생각을 자극해 가장을 불안하게 만듭니다. '생계는 내가 책임져야 한다'는 생각은 하나님 입장에서는 진리가 아닌 거짓말입니다(마 6:31-33). 거짓 생각은 불안을 유발할 수밖에 없습니다. 하지만 그 생각 말고 '생계는 하나님이 책임지신다'라는 생각이 마음 깊은 곳에 믿음으로 자리 잡고 있었다면 직장을 잃는다 할지라도 불안하지 않습니다.

바로 이 거짓 생각을 뽑아내어야 불안의 근원이 사라지고 치유가 완성됩니다. 만약 부정적 감정을 만드는 근원적 거짓 생각을 그대로 둔다면 뿌리가 살아 있으므로 평생 부정적 감정과 그로 인한 육체의 부정적 열매가 삶 가운데 드러나 늘 불안에 시달릴 수밖에 없을 것입니다.

거짓 생각이
잘 제거되지 않는 이유

거짓 생각이 한 번 내면에 자리를 잡으면 참 질기고 잘 제거되지 않습니다. 강력한 거짓 생각은 의식이 아닌 무의식 저 아래에 깊이 심겨 있어서입니다. 뿌리가 깊다는 의미입니다. 그 외 거짓 생각을 제거하기 힘든 몇 가지 이유가 또 있습니다.

첫째, 거짓 생각은 무의식 속에 숨겨져 있어서 의식으로 잘 드러나지 않습니다. 그래서 그런 거짓 생각이 있다는 것을 아예 모를 수 있습니다.

둘째, 나도 그 무의식적 거짓말에 속고 있어서입니다. 무의식 저 아래의 거짓 생각은 믿음의 형태로 내재되어 있어서 그 생각을 내 인격처럼 느끼고 믿습니다. 그러니 잘못되었다고 판단하기 힘든 것이지요. 거짓 생각을 마치 진리로 착각하고 받아들이고 있습니다.

셋째, 거짓은 빛을 싫어해서 빛 가운데 드러나기를 거부합니다. 어떻게든 거짓된 내 마음은 그 거짓을 바꾸기 싫어해서 마음의 심연으로 도망가기 일쑤입니다.

진리의 말씀으로
거짓 생각 치유하기

그러면 강력한 무의식적 거짓 생각은 치유가 불가능할까요? 그렇지 않습니다. 말씀의 힘이 압도적으로 더 강력하십니다. 그리고 감사한 것은 우리가 평소 경험하는 부정적 감정이 무의식의 거짓 생각으로 가는 지름길이며 이 감정을 통해 무의식 저 아래 뿌리에 해당하는 거짓 생각을 찾아 제거할 수 있다는 점입니다. 그리고 그렇게 변화되도록 우리에게 허락한 하나님의 대표적인 방법이 바로 묵상입니다.

묵상은 다들 하실 것입니다. 보통은 조용한 시간을 내어 마음을 고요한 상태로 정돈하여 다른 것에 방해받지 않고 말씀에 집중하지요. 여기서 더 나아가 고요한 상태가 아닌, 부정적 감정을 느낀 직후에도 묵상해 보시길 권해 드립니다. 많은 경우 부정적 감정은 그 감정을 만드는 무의식적 쓴 뿌리가 있다는 증거입니다. 여기서 부정적 감정을 만드는 무의식적 원인은 '생각'의 형태로 저장된 내적 신념에 해당된다고 말씀드렸습니다.

소위 '뚜껑 열렸을 때', '부정적 정서를 느낄 때', '폭발하거나 우울할 때', '외롭거나 공허할 때'는 평소 고요한 상태에서는 결코 찾을 수 없는, 무의식의 원인적 요소가 의식으로 드러난 때이지요. 평소 숨어 있던 원인에 접근할 절호의 기회입니다.

그럴 때 부정적 감정을 만드는 생각을 찾으시면 됩니다. 그리고 바로 이 부정적 생각이 과연 하나님의 진리와 일치하는지 묵상하는 것이지요. 이 생각이 말씀과 대비해 거짓된 생각이라면 이 생각은 늘 뿌리가 될 것이고, 우리는 삶에 부정적 감정과 그로 인한 육체의 열매를 맺게 됩니다. 성경적 원리를 통해 본다면 생각은 진리로 채워야 할 근원적 영역입니다. 묵상은 하나님을 인격적으로 우리 마음에 초청하는 것입니다. 하나님은 인격적으로 임재하셔서 부정적 생각뿐만 아니라 그로 인한 감정과 육체의 열매를 뿌리째 뽑아내십니다. 오직 하나님의 임재만이 마음의 근원을 회복하십니다. 우리가 할 일은 고통의 근원이 되는 영역을 주님 앞에 올려 드리는 것이지요.

물론 부정적 감정이 올라올 때 그 부정적 감정을 유발하는 무의식적 생각을 찾는 것이 쉽지 않습니다. 우리는 부정적 감정 뒤에 있는 무의식적 생각이 무엇인지 사실 생각해 본 적이 별로 없습니다. 그래서 처음에는 개인적으로 영적 훈련을 하거나 타인의 도움을 받는 것이 필요합니다. 그렇게 찾은 생각을 말씀으로 새롭게 함은 일반 심리학의 인지행동치료에서처럼 단순히 부정적 생각을 조금 더 적응적이고 좋은 생각으로 바꾸는 것과 다릅니다. 죽어 있던 생각에 영적 생기를 불어넣어 하나님을 경외하는 진리의 생각으로 바꾸는 것입니다(transformation). 하나님의 영적 진리와 은혜가 우리 마음 깊은 곳의 죽어 있는 생각을 변화시킬 때 원인과 무관하게 근원적 치유가 일어납니다. 마음을 창조하신 하나님의 말씀이 죽어 있는 우리 마음 근원에 임할 때 완전한 재창조가 일어나고 나사로가 살아난 것처럼 죽어 있던 마음이 새롭게 부활할 것입니다. 하나님은 당신이 심지 않은 모든 것을 뽑아내시는 분이십니다.

정신질환의 근원을 밝히긴 어려울 수 있습니다. 그러나 그 근원을 완치하는 하나님 말씀의 능력은 누구나 경험할 수 있습니다. 오늘도 부정적 감정을 일으키는 사건을 경험한다면 그 감정을 만드는 부정적이고 거짓된 생각을 찾아보시고 그 생각에 하나님을 초청하셔서 진리를 깨닫길 기도합니다. 묵상, 예배, 설교, 기도, 찬양 등 하나님을 만나는 모든 시간을 통해 무의식 저 아래에서부터 근원적 치유를 경험하시길 기도합니다.

。　제 이야기이기도 합니다.

오래전 어린 아들과 함께 워터파크에서 시간을 보내다 일어난 일입니다. 걸어가다 미끄러져서 머리를 심하게 다쳤습니다. 다행히 골절은 없었으나 열상이 깊고 출혈이 매우 심해 온몸과 옷이 붉은 피로 범벅이 되었습니다. (나중에 제 동료 신경외과 의사들이 제 상처를 보고 1cm 차이로 목숨을 잃을 뻔한 큰 사고를 면한 것이라며 천만다행이라 말해 주었지요.) 아들은 심하게 놀랐고 저는 급히 응급실로 향했습니다. 그 순간 제 마음은 부정적 감정으로 가득 찼습니다. 워터파크 측의 부실한 대처에 분노했고 왜 내게 이런 일이 일어났는지 복잡한 심경이 들었습니다. 한 번 부정적 생각이 올라오면 온갖 부정적 생각이 도미노처럼 밀려오기 마련입니다. 최우선으로 사고를 제 생각으로 해석하지 않고 하나님의 마음으로 해석해야 합니다. 만약 인간의 생각에 머문다면 그날 하루를 망치게 되지요. 그뿐만 아니라 제 인생에 이 사건은 최악의 기억 중 하나로 남을 것이 뻔하지요.

그 순간 저는 감사하기로 작정하고 감사 제목을 찾기 시작했습니다. 부정적 감정에 머물지 않고 긍정적 감정으로 회복하기 위한 방법이지요. 감사는 하나님의 임재를 느끼고 진리를 깨달을 수 있는 훌륭한 시작이기도 합니다.

감사를 드리니 하나님께서 하나님의 생각을 주셨습니다. 두 가지 감사한 생각을 받았습니다. 한 가지는 제 아들이 아니라 제가 다친 것이 참으로 감사했고, 또 한 가지는 그날 수천 명의 사람 중에 저 혼자 다쳐서 감사하다는 마음도 들었습니다. 이런 감사 거리가 찾아지니 감사한 마음이 제 마음을 가득 채웠습니다. 오랜 시간이 지났지만 지금도 그날을 떠올리면 부정적 마음이 아닌 감사만 느껴집니다. 머리를 다친 그날이 제 인생에 가장 행복감을 느낀 날 중 하나라면 믿으실 수 있겠는지요? 간간히 감사를 느끼고 싶을 때 이날을 떠올리면서 감사를 재충전하기도 합니다.

('무의식이 회복되는 25가지 방법' 중 4번 참고)

° 오늘 부정적 감정을 느낀 상황을 떠올려 보세요.

° 부정적 감정 바로 직전에 떠오른 거짓 생각(혹은 부정적 이미지)을 찾아보세요.

° 이 생각이 적절하고 건강한 해석인지 논리적으로 따져 보세요.

° 거짓 생각을 벗어나 상황에 맞는 하나님의 말씀을 찾아 읽거나 묵상해 보세요.

내가
누구인지 믿어지는
은혜

믿음의 결국 곧 영혼의 구원을 받음이라(벧전 1:9).

나의 정체성 깊은 곳에는 생각이 있습니다. 이 생각은 무의식의 뿌리와도 같습니다. 이 생각이 진리에 기반한 생각인지 거짓에 기반한 생각인지에 따라 자아상이 결정됩니다. 무의식적 자아상의 핵심은 생각입니다. 물론 무의식에는 생각이라는 형태가 존재하지 않습니다. 하지만 무의식을 회복시킬 때는 생각이라는 의식적 차원의 형태로 변형해서 치유하는 것이 매우 효과적입니다. 상처도 마찬가지입니다. 상처를 경험하면 생각의 형태로 신념이 만들어진다고 말씀드렸습니다. 그리고 무의식으로 억압됩니다. 상처 역시 그 속에 심긴 핵심 생각을 찾아서 진리로 바꾸는 작업이 필요합니다. 이전 장에서 감정만 다루는 것은 근원적 치유가 아니라고 말씀드렸습니다.

치유되면
완전히 달라진 나만 남습니다

생각이 치유되면 이전에 믿고 있었던 거짓 생각을 다시 믿으려 해도 더 이상 믿어지지 않습니다. 새로워진 생각만 전심으로 믿어집니다.

10년이 넘는 시간 동안 성적 학대로 고통 가운데 지내셨던 내담자의 이야기 기억나시죠? '나는 더러워', '내 인생은 끝났어' 등의 거짓 생각을 하나님의 말씀으로 제거한 후 자유를 얻으셨지요. 이분은 이후 그 거짓 생각을 믿으려 해도 더 이상 믿어지지 않았습니다. 무의식 저 아래부터 생각이 새로워졌으므로 자신을 더럽게 볼 수도 없고 자기 인생이 불행해 보이지도 않게 된 것입니다. 자신과 인생을 바라보는 생각 체계가 완전히 변화되어 이제는 사랑과 진리의 눈으로 자신을 볼 수밖에 없습니다.

교통사고로 우울증과 외상후스드레스징애로 고통 받았던 제 아내도 마찬가지입니다. 아내 역시 하나님의 레마의 말씀으로 '고아 같다'는 생각 자체가 전부 뽑혔습니다. 이후 아무리 노력해도 '나는 고아 같다'는 생각 자체가 들지 않게 되었습니다. 또 이 생각을 떠올려도 아무런 느낌이 없었습니다. 더 이상 자신의 이야기가 아니기 때문입니다.

제가 5-6세 때 받은 상처를 통해 심긴 거짓말도 기억이 나실 겁니다. '나는 흠이 있는 존재'라는 생각과 '사람들은 날 비웃을 것이다’는 생각 자체가 뿌리 뽑혔습니다. 오히려 하나님께 사랑받는 존재라는 생각, 하나님께서 날 향해 활짝 웃고 계시다는 생각만 믿어졌습니다. 아무리 ‘나는 흠이 있어! 흠이 있다니까!’라고 믿으려 애써도 도저히 믿어지지 않습니다.

뇌과학적으로도 설명드릴 수 있습니다. 뇌는 이성적 기능을 주로 담당하는 곳과 경험적 기능을 담당하는 곳으로 각각 역할이 어느 정도 나뉘어 있습니다. 죄는 뇌 구조 간의 연합도 깨뜨린다고 말씀드렸습니다. 뇌 구조 간 연합을 이루지 못한 상태, 즉 분열이 심할수록 온 마음을 다하는 믿음 체계는 불가능합니다. 이성적 기능을 담당하는 뇌와 경험적 기능을 담당하는 뇌뿐만 아니라 다양한 뇌 구조가 서로 소통하고 연합하여 적절한 질서가 만들어지면 완전한 믿음 체계가 형성됩니다.

그런 의미에서 믿음은 나의 뇌가 연합된 상태에서 나오는 열매입니다. 말씀으로 하나 되면 하나님에 대한 믿음이, 생기고 거짓으로 하나 되면 소시오패스가 될 수 있습니다. 뇌 구조를 하나 되게 만들 수 있는 가장 위대하고 명확하며 유일한 것이 바로 하나님의 말씀입니다. 말씀이 뇌에 임하면 뇌가 치유됩니다. 뇌가 치유될수록 자신과 하나님에 대한 건강한 믿음 체계가 완성됩니다. 결과적으로 ‘믿어지는 은혜’를 누리게 되는 것입니다.

이렇게 나에 대한 진리가 믿어지고 나면 그 전의 지옥과 같은 상태를 벗어나 천국을 누리게 됩니다. 거짓이 믿어질 때의 고통과 진리가 믿어질 때의 기쁨은 땅과 하늘 차이, 지옥과 천국 차이 이상입니다.

하나님의 말씀이 임해 내적 정체성이 완전히 달라지는 수많은 기적을 지금까지 봐 왔습니다. 믿음 체계가 완전히 바뀌어 버리는 예는 얼마든지 더 말씀드릴 수 있습니다.

。 믿음을 위한 애씀은
필요합니다

믿으려 애쓰는 태도도 필요합니다. 하지만 애를 쓰고 있다는 것 자체가 아직 믿음이 완성되지는 않았다는 의미도 됩니다. 갑자기 실직한 사람은 불안해지기 마련입니다. "아무것도 염려하지 말라"는 말씀을 되뇌지만, 완전히 믿어지지 않을 수 있습니다. 당장 내일 필요한 재정이 없는데 불안할 수 있지요. 만약 염려하지 말라는 하나님의 말씀이 완전히 믿어진다면 평안'만' 임할 것입니다. 그래도 우리는 기도하며 성경 말씀이 완전히 믿어지도록 노력할 것입니다. 성경 말씀을 의지해 하나님을 믿으려는 영적인 애씀은 분명 필요합니다. 하나님께서 말씀을 통해 무의식 아래까지 믿어지는 은혜를 허락하셨다면, 결국에는 완전히 믿어지게 될 것입니다.

정체성이 자라 가는 과정에서는 거짓이 부분적으로 믿어집니다. 상처 난 정체성에 거짓 생각이 아직 남아 있어서 그렇습니다. 이런 상태에서는 하나님의 눈으로 나를 보는 것이 완전하지 않습니다. 내가 얼마나 사랑스러운지 완전히 믿어지지는 않습니다.

하지만 정체성이 더욱 건강해질수록 거짓 생각도 점점 줄어듭니다. 그러다 결국 거짓이 전혀 섞여 있지 않은 진리에 기반한 내가 누구인지 알게 됩니다. 그래서 무의식을 포함한 내 마음의 전 영역에 하나님의 말씀이 임하셔야 합니다. 그러면 하나님의 자녀라는 사실이 깊은 무의식까지 다 믿어지는 회복을 선물로 받습니다. 정체성이 말씀 안에 완전히 세워지면 어떤 상황에서도 전혀 요동하지 않게 됩니다.

나에 대한 부정적인 생각이 여전히 믿어진다면, 회복의 길이 남아 있다는 의미입니다. 부분적으로는 평안하지만, 또 다른 마음에는 불안, 우울, 분노, 수치 등의 감정이 있다면 성장을 멈춰서는 안 됩니다. 세상도 사단도 타협하라고 속삭입니다. 스스로 자기 연민에 빠지거나 자기 비하가 조금이라도 느껴진다면 마음이 나뉘었다는 의미입니다. '이 정도면 됐다'는 합리화를 뒤로하고 더 나아가면 좋겠습니다. 어느 정도 회복된 정체성으로 충분하다고 생각하지 말아야 합니다.

은혜의 장으로
나아가야 할 책임

더 높은 고상한 소원을 올려 드리면 좋겠습니다. 하나님은 우리를 수준 높은 신앙으로 이끌기를 원합니다. 완벽주의로 살라는 말씀이 결코 아닙니다. 은혜는 선물입니다. 십자가의 공로는 상상을 초월해서 우리를 온전하게 하십니다. 노력도 필요하지만 노력한다고 해서 믿음이 생긴다면 그 역시 은혜 덕분입니다. 나의 노력이나 공로가 아닌 하나님의 진리의 선물이 무의식 깊은 곳에 임재하셔서서 내가 그토록 믿어 왔던 거짓이 더 이상 믿어지지 않는 기적을 베푸십니다. 아무리 노력해도 거짓이 믿기지 않을 것입니다. 내가 남성이라면 남성이라는 성별을 평생 의심하지 않듯이 완성된 정체성은 결코 흔들리지 않을 것입니다.

오병이어의 기적을 베푸시기 전과 후에는 제자들이 해야 할 일이 많았습니다. 사람들을 무리 지어 있게 했고 떡과 물고기도 열심히 나눠 줬습니다. 하지만 정작 예수님께서 기적을 베푸시는 순간에 제자들이 한 일은 아무것도 없었습니다. 물이 변해 포도주가 된 기적 역시 마찬가지였습니다. 물이 포도주가 된 기적 전후에는 하인들의 노력이 필요했습니다. 항아리를 옮기는 일을 해야 했지요. 하지만 물이 포도주가 된 순간 하인들은 그저 기적을 바라볼 뿐이었습니다. 나사로를 살리는 순간에도 제자들은 할 일이 없었습니다. 나사로가 살아난 이후 돌문을 옮기고 수족의 베를 풀어놓아 다니게 한 것이 전부였습니다.

정체성을 이루는 생각이 변화되는 순간에는 우리의 할 일은 없습니다. 하지만 그렇게 되기까지 하나님의 말씀과 은혜의 장으로 전심으로 나아가야 할 책임은 우리에게 있습니다. 은혜의 순간, 진정한 변화(transformation)의 순간은 전적으로 하나님의 선물입니다. 진리가 완전히 믿어지게 될 것입니다.

마음근육 키우는 방법

° 나의 자아상에 대하여 믿어지면서 믿어지지 않는 이중적 생각을 찾아 보세요.

° 믿어지면서 믿어지지 않는, 나에 대한 부분적 진리가 온전히 회복될 때까지 생각을 다루시길 바랍니다.

° 하나님이 새로워진 생각을 선물로 주심을 꼭 믿으시길 바랍니다.

° 자아상에 대한 성경적 생각 자체는 내 노력으로 만들 수 없습니다. 다만 하나님의 말씀을 깨닫는 장을 마련하는 데까지는 나의 노력이 매우 중요합니다.

나를
돌보기 위해
죄를 다루다

오직 너희의 심령이 새롭게 되어 하나님을 따라 의와 진리의 거룩함으로 지으심을 받은 새 사람을 입으라(엡 4:23-24).

거짓 정체정은
죄와 관련이 있습니다

거짓 정체성은 죄와 깊은 관련이 있다는 사실을 아십니까? 1부와 2부에서 죄의 형태와 영향력에 대해서 언급은 드렸습니다. 죄는 행위로 드러나지만 드러나지 않은 죄의 뿌리가 숨어 있습니다. 사실 거짓 생각을 믿고 있는 것 자체가 죄입니다. 하나님께서 진리로 나를 만드셨는데, 그 진리 대신 거짓으로 나를 해석하는 것 자체가 죄이지요. 하나님은 나를 사랑스럽다고 하시는데,

나의 잣대로 나를 혐오스럽게 보는 것은 죄입니다. 하나님은 예수님을 죽이시기까지 하시면서 내가 나다워지길 원하시는데, 내가 거짓에 머물고 있다면 예수님의 피 공로를 무시하는 태도이겠습니다. 예수님은 저를 온전히 사랑하시는데, 나는 나를 부분적으로 미워한다면 이는 교만입니다.

자아가 건강하려면
죄를 꼭 다뤄야 합니다

물론 자아상이 덜 건강한 분들을 정죄하거나 매이게 하려는 의도는 결코 아닙니다. 저도 예외 없이 부분적으로 죄 아래에 있습니다. 죄를 언급하면 분위기가 좋아지지 않지만, 엄밀한 의미에서 정체성과 죄는 무관하지 않음을 말씀드려야 합니다.

죄는 왜곡을 가져다주며 왜곡된 정체성의 뿌리는 죄이겠습니다. 그래서 자아상이 건강해지려면 죄를 처리하는 과정이 꼭 필요합니다. 오늘 짓는 죄뿐만 아니라 과거에 회개하지 않았던 죄를 먼저 처리해야 합니다. 돌이키지 않은 과거의 판단, 생각, 관계적 죄, 풀지 않은 원한 등을 지금이라도 회개하여 정결해지는 시간을 가지시면 좋겠습니다. 누적된 죄는 내 안에서 잠잠히 있지 않고 부정적 자아상이라는 원하지 않는 열매를 맺기 때문입니다.

일반 정신과적 치료에서는 사실 죄를 언급하지 않습니다. 하지만 마음에 대해 성경적으로 접근하려면 분명 죄를 포함해서 다뤄야 합니다. 상처 난 기억이나 경험 속에 하나님의 임재를 구하고 하나님의 말씀이 임하도록 기도하라고 권해 드렸습니다. 과거에 만들어진 왜곡된 자아상을 교정해 주시는 하나님의 말씀을 구하는 것입니다. 하나님의 임재를 구하고 왕으로 오시도록 초청하면 하나님은 신실하게 말씀하십니다.

만약 하나님의 말씀이 깨달아지지 않고 회복이 경험되지 않는다면 죄로 인해 말씀이 가려진 상태일 수 있습니다. 하나님께서 우리의 기도에 임재하지 않으시는 것이 아니라 우리에게 하나님의 임재 의식이 없어서입니다. 우리가 죄를 깨닫고 회개하지 않으면 하나님을 노골적으로 거절하는 결과가 됩니다. 진리를 거절하면 내가 누구인지 모르게 됩니다. 혹은 내가 나를 오해하게 됩니다. 진리의 빛으로 무의식이 조명받고 왜곡된 거짓 생각이 뿌리째 뽑혀야 합니다. 회개하면 하나님의 진리가 나의 마음에서 감화 감동이 되는 말씀(레마)이 됩니다.

숨겨진 죄가 무엇인지 하나님께 물으면 됩니다

문제는 이런 죄의 요소들이 무의식적이라는 사실입니다. 상처는 어두움이 가득한 경험이라고 말씀드렸습니다. 상처는 거짓을 믿게 만드는 경험이고 사랑과 진리가 부재한 상태이기 때문입니다. 당연히 죄가 득세한, 내 마음속의 분열된 영역이겠지요. 이 영역은 무의식 저 아래로 억압된 상태일 때가 많으니 그 속에 죄가 있는지 잘 모를 수 있습니다. 내가 모르는 죄는 하나님께서 깨닫게 해 주십니다. 상처 난 경험 속에 내가 미처 회개하지 않은 죄의 요소가 있는지 하나님께 물으시면 됩니다. 기다리셨다는 듯 죄를 떠올리게 하십니다. 깨닫게 해 주시는 성령의 은혜가 풍성히 임할 수밖에 없습니다.

무의식 깊은 곳의 상처가 남아 있고 그로 인해 자아상이 여전히 왜곡되어 있다면 숨겨진 죄가 있을 수 있다고 생각하시면 좋겠습니다. 일곱 가지 성경적 방법으로 죄의 요소를 처리하시길 권해 드립니다.

죄의 요소를 처리하는 7가지 방법

1. 상처에 대해 비탄 풀기(삼상 1:10)

상처가 있다는 말은 고통을 경험했다는 의미입니다. 원통함은 풀어내야 합니다. 고통의 감정을 제대로 풀어내지 않으면 그 부정적 정서는 굳어진 상태에서 무의식 속으로 억압됩니다. 고통을 인식하고 다루지 않으면, 이 자체로 극심한 자기 왜곡의 결과를 낳습니다. 어린 시절 상처 받았던 그때의 고통이 지금이라도 풀리려면 언어화의 과정이 필요합니다. 묻어 두었던 기억을 회상하십시오. 기억을 회상하면 그 기억 속에 숨겨진 고통이 느껴집니다. 필요하다면 충분히 슬픔에 잠기고 내가 얼마나 고통스러웠는지를 빛 가운데, 의식 가운데, 관계 가운데 언어로 표현해 내길 권해 드립니다. 억압된 감정을 언어로 풀어낸 것만으로도 사고적 왜곡이 회복되기도 합니다. 그제야 자기가 제대로 인식됩니다. 부정적 정서가 풀리면 때로 자연스럽게 하나님의 시각을 회복하기도 합니다.

2. 회개(사 1:18)

트라우마의 기억 속에 회개해야 할 죄가 숨어 있다면 그 기억에 대해 하나님이 말씀하셔도 깨닫지 못합니다. 방법은 간단합니다. 트라우마의 기억을 떠올리고 상처에 대한 비탄을 풀어낸 후 하나님께 물어보세요. 혹 이 상처 속에서 내가 회개할 죄가 있는지 말입니다. 죄를 깨달아야 애통할 수 있습니다. 하나님은 회개하고자 중심을 드리는 자들에게 분명 죄를 깨닫게 하십니다. 죄가 깨달아지면 회개하시면 됩니다. 회개 전에는 전혀 들리지 않던 하나님의 음성이 회개 직후 충만히 경험되는 기적이 일어날 것입니다. 숨겨진 죄를 회개하면 자아상이 건강해집니다.

3. 용서(엡 4:32)

트라우마의 기억 속에는 내게 상처 준 가해자가 있을 때가 많습니다. 용서해야 할 대상이라고 판단되면 그분의 행동을 용서해 주세요. 용서는 위대한 결과를 낳습니다. 용서하지 않고 평생을 살아도 됩니다. 하지만 용서하지 않는 인생만큼 풍성함을 누리지 못하는 인생도 없습니다. 누군가 지은 죄를 무효로 만들 방법은 없습니다. 누군가 내 뺨을 쳤다면 그 행동을 없앨 어떤 길도 없다는 뜻입니다. 혹 나도 상대의 뺨을 친다면 가해자 두 명과 피해자 두 명만 남을 뿐입니다.

다행히도 하나님은 용서라는 위대한 선물을 주셨습니다. 오직 용서만이 서로의 죄를 풀어 주는 왕도가 됩니다. 물론 내가 용서했다고 상대의 죄가 사라지지는 않습니다. 하지만 상대의 죄의 결과가 내 안에서 나를 주장하지 못하게 됩니다. 용서받은 사람보다는 용서한 사람이 자유를 누립니다. 용서한 사람은 하나님을 닮아 가게 됩니다. 용서 역시 예수님의 정체성을 닮아 가는 기쁨의 길이겠습니다.

도저히 용서할 수 없는 행동일 경우는 하나님의 도우심을 구하세요. 용서할 힘을 달라고 기도하면 하나님은 결코 외면하지 않으십니다. 용서는 일용할 양식을 날마다 구하듯 날마다 수행해야 할 거룩한 행위입니다. 타인은 용서하지만, 자신을 도저히 용납하지 못하는 분들도 있습니다. 이미 하나님께서 나를 용서하고 용납하셨습니다. 자기 용서는 자기 비난을 극복하게 합니다. 하나님이 용서하지 못할 내 모습은 전혀 없습니다. 하나님의 마음으로 내가 나를 용서할 때 막혔던 거짓 정체성이 회복됩니다. 자기 증오가 사라집니다. 자기 수용과 긍휼로 하나님의 눈을 회복할 수 있습니다.

그리스도인들은 상처 난 경험을 떠올리며 하나님을 원망하기도 합니다. 그 고통의 시간에 하나님은 적극적으로 나를 구해 주지 않은 무심한 분처럼 여겨집니다. 하나님이 내게 잘못한 것 같습니다. 머리로는 하나님이 선한 분이라고 생각하지만 마음으로는 동의하기 어려울 수 있습니다.

선교지에서 사역하시는 여자 선교사님이 그곳에서 성적 학대를 받았습니다. 하나님께 삶을 드리기 위해 선교지에서 최선을 다하다가 성적 학대를 당한 것입니다. 자신을 보호해 주지 않으신 하나님이 원망스럽지 않겠습니까? 이럴 때 하나님께 정직히 원망을 토로하는 시간이 필요합니다. 하나님에 대한 나의 솔직한 감정을 풀지 않고 덮어 둔 채 넘어가서는 안 됩니다. 정서적으로 소화되지 않은 상태에서 '하나님은 선하신 분이시니 다 이유가 있겠지'라고 상처를 묵혀 두지 마시길 바랍니다.

상한 심정을 고백합시다. 따지듯 서운함을 표현해도 됩니다. 하나님 아버지는 우주에서 가장 넓은 마음을 가지신 분이십니다. 하나님을 향한 나의 공격적 언행에도 그분은 오히려 사랑으로 되돌려주십니다. 하나님이 이해되지 않는다고 소리치셔도 됩니다. 하나님은 당신에 대한 오해를 적극적으로 풀어 주고 싶어 하십니다. 상처 난 경험 범위 내에서는 하나님이 나쁜 분처럼 느껴질 수 있습니다. 인지적으로 눌러서 넘기지 마시고 정서적으로 표현해 주시길 바랍니다. 다윗처럼 토설한 후 필요하다면 내게 잘못한 것 같은 하나님을 용서해 주시길 권해 드립니다.

물론 내가 하나님을 용서한다는 것이 신학적으로 대단히 잘못된 표현은 맞습니다. 인간이 하나님을 용서한다니요. 부적절한 표현입니다. 하지만 여기에서의 용서는 내 한계 안에서의 표현입니다. 미숙한 무의식과 상처 난 어린 마음이 사용하는 단어일 뿐입니다. 마치 세 살 난 어린아이가 본인의 고통의 원인을 부모 탓으로 돌리며 울고 있는 것과 유사합니다. 부모는 잘잘못을 따지지 않고 그 아이를 품어 줍니다. 아이를 다독인 후 아이의 감정이 안정되었을 때에야 올바른 교육이 진행됩니다. 내가 고통을 받아들일 수 없을 때, 이해되지 않아 절규할 때 하나님은 은혜로 함께하십니다. 우리가 고통을 소화한 후 그제야 하나님은 진리를 선포해 주십니다. 고통이 가득할 때 우리는 진리를 밀어내기 때문입니다. 예수님은 간음하다 붙잡힌 여인에게 먼저는 은혜를, 그리고 그다음에 진리를 말씀해 주십니다.

"나도 너를 정죄하지 않는다(은혜), 다시는 죄를 짓지 말라(진리)."

미숙한 표현이지만 하나님을 용서해 드리면 좋겠습니다. 내가 그토록 고통 가운데 찾을 때 구해 주지 않으신 듯한 하나님의 행동을 용서해 주세요. 놀라운 것은 이러한 과정이 끝나면 하나님에 대한 모든 오해가 눈 녹듯 사라질 수 있습니다. 하나님과 나는 더욱 친밀해집니다. 더 이상 상처 난 기억 속에서 하나님을 오해하지 않게 됩니다. 하나님이 얼마나 신실하시고 나를 눈동자처럼 지키시는지 단순한 논리와 내 이해의 범위를 초월해서 깨달아집니다. 그 하나님이 깨달아지면 내가 생각하는 나 역시 확장됩니다. 자아상이 훨씬 건강해지는 것입니다.

4. 관계적 죄인 마음의 묶임 풀기(고전 6:16)

마음은 관계 안에서 묶일 수 있습니다. 건강하지 않은 묶임과 건강한 묶임이 있습니다. 성경에도 창녀와 합하는 자는 한 몸(육체)이며, 부부도 부모를 떠나 한 몸이 되라고 말씀하십니다. 부부관계가 건강한 묶임의 대표적 관계입니다. 실제로 변연계 공명이라는 현상이 성관계 이후 더욱더 강화됩니다. 이는 정서적으로 친밀한 사이에서 일어나는 정서적 연동입니다. 건강한 부부가 나누는 사랑에 기반한 성관계는 서로의 자아상을 더 건강하게 만듭니다. 이때의 묶임은 부부가 하나 되도록 만들어 주므로 혼자서 만들어 가는 자아상과 비교되지 않는 '나와 우리'를 만나게 됩니다.

　문제는 성적 학대의 피해자에게서 발생하는 건강하지 않은 묶임입니다. 성적 트라우마를 경험한 피해자는 가해자와 성적 묶임이 형성됩니다. 하나님은 이런 고통스러운 묶임으로부터 우리를 자유롭게 하시길 원하십니다. 감사하게도 예수님은 천국 열쇠를 주셨습니다(마 16:19). 땅에서 무엇이든지 풀면 하늘에서도 풀리며, 땅에서 무엇이든지 매면 하늘에서도 매이게 하는 자녀의 권세가 우리에게 있다는 사실입니다. 그 권세로 내 속의 모든 더러운 묶임이 풀리도록 선포하고 명령하세요. 혹 내가 고의로 성적인 죄를 지어서 묶임이 발생했다면 당연히 회개하셔야합니다. 애통해하는 마음으로 죄를 회개하시고 역시 그 묶임을 푸시면 좋겠습니다. 죄로 인한 묶임으로 형성된 왜곡된 자아상에 자유를 선물로 주실 하나님을 찬양합니다.

5. 가정 안의 부정적 영향력 제거하기(신 5:9)

역기능 가정일수록 가정 안에 정체성을 왜곡시키는 요소들이 많습니다. 중독, 분노, 수치심, 편애, 방임, 불안, 우상 숭배, 완벽주의, 비관주의, 우울증 등 셀 수 없는 역기능적 유산을 나도 모르게 품고 살아갑니다. 부모 세대로부터 이어진 요소들을 어린 시절부터 자연스럽게 접하고 살다 보니 나의 정체성의 핵심 요소로 자리 잡은 것이지요.

충분한 시간과 상담, 혹은 공부나 모임을 통해서 내 안의 역기능적 요소를 깨달으셔야 합니다. 무의식적 요소들인 경우가 많으니 혼자서는 보통 해결하기 어렵습니다. 그리고 한 가지라도 깨달아졌다면 제거하셔야 합니다. 나와 가정 안의 역기능적 유산 사이에 그리스도의 보혈을 세우십시오. 지속적 과정을 통해서 분별하고 회개하고 자녀의 권세를 선포하고 노력해야 할 것입니다.

부모 세대로부터 받은 건강한 유산은 감사함으로 이어 가시고 모든 비성경적 영향력은 예수님의 이름으로 끊으시길 권해 드립니다. 부모 세대를 비난하거나 탓하는 태도는 전혀 성경적이지 않습니다. 내 안에 이미 들어온 죄와 부정적 영향력에 대한 책임은 내게 있습니다. 내 안에 허락된 믿음의 권위를 취하시면서 주도적으로 회복의 길을 가시면 좋겠습니다.

6. 내적 맹세 풀기(마 5:33-37)

내적 맹세는 상처를 받을 때 주로 발생합니다. 상처를 받게 되면 우리는 어떻게든 그 상처를 해결하려고 시도합니다. 문제는 그 상처가 내가 감당할 범위를 넘어서는 부정적 경험이라는 사실입니다. 그래서 다음에라도 이런 상처를 겪고 싶지 않은 마음에 자기를 보호하기 위해 맹세를 합니다.

예를 들면 이렇습니다. 어릴 때 아버지에게 상습적으로 구타를 당한 자녀가 있습니다. 큰딸은 아버지의 학대를 견디며 이렇게 맹세합니다. "나는 절대 아버지 같은 남자와 결혼하지 않겠어." 그리고 둘째 아들은 이렇게 맹세합니다. "나는 절대 화를 내지 않을 거야." 고통의 순간을 이겨 내고 방어하고 대처하기 위해 시도하는 결심이지만, 문제는 하나님의 말씀에 기반하지 않았다는 점입니다. 그리고 이런 내적 맹세는 정체성의 뿌리로 작용합니다. 너무나 강력한 결심이므로 내 인생의 방향을 정해 버립니다. 하나님이 아니라 내적 맹세가 나의 인생을 인도하는 것이지요. 결국 딸은 자라서 결혼하지 않았습니다. 아들은 분노해야 할 때조차 분노하지 않는 유약한 모습으로 자랐습니다. 하나님이 의도한 모습과는 거리가 먼 삶을 살 수밖에 없습니다. 사실 하나님은 이 딸에게 자상한 남편감을 예비해 두셨습니다. 그리고 아들에게는 건강하게 분노를 다루는 멋진 목회자의 삶을 예비해 두셨습니다. 이 두 분은 내적 맹세를 회개하고 무효화한 후 다시 자신의 삶을 살아갈 수 있었습니다. 막혔던 삶도 하나님의 원리로 회복된다면 다시 새롭게 시작하는 은혜가 임합니다.

예수님은 도무지 맹세하지 말라고 명백히 말씀하십니다(마 5:34). 하늘로도, 땅으로도, 네 머리로도 맹세하지 말라고 하십니다. 하지 말라고 하신 맹세를 했다면 명백한 죄입니다. 하나님은 지금도 새롭고 산 길을 열어 두셨습니다. 어린 시절 내적인 맹세를 했다면 깨닫게 해 달라고 기도하시고 깨달아진 맹세가 있다면 회개하세요. 예수님의 이름으로 그 맹세를 무효화하십시오. 땅에서 풀면 하나님도 풀어 주십니다.

7. 축사(마 5:8)

사단은 거짓의 아비이지요. 사단의 전략은 거짓 생각을 우리 마음속에 넣는 것입니다. 특히나 상처 입는 순간, 어린 시절 상처로 고통을 경험하는 순간, 영혼이 깨어지는 순간 사단은 거짓을 심습니다. 그리고 나도 모르게 그 거짓은 뿌리를 내리며 자아상을 왜곡시킵니다. 사단의 전략은 교활해서 교묘히 미혹해 들어옵니다. 마음에 심긴 거짓 생각은 두려움을 만듭니다.

상처 난 기억 속에서 혹시 사단의 영향력이 있다면 드러나라고 명령하십시오. 예수님의 이름으로 숨어 있을 수 없음을 선포하는 것입니다. 그리고 예수님의 이름으로 예수님이 원하시는 곳으로 떠나가라고 명령하십시오. 우리가 자녀 된 권세를 사용해서 믿음으로 선포하면 악한 영은 순종할 수밖에 없습니다. 혹시 악한 영이 떠나가지 않는다면 회개하지 않은 죄가 있어서 그럴 수 있습니다. 다시 기억 속에서 회개해야 할 죄를 깨닫게 해 달라고 기도하시고 깨달아진 죄를 회개하면 사단은 더 이상 남아 있지 못합니다.

지금의 여정은 세상적인 정체성을 만들어 가기 위함이 아닙니다. 하나님이 부여한 정체성을 깨닫고 살아 내기 위해서는 당연히 죄를 다루는 과정이 필수적임을 다시 말씀드립니다. 지금까지 언급한 일곱 가지 죄의 요소가 내 안에 있다면 하나씩 다뤄 나갑시다. 죄를 다룸은 고통스럽고 우울한 일이 아닙니다. 영혼이 쉼을 얻는 기쁨과 평안의 길입니다. 감당할 수 없는 죄의 무게를 어린 시절부터 지고 살아온 우리 모두를 하나님은 자유롭게 하시길 원하십니다. 수고하고 무거운 모든 짐 진 자를 쉬게 하시는 하나님을 찬양합니다.

상처가
여전해도
괜찮다

상처가 남아 있어도
하나님의 영광은 충만합니다

평생 내 안의 상처를 치유해 나간다고 할지라도 분명 남아 있는 상처가 있을 수밖에 없습니다. 하나님은 완벽을 요구하지 않으시고 전심을 원하신다고 믿습니다. 물론 무의식적 상처가 다 회복되어서 우리 마음이 온전히 하나가 된 상태가 가장 전심이겠습니다. 하지만 예수님 말고는 그런 마음 상태를 가질 수 없지요. 그래도 마음에 상처로 인해서 분열된 영역을 최대한 찾으려는 그 모든 전심을 하나님은 받으신다고 믿습니다.

내게 맡기신 삶을 복음과 함께 살다가 여전히 상처가 남은 마음으로 천국에 갈 수도 있지 않겠습니까? 그러면 남아 있는 상처는 어떻게 생각해야 할까요?

하나님의 부르심에 최선을 다하셨다면 남아 있는 상처는 전혀 문제가 되지 않습니다. 달란트를 묻어 두는 악한 종처럼 하지 않으면 됩니다. 하나님은 내 안에 상처가 남았다고 해서 나를 덜 쓰시지도 않습니다. 오히려 남아 있는 상처를 통해 더 견고한 정체성을 만들어 가십니다. 남아 있는 상처보다 더 큰 하나님의 사랑이 내 무의식 속에 있다면 그 사랑이 남은 상처를 품어 버립니다. 오히려 겸손함으로 하나님을 더 의지하게 됩니다. 3부에서 말씀드리겠지만 내가 중요하지 않고 하나님이 전부이기 때문입니다. 나를 찾아가는 초기에는 내가 중요할 수 있습니다. 그런 시기에는 나는 내 상처에 매일 수 있습니다. 필요하다면 상처 치유에 집중해야 하기도 합니다.

사망도 쓰시는 하나님이신데, 상처를 얼마나 아름답게 사용하시겠습니까? 상처가 남아도 하나님의 영광은 충만합니다.

3부

우리로
안기는
마음

3부에서는 조금 더 '우리'의 관점으로 확장해서 설명드리고 싶습니다.

나다워지는 과정은 혼자서는 불가능하며 '우리'가 필요합니다. 타인과의 관계를 통해 나를 발견하며, 그 관계성 속에서 나는 나다워집니다. 그래서 내가 더 나로 살아갈 수 있다면 상대도 하나님이 의도한 모습으로 더 성장할 수 있습니다.

나를 찾아갈 때 중요한 타인은 '의미 있는 타인'입니다. 어릴 때는 가족, 성장하면서는 친구, 장성해서는 배우자가 의미 있는 관계지요. 부부와 친구 등 의미 있는 관계 내에서 나와 우리를 찾아가는 과정을 말씀드리고 싶습니다. 짧은 지면이라 두 가지 정도로 간략한 예를 통해 살펴보겠습니다.

나를 만나고 찾고 상처를 통과해 더 온전히 하나님 앞에 설 날을 기대합니다. 나뿐만 아니라 우리 모두가 자녀다움을 충분히 누리면서 결국은 자원하는 종으로 살게 되기를 원합니다. 종의 삶이야말로 결국 하나님의 영광만을 드러냅니다. 종으로 죽으신 예수님처럼 하나님 품에서 영광 가운데 온전히 섬기게 될 것을 믿습니다.

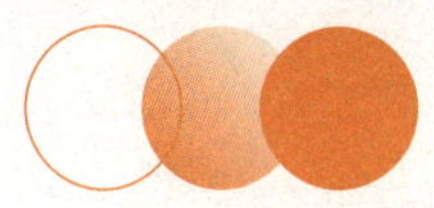

서로에게
치유적인
존재

예수께서 이르시되 친구여 네가 무엇을 하려고 왔는지 행하라 하신대 이에 그들이 나아와 예수께 손을 대어 잡는지라(마 26:50).

상담 및 정신 치료법인 '친구 테라피'에 대해 들어 본 적이 있으실까요? 아마 이런 송류의 치료는 처음 들으셨을 것입니다. 제가 아는 한 이러한 치료는 존재하지 않습니다. 사실 제가 생각해 낸 치료법이기 때문입니다.

그렇지만 대부분의 사람들은 이미 서로 친구 테라피를 주고받으며 살고 있습니다. 그만큼 친구라는 존재는 큰 힘이 될 뿐 아니라 서로에게 치유적인 존재라는 뜻이지요.

진정한 친구 관계가
필요합니다

건강하게 살고 싶다면 가족은 필수라고 합니다. 가족이 있는 사람이 그렇지 않은 사람에 비해 더 건강하다는 연구 결과는 널리 알려져 있습니다. 한 가지 재밌는 사실은 가족이 건강에는 도움이 되나 수명 연장에는 큰 도움이 되지 않는다는 연구 결과가 있다는 점입니다. 그렇다면 건강에 도움이 될 뿐만 아니라 수명 연장에도 도움이 되는 관계가 있을까요? 있습니다. 바로 친밀한 친구 관계는 건강뿐만 아니라 수명 연장에도 도움이 된다고 합니다. 가족이 훨씬 더 친밀하고 더 의미 있는 관계임에도 친구가 미치는 수명 연장 효과는 따라갈 수 없나 봅니다.

가족과 달리 왜 친구 관계는 수명 연장에 도움이 될까요? 곰곰이 생각해 보면 이유를 알 것 같습니다. 일단 진정한 친구 관계는 서로 거의 스트레스를 주고받지 않습니다. 자신의 속마음을 가감 없이 표현해도 다 받아 주는 친구와는 비밀이 없지요. 가족에게는 오히려 말 못할 어려움을 친구와는 속 시원하게 풀어낼 수 있으니 스트레스가 해소됩니다. 진정한 친구만큼 무조건적 신뢰를 주고받는 관계도 없는 것 같습니다. 반면 가족 관계는 사실 쉽지 않습니다. 서로 사랑의 책임도 져야 하고 참고 인내해야 하며 끝없는 노력과 수고가 필요합니다. 친구 관계가 사랑의 자유를 누리는 관계라면 가족 관계는 사랑의 책임을 지는 관계이기 때문입니다.

물론 오해하지 말아야 합니다. 가족 없이 친구만으로 살 수 있다거나 가족이 친구 관계보다 못하다는 의미가 전혀 아닙니다. 오히려 가족이라는 관계 속에 하나님이 심어 두신 사랑과 성장의 비밀이 훨씬 더 큽니다. 가정은 하나님의 창조 섭리가 고스란히 녹아 있습니다. 하나님과 교회의 관계를 가장 잘 배우고 연습할 수 있는 곳이 가정이기도 합니다. 가장 중요하고 의미 있는 곳이 가정이기에 가정생활이 쉽지 않은 것입니다.

특히나 부부의 다수가 정반대의 기질을 가지고 있습니다. 성격은 유사해 보일 수 있으나 타고난 기질이 정반대인 남녀가 만나서 사랑에 빠지고 가정을 이루는 것이지요. 그래서 첫눈에 반할 만한 차이점이 결혼 생활을 이뤄 가면서는 갈등의 핵심 이유가 됩니다. 이 차이점을 사랑으로 수용하고 성숙시켜 나가야 하는 부부 관계에는 하나님의 하나 됨의 비밀이 있기도 합니다. 하지만 그만큼 그 과정이 쉽지는 않습니다.

친구 관계는 어쩌면 가족 관계를 보완하는 쉼의 관계일 수 있다는 생각이 듭니다. 가족 관계뿐만 아니라 참으로 어려운 사회적, 직업적 관계 속 갈등을 지혜롭게 통과하도록 돕는 관계도 친구이겠습니다. 물론 친구 관계는 그 자체로 아름답고 그 자체가 목적이기도 합니다. 다윗에게 절친 요나단이 있었듯이 우리는 자신의 원 가족뿐만 아니라 친구 관계를 통해 기쁨을 누리고 성장합니다. 친구에게서 지혜와 쉼을 얻습니다. 가족이든 친구 관계이든 하나님은 여러 형태로 필요한 사랑의 관계를 우리에게 허락해 두셨습니다. 힘든 관계도 있지만 힘든 관계의 스트레스를 내려놓게 돕는 친구 관계도 주신 것이지요. 훈련을 통해서 다듬어져야 할 관계만 있다면 우리는 지쳐서 멈추게 될 것입니다. 광야와 같은 세상에서 진정한 친구는 오아시스처럼 우리의 영혼을 쉬게 할 것입니다.

친구 테라피를 도와 줄 진정한 친구가 우리에게 절실히 필요합니다. 배우자가 진정한 친구라면 금상첨화겠습니다. 또한 친구 테라피를 만드신 하나님은 진정한 친구 역시 되십니다. 하나님은 모세를 친구 대하듯 하셨습니다. 예수님도 우리를 친구로 삼아 주셨습니다.

예수님은 수고하고 무거운 짐 진 자들을 초대하셔서 쉼을 주십니다. 친구는 친구를 만나면 쉴 수 있습니다. 우리는 친구가 절실하지만 나를 절실히 필요로 하는 분들에게도 좋은 친구가 되어야 합니다. 그렇다면 어떤 친구가 좋은 친구일까요?

좋은 친구란 누구인가요?

1. 자기 감정을 잘 조절하며 기쁨으로 회복하는 친구

무의식적 기쁨이 점차 늘어나는 분들은 내면에 부정적 감정보다 기쁨이나 평안 등의 긍정적 감정이 핵심 자리를 차지합니다. 무게중심이 부정적 감정에 있지 않고 긍정적 감정에 있지요. 그래서 여러 어려운 일이나 스트레스 등으로 잠시 흔들려도 다시 무게중심을 잡고 기쁨 및 평안으로 돌아오게 됩니다.

주변에 이런 친구가 있다면 그와 교제함으로써 부정적 감정 처리법을 부지불식간에 배울 수 있게 됩니다. 감정적 평정심과 안정은 책을 통해 이론으로 배울 수 있는 게 아닙니다. 타인과 대화하며 교제를 나누면서 서서히 배우게 됩니다. 이 모든 과정이 무의식적으로 이루어집니다. 무의식적으로 부정적 감정에서 긍정적 감정으로 돌아오는 방법을 배우게 되지요. 기쁨을 회복할 수 있는 친구와 함께하다 보면 어느 순간 부정적 감정을 전보다 더 잘 처리하는 자신을 발견하게 될 것입니다.

2. 사랑을 받기도 하지만 동시에 꼭 나눠 주는 친구

상황이 힘들고 고통스럽고, 내 코가 석 자여서 진실한 친구가 지금 필요하다고 할지라도, 다른 사람에게 친구가 되어 다가갈 줄 아는 친구입니다. 친구 테라피를 받기만 해서는 안 됩니다. 받는 위치에만 있는 것도 자기중심성이 강한 상태이지요.

누군가에게 줄 여유가 없을 때 실상 누군가를 도울 수 있는 작은 사랑이 내게 존재함을 기억해야 합니다. 하나님은 분명 내게 도움을 주는 무의식적으로 성장한 친구뿐만 아니라 내가 당장 도와야 하는 무의식적으로 미숙한 친구까지 주변에 함께 예비해 두셨습니다. 우리는 사랑의 줄로 묶여 있어 서로에게 선한 사마리아인이 되어 줘야 합니다. 사랑은 흘러들어 오며 동시에 흘러 나가야 하는 것이지요.

3. 상대의 부정적인 면을 받아 긍정적인 면으로 되돌려주는 친구

관계는 언제나 상호작용을 전제로 합니다. 서로의 반응이 부딪히고 튕겨 나가는 핑퐁 게임처럼, 우리는 주고받는 반응 속에서 관계를 맺습니다. 문제는 우리의 연약함으로 인해 마음의 미숙함이 잘 드러난다는 사실입니다. 관계가 나를 힘들게 할 수 있습니다. 한쪽이 부정적인 마음을 쏟아 내면 상대방은 고통스러울 수 있지요.

하지만 상대의 부정적인 모습이 전부는 아닙니다. 보이지 않는 더 좋은 면, 더 깊은 차원도 무한히 존재합니다. 그 숨겨진 면들이 드러나야 진짜 관계가 시작됩니다. 좋은 친구는 상대의 그 숨은 무의식적 어두움을 자극하는 사람이 아니라 성숙한 면을 이끌어 내는 사람입니다.

그래서 내가 먼저 건강해져야 합니다. 내가 먼저 건강해지면, 타인도 그 건강함을 따라올 수 있습니다. 건강함은 덜 건강함을 이겨 낼 수 있습니다. 물론, 덜 건강한 쪽이 지나치게 강할 때는 이야기가 달라질 수 있겠지요. 내가 덜 건강하다면 무의식적 정체성이 더 건강한 누군가가 필요합니다.

연약하기에
공동체가 필요합니다

나 혼자만의 무의식으로는 감당할 수 없는 게 삶입니다. 나 역시 불완전한 무의식을 가진 존재이고, 타인도 그렇습니다. 그렇기에 우리는 서로 사랑하며 살아야 합니다. 나 혼자서는 내 무의식적 정체성을 온전히 회복시킬 수 없습니다.

그래서 공동체 안에서, 나를 도와줄 또 다른 건강한 무의식을 가진 누군가가 필요합니다. 우리는 서로를 보완하며 함께 하나님의 나라를 이뤄 가야 합니다. 내가 이해하는 하나님은 아주 작은 일부에 불과합니다. 내가 아무리 최선을 다해 섬긴다고 할지라도 내가 감당할 수 없는 빈틈은 거대합니다. 공동체나 관계 가운데 어떤 문제가 발생했을 때, 내가 충실하지 않아서가 아니라 애초에 모든 영역을 다 감당할 수 없는 내 연약함 때문이기도 합니다. 그 연약함을 보완해 줄 좋은 친구기 필요합니다.

친구의 죄는 그대로 안아야 씻어 낼 수 있습니다. 오물이 묻은 아이를 안고, 그 냄새 나는 오물을 직접 손으로 닦아 주는 부모처럼, 하나님도 그렇게 우리를 안고 씻기십니다. 먼발치에서 "씻고 와, 그러면 안아 줄게!"라고 말씀하지 않으십니다.

그런 의미에서 관계란, 상대에게 무너질 자유를 허락하는 것입니다. 나를 배신할 자유, 나에게 죄를 지을 자유까지 말입니다. 그렇다고 그 죄를 묵과하며 덮고 방치하란 뜻은 아닙니다.

하나님은 아담에게 죄에 대한 경고와 기준을 명백히 제시하셨습니다. 동시에 선악과를 따 먹을 수도 있는 완전한 자유를 주셨습니다. 죄를 지을 자유도 허락하신 셈이지요. 그 죄가 하나님의 마음을 가장 아프게 하더라도 하나님은 친구로 끝까지 남으십니다. 비록 인류는 하나님께 적대적이었지만 친구로 남으신 하나님은 끝까지 인내하시며 인류가 돌아오기를 기다리십니다.

예수님도 가룟 유다에게 죄에 대해 경고하셨습니다(요 13:26). 그리고 자기를 팔아넘긴 배신, 공격성, 죄 앞에서도 끝까지 그를 친구라 부르셨습니다(마 26:50). 상대의 죄를 품어 주는 것이 결코 쉽지 않습니다. 무한정 품어 주는 것도 답은 아닙니다. 내가 감당할 만큼 도와줄 수 있어야 합니다. 필요하면 적절한 경계를 긋고 나를 보호해야 합니다.

그럼에도 우리를 품으시는 친구 되신 하나님처럼, 우리도 서로를 품어야 하지 않을까요? 애초에 누군가와 관계를 맺는다는 것은, 상대방의 무의식 속의 미숙한 공격성과 내가 마주하는 과정도 포함합니다. 맞습니다. 친구는 서로 상처를 주고받을 수 있습니다. 사랑을 주는 사람이 좋은 친구임이 분명하지만 말입니다. 상처를 받는다면 더 큰 악이 아닌, 사랑으로 되돌려주는 친구가 되면 좋겠습니다.

긍정심리학자들은 행복한 사람이 되고 싶으면 행복한 사람 옆에 있으라고 말합니다. 행복한 사람은 그 주변 사람들에게도 행복을 전염시킬 수 있다는 말이지요. 내가 행복한 사람이 되면 내 주변은 밝아집니다. 우리의 무의식을 하나님의 말씀과 기쁨, 지체들의 사랑으로 채워 수고하고 무거운 짐을 진 자에게 쉼을 나눠 주면 좋겠습니다. 지금 당장 내가 누군가의 친구가 되어 준다면 교회 공동체의 거룩한 원리를 통해 내게도 가장 좋은 친구가 허락될 것입니다. 내가 친구의 친구가 되어 주고 친구가 나의 친구가 될 때 우리 공동체의 정체성이 성숙해질 것입니다.

높고 높은 보좌를 버리신 내 친구 예수님을 찬양하고 경배합니다.

｡ 제 이야기이기도 합니다.

진료를 하다 보면 다양한 분을 만납니다. 그중 한 형제는 그 누구보다 상처가 깊었습니다. 진료실에 들어오면 늘 본인이 과거에 겪은 고통을 말하며 울부짖습니다. 처음에는 저도 공감하며 경청합니다. 그 고통이 가늠되지 않아 제 마음도 아픕니다. 하지만 시간이 지날수록 제 마음의 한계가 드러납니다. 점점 듣기 힘들어졌습니다. 형제의 고통의 크기가 느껴지니 저를 압도하는 것 같았습니다. 제 안에도 연약함이 있으니 저도 따라서 무기력해지고 예민해졌습니다.

그날도 형제는 진료 중에 타인에 대한 비방과 비난과 어쩔 수 없는 고통에 몸부림쳤습니다. 무의식 깊은 곳에서 터져 나오는 어두움과 고통과 공격성이 고스란히 드러나니 듣는 저도 정말 힘들었습니다. 한참을 인내하면서 들었던 것 같습니다. 그칠 줄 모르는 공격적 비방에 그 형제가 미워 보일 정도였습니다.

'그만하시고 진료실에서 나가세요!'라고 말하고 싶은 충동까지 밀려왔습니다. 제 안의 기쁨의 용량이 한계에 다다른 것입니다. 제 힘으로는 감당하기 어려운 상황이었습니다. 도저히 견딜 수 없어서 그 형제도, 저도 둘 다 무너지기 직전이었습니다. 그 순간 제가 할 수 있는 일은 하나님을 부르는 것이었습니다. 가까스로 하나님을 불렀습니다. '하나님, 도와주세요!'

하나님은 신실하게 제 기도에 응답하셨고 제 예상을 완전히 뒤엎는 말씀을 주셨습니다.

"앞에서 고통 가운데 절규하는 형제가 내 눈에는 아름답단다. 내가 그를 기뻐한다."

제 마음에 기적이 일어났습니다. 저는 그 순간 하나님의 기쁨이 제 안에 흘러들어 오는 것을 느꼈습니다. 지쳐 있던 제 마음의 고통이 기쁨으로 바뀌었습니다. 하나님은 인간적인 시각을 뛰어넘는 하나님의 시각을 제게 수혈해 주셨습니다. 제 마음이 완전히 달라졌습니다. 그 형제가 제 눈에도 아름답게 보이기 시작한 것입니다. 그래서 한참 울고 있는 그 형제에게 전했습니다.

"하나님이 지금의 모습 이대로 형제님을 아름답게 보시고 기뻐하십니다."

형제님은 이런 이야기를 들어 보지 못했습니다. 관계적 상처와 무시와 학대에 익숙한 자신을 누군가 아름답게 보다니, 꿈에도 일어날 수 없는 일입니다. 더군다나 비난하고 자신을 한탄하고 절규하며 소리 지르는 모습이 아름답다니요. 인간의 눈에는 미워 보일지 모릅니다. 그러나 하나님의 눈에는 전혀 그렇지 않습니다. 하나님은 이 형제를 예수님만큼이나 기뻐하시고 사랑하십니다.

형제님은 다른 곳에서도 비슷한 모습을 보일 때가 많았습니다. 사람들은 이 형제를 다 떠나갔습니다. 당연하지 않겠습니까? 부정적 감정을 공격성과 함께 여과 없이 쏟아내는 사람 옆에 누가 남아 있으려 했겠습니까? 저도 자칫 외면하고 떠나고 싶은 마음이 간절했으니까요.

하지만 하나님은 완전히 다르십니다. 진정한 친구가 되어 주셔서 그의 모든 아픔에 공감하시고 그가 쏟아 내는 공격성을 사랑으로 수용하십니다. 우리 인류는 무의식 속에 원죄로 인한 공격성을 실인이라는 형대로 예수님에게 쏟아부었습니다. 하지만 예수님은 그 모든 죄와 살의를 수용하시고 오히려 사랑으로 십자가에서 죽으셨습니다. 지금도 하나님은 우리의 어떤 공격성과 아픔일지라도 다 수용하십니다. 우리의 공격성을 무시하거나 거부하거나 반격하지 않으시며 무조건적인 사랑으로 되갚아 주십니다.

형제님은 최악의 상태에서 최선을 경험하니 급속도로 회복이 되었습니다. 단 한 번의 경험이었지만 회복의 전환점이 되었고 달라진 모습으로 살고 있습니다. 나를 찾아가는 여정이 아직 남아 있지만, 이전보다 훨씬 성숙한 모습입니다.

이후로 저와 형제님의 정체성이 성장했습니다. 제 안에 이 형제의 무의식적 어두움을 감당할 만한 사랑이 없음을 깨달았습니다. 거기서 머물지 않고 하나님께 힘을 달라 기도할 수 있어서 감사했습니다. 하나님은 신실하게 임재해 주셨고 하나님의 기쁨을 제 무의식에 풍성히 공급해 주셨습니다. 그리고 그 하나님의 기쁨이 저를 통해 그분에게 전달되었습니다.

그 형제님도 있는 모습 그대로 기뻐하시는 하나님을 지식이 아닌 경험으로 만날 수 있었습니다. 제가 그 형제를 품어 준 것이 아닙니다. 예수님이 저와 그 형제를 품어 주신 것입니다. 예수님은 그 형제의 친구도 되어 주셨습니다. 그래서 우리는 모두가 친구가 된 것입니다. 참친구이신 예수님이 저와, 그 형제에게 친구 테라피를 선물로 주신 것입니다.

우리는 다 부족하기에 서로 사랑하는 마음이 필요합니다. 친구 테라피는 상호 간에 사랑이 흘러가는 것입니다. 우리는 서로에게 사랑을 흘려보낼 수 있는 친구입니다. 우리의 중심에 친구 되신 예수님이 좌정해 계십니다. 할렐루야!

° 하나님은 부족하고 연약한 나에게도 사람을 맡기십
니다. 아주 작은 사랑이라도 나보다 더 연약한 분에
게 흘려보내시길 바랍니다. 그분과 나 사이에서 사랑
이 증폭될 것입니다. 내가 충분히 성숙한 후에 나눠
주려고 하지 마시고 지금 나눠 주면 좋겠습니다.

° 정결한 상태를 만든 후 하나님에게 나아가는 것이 아
닙니다. 이 모습 그대로 하나님께 나아가면 정결해집
니다. 정결케 하시는 분은 하나님이십니다. 참 친구는
나의 어떤 모습도 수용해 줍니다. 친구이신 하나님의
품을 늘 누리시길 기도합니다.

° 누군가가 나를 공격할 때 공격으로 응수하기보다 그
를 수용하고 사랑으로 대해 주는 게 가장 좋습니다.
다만, 타인의 공격성이나 고통을 감당할 수 없다면
적절한 선이 필요합니다. 무턱대고 모든 고통을 수용
해 주시면 안 됩니다. 적절한 보호선을 세워 나를 지
킬 수도 있어야 합니다.

왜 눈의
들보를
제거해야 할까

철이 철을 날카롭게 하는 것같이 사람이 그의 친구의 얼굴을 빛
나게 하느니라(잠 27:17).

어찌하여 형제의 눈 속에 있는 티는 보고 네 눈 속에 있는 들보
는 깨닫지 못하느냐. 보라. 네 눈 속에 들보가 있는데 어찌하여
형제에게 말하기를 나로 네 눈 속에 있는 티를 빼게 하라 하겠
느냐. 외식하는 자여 먼저 네 눈 속에서 들보를 빼어라. 그 후에
야 밝히 보고 형제의 눈 속에서 티를 빼리라(마 7:3-5).

상처가 많을수록, 자아상의 왜곡이 심할수록 우리 내면에는
들보가 많을 수밖에 없습니다. 들보는 내 안에 있는 사랑 이외의
모든 것입니다. 죄, 오해, 선입견, 질투, 시기, 미움 등이 해당됩
니다. 우리는 경험하고 깨달은 내 안의 잣대로만 남을 바라봅니

다. 들보는 일종의 선글라스입니다. 들보가 내 안에 있다면 외부 대상을 있는 그대로 정확히 볼 수 없습니다. 들보는 사랑을 베풀어야 할 대상이 미워 보이게 만듭니다.

내 안에 사랑만 있다면 사랑의 눈으로 상대를 볼 수밖에 없습니다. 상대를 판단하는 잣대가 사랑뿐이기 때문입니다. 그래서 사랑으로만 가득 찬 예수님은 우리를 사랑으로만 대하십니다. 들보가 없으시니 나를 있는 그대로, 제대로 보십니다. 우리를 너무 사랑하시니 우리를 오염시키는 죄는 미워하십니다. 그래서 사랑하는 자녀 안에 죄가 있을 때 그 죄를 품고 있는 우리를 안타까워하시는 것이지요. 자녀에게 묻어 있는 오물이 더러워도 자녀까지 미워하지는 않으십니다. 오히려 오물이 묻어 있는 자녀를 향한 하나님의 사랑은 더 뜨겁습니다.

우리의 눈도 예수님처럼 사랑으로만 가득 차서 하나님이 우리를 보시듯 우리도 서로를 보면 좋겠지만, 우리 안에는 여전히 들보가 가득합니다. 들보의 관점으로 보면 평생 들보를 제거하는 여정이 성숙으로 가는 삶인 것 같습니다.

다행히 하나님은 말씀을 통해 우리의 들보를 제거하십니다.

또한 타인과의 관계를 통해 들보를 다루십니다. 타인과의 관계 속에서 불편함을 느끼고, 화가 나고, 서운하고 상대방이 못마땅한가요? 저 사람만 없으면 내가 살 것 같고, 아무리 생각해도 상대방의 문제로 인해 내가 힘든 것 같다면, 이때가 중요한 시점입니다.

힘든 이유가 상대방의 문제일 수도 있지만 내 안의 들보 때문일 수 있습니다. 이것만큼은 내 문제가 아니라 상대의 문제라고 확신하는 상황에서도 마찬가지입니다. 자기중심적으로 생각해서 내 문제보다는 상대의 문제라고 느낄 수도 있다는 뜻입니다.

물론 갈등이 있을 때 늘 내 들보가 문제인 것은 아닙니다. 정말 상대방에게 문제가 있는 경우도 많습니다. 갈등 상황의 원인이 주로 상대에게 있을 때, 나는 문제가 없고 정당하다고 생각합니다. 내 잘못은 없고 나는 피해자이기 때문이지요. 그런데 꼭 내 문제가 없는 것은 아닙니다. 상대의 문제가 차지하는 비율이 90% 이상이라 할지라도 여전히 내 눈의 들보가 작동된다는 것을 아셔야 합니다.

극단적인 예를 들어 보겠습니다. 나를 비난하고 다니는 분이 있다고 가정해 봅시다. 나는 어떤 말도 하지 않았는데 그분이 교회에서 나에 대해 부정적 소문을 내고 있습니다. 객관적으로도 확인되는 사실입니다. 이런 경우는 거의 100% 상대방의 문제일 수 있습니다. 그래서 내 마음이 불편하고 화가 납니다. 부당한 일에는 화가 나는 것이 맞습니다. 이런 상황이라면 상대방의 미숙한 행동에 사랑으로 반응할 수 있을까요? 원수를 사랑하라는 예수님의 말씀 대로 원수를 사랑할 수 없다면, 엄밀히 말하자면 내 안에 들보가 있어서입니다. 만약 예수님처럼 내 안의 들보가 없다면 순전한 사랑으로 상대를 끝까지 사랑할 수 있습니다(요 13:1). 맞습니다. 그런 의미로 우리는 모두 들보를 가지고 살고 있습니다. 들보의 크기가 각자 다를 뿐 저도 여러분도 들보에서 자유로운 분은 없겠습니다. 완벽한 사람이 되라는 뜻이 아닙니다. 쉽게 보이는 남의 눈의 티 말고 발견하기 어려운 내 눈의 들보를 깨닫고자 함입니다.

。 나의 들보부터
먼저 다뤄야 합니다

위의 예처럼 상대방의 명백한 문제는 성경적으로 다루기는 해야 합니다.

> 네 형제가 죄를 범하거든 가서 너와 그 사람과만 상대하여 권고 하라. 만일 들으면 네가 네 형제를 얻은 것이요 만일 듣지 않거 든 한두 사람을 데리고 가서 두세 증인의 입으로 말마다 확증하 게 하라. 만일 그들의 말도 듣지 않거든 교회에 말하고 교회의 말도 듣지 않거든 이방인과 세리와 같이 여기라(마 18:15-17).

예수님은 교회 내 형제, 자매간의 죄에 어떻게 대처해야 하는지 조언하셨습니다. 먼저는 일대일로 만나 사랑으로 권고 및 충고해야 합니다. 대화 이후 상대가 회개해서 변화한다면 그 지체를 얻은 것이 됩니다. 하지만 회개하지 않고 계속 죄를 짓는다면, 한두 사람을 더 데리고 가서 그 형제의 죄를 명시해야 합니다. 그럼에도 여전히 변화되길 거부한다면 교회에 전달해야 합니다. 교회의 권위 앞에서도 끝까지 죄를 짓는다면 이방인처럼 여기라고 말씀하십니다.

나를 비난하고 다니는 상대의 죄에 대해서는 성경적 원칙을 사용해서 분명히 처리해야 합니다. 다만, 상대의 죄를 위의 말씀처럼 처리하려면 전제 조건이 있습니다. 나의 들보부터 처리해야 한다는 점입니다. 상대를 사랑으로 권고하지 못하게 하는 내 안의 상처와 들보는 하나님 앞에서 따로 다뤄야 합니다.

나를 비난하는 상대방의 잘못은 하나님이 상대방에게 물으실 것입니다. 문제는 내가 그를 사랑으로 대하고 있는가입니다. 내 행동에 대한 책임은 내게 있습니다. 상대가 나를 비난한다고 나도 반작용처럼 그에게 분노한다면, 내 감정의 주체가 상대에게 있다는 것입니다. 나는 상대의 미숙한 행동에 성숙하게 대할 수도 있고, 상대처럼 미숙하게 대할 수도 있습니다. 내 행동에 대한 선택권은 내게 있습니다. 성숙한 선택을 하기 위해서는 내 안의 들보를 먼저 제거해야 합니다. 그래야 나를 비난하고 다니는 상대의 눈에서 티를 제거할 수 있습니다.

사실 상대방의 악행이 강할수록 오히려 내 안의 들보도 강하게 작동합니다. 그래서 어쩌면 내게 적대적인 사람을 통해 내 안의 숨겨진 들보를 더 잘 발견할 수 있습니다. 나를 사랑하는 사람을 사랑하기는 쉽습니다. 하지만 공동체 속에서 갈등을 일으키는 한 사람을 사랑하긴 어렵습니다. 내 안의 들보를 자극하기 때문입니다. 내 안에 숨겨진 차별하는 마음, 비하하는 마음, 공격성 등 하나님으로부터 오지 않는 수많은 들보가 드러날 수 있습니다. 내 안의 들보는 그래서 나를 돌아볼 기회가 됩니다.

갈등이 힘들어도 관계로 나아가야 합니다

그런 의미로 내 안의 들보는 관계 안에서 꼭 드러나야 합니다. 내 들보가 깨달아져야 합니다. 드러나야 다룰 수 있습니다.

들보를 제거해야 나는 더욱 나다워집니다. 들보는 하나님의 의도가 아니기 때문입니다. 내 눈의 들보를 제거하면 상대도 더 상대다워집니다. 철이 철을 날카롭게 하듯 회복된 사람은 또 다른 사람을 회복시킬 수 있기 때문입니다. 각자는 우선 자신의 들보부터 제거하셔야 합니다. 그래야 밝히 보고 상대의 티를 제거하는 데 도움을 줄 수 있기 때문입니다.

요즈음 온라인으로 예배를 드리거나 교회에 가지 않는 성도가 많아지고 있습니다. 모이기를 힘쓰라는 기본적인 명령에 순종해야 합니다. 예외적인 경우를 제외하고는 더불어 지내야 합니다. 그러다 보면 갈등이 일어납니다. 갈등은 부정적 측면도 있지만, 내 안의 들보가 드러난다는 면에서는 긍정적입니다. AI를 친구로 사귀며 대화하고 고민을 털어놓는 경우도 있습니다. 어쩌면 직접적 관계를 피하면서 내 입맛에 맞는 대상을 선택하려는 무의식적 동기일 수 있습니다. 살아 있는 사람과는 어떤 식으로든 갈등이 일어나니 갈등 없는 AI를 선택하는 것이지요. AI는 내 들보를 자극하지 않습니다. AI하고만 지낸다면 나는 더 이상 들보를 제거할 이유도, 성장할 필요도 없습니다.

갈등이 일어나도 관계 가운데로 나오셔야 합니다. 내가 힘들어도 내 속의 들보를 깨달아야 합니다. 나에게 맞춰 주는 대상은 당장은 편할 수 있으나 나를 사망으로 몰아가는 원인이 됩니다.

○ 들보를 다루면 모두의 정체성이 건강해집니다

특히나 부부처럼 친밀한 관계에서는 이런 들보가 명확히 드러날 수 있습니다. 친밀한 관계일수록 서로의 들보 문제는 수면 위로 잘 떠오를 수밖에 없습니다. 부부 관계는 모든 인간관계 중에 가장 친밀한 관계입니다. 성경에서 몸까지 하나 되기를 명하시는 관계는 부부뿐입니다. 마음도 몸도 다 같이 하나 되는 관계이니 얼마나 친밀하겠습니까? 하나님은 하나님과 교회의 관계를 부부에 비유하십니다. 부부가 사이가 좋지 않을 때도 여전히 친밀한 관계일까요? 네, 맞습니다. 다만, 그 친밀함 속에 부정적 감정이 섞여 있어 고통스러울 뿐입니다.

부부가 결혼하면 점차 더 친밀해지면서 서로의 들보가 드러납니다. 그래서 다툼도 잦아지며 서로를 은근히, 혹은 명백히 비난하기도 합니다. 앞서 설명드렸듯 배우자의 연약함을 비난하고 싶을 때 먼저 해야 할 일이 있습니다. 죄든 연약함이든 여러 미숙한 요소로 인해 고통스럽다면, 우선은 나를 먼저 돌아보길 권해 드립니다. 아무리 내 눈에 배우자의 문제가 커 보일지라도 말입니다. 배우자의 문제가 내 눈에 정확히 보이는 이유는 어쩌면 내 눈에 들보가 있어서일 수 있습니다. 눈에서 들보를 빼낸 후에야 배우자를 도울 수 있고 배우자 눈에서 티를 제거할 수 있지요. 들보를 잘 다루면 나와 배우자 둘 다 한층 더 성장할 수 있습니다. 들보는 방해물이지만 다루고 나면 디딤돌이 됩니다.

너, 나, 우리 모두가 드러난 들보를 하나님께 고백하면 좋겠습니다. 들보로 인해 상대를 정죄했음을 서로에게 솔직히 고백하면 좋겠습니다(약 5:16). 들보를 용감하게 인정하고 애통해하며 함께 하나님 품으로 나아가면 좋겠습니다. 공동체 안의 들보는 하나님의 품에서 녹아내릴 수 있습니다. 들보가 다뤄지면서 나의 정체성도, 공동체의 정체성도 한층 더 건강해질 수 있음을 믿습니다.

"배우자가 언제부터인가 내게 소홀히 대하는 같아. 그 전과는 달리 내게 무심한 것 같고, 나를 덜 다정하게 대하는 것 같고, 대화도 줄어가는 것 같아 속상해. 뭔가 버림받는 느낌이고 외롭고 쓸쓸하네…. 이전보다 바빠지는 것 같은데 날 이렇게 방치하는 배우자가 원망스럽네."

오래전이지만 저도 모르는 사이에 저런 생각을 하고 있었습니다. 며칠간은 아내 탓을 하면서 혼자 생각에 잠기곤 했습니다. 나의 들보에 스스로 속아 넘어간 것입니다. 그러다 번쩍 깨달아 졌습니다. 아내가 문제가 아니라 제가 제 안의 들보를 통해 아내를 보고 있다는 사실이 문제였습니다.

부부간 소외감이나 외로움을 느낄 때 우리는 보통 배우자에게 배우자의 행동을 알려 주려 합니다. 물론 그런 방법도 필요하겠으나 일단 내가 왜 배우자의 행동을 통해 외로움을 느끼는지 자문해 보시면 좋겠습니다. 사실 배우자가 날 외롭게 방치하는 것이 아니라 내 마음 깊은 곳에 어릴 때부터 형성된 '외로움'이라는 핵심 감정 때문일 수 있습니다. 어릴 때부터 외로움을 과도히 경험했던 사람은 자기도 모르게 내면에 외로움이라는 해결하지 못한 상처가 생깁니다. 그래서 늘 외로워질까 봐 무의식적으로 두려워합니다. 그러다 배우자의 별 의미 없는 작은 행동을 보며 자기를 외롭게 하는 무책임한 행동이라 잘못 판단할 수 있습니다. 외롭지 않기 위해 과잉 방어하고 과민 반응하는 것입니다. 그리고는 더 이상 확인해 보지 않고 배우자가 자기를 방치한다고 생각해 버립니다. 외로움을 해결하지 않으면 늘 비슷한 상황에서 버림받았다는 느낌이 듭니다. 배우자의 행동이 문제가 아니라 내면에 있는 외로움이 문제인 것이지요.

말씀이나 상담을 통해서 이 외로움을 근원적으로 해결하는 것이 필요합니다. 배우자를 비난하고 배우자의 행동이 달라지길 바라기만 해서는 근원적 해결이 어렵습니다. 설령 배우자의 행동이 달라진다고 할지라도 나의 내면이 달라지지 않는 한 분명 또 다른 영역에서 외로움을 다시 경험하게 될 것입니다.

내 눈의 들보를 제거하는 것에 초점을 맞추시면 좋겠습니다. 그러면 더 이상 배우자의 행동을 통해 내가 외롭다는 느낌을 받지 않을 수 있습니다. 오히려 활동적인 배우자가 자랑스럽고 멋있고 존경스러워 보일 수도 있지요. 사실 열쇠는 내 안에 있습니다. 내 안의 외로움을 다룬 후라면 이제 배우자의 행동이 새롭게 제대로 보이게 됩니다. 들보를 다룬다면 혹시 배우자에게 문제가 있어도 배우자의 눈에서 티를 제거할 수 있도록 도울 수 있습니다.

물론 부부는 이와 같은 문제에 서로 협력해 나가야 합니다. 배우자 중 한 사람의 노력도 분명 의미가 있겠으나 함께 인식하고 노력해야 더 효과적으로 하나 될 수 있습니다. 그러나 안타까운 것은 대체로 부부 중 한 사람은 이러한 문제에 무관심한 경우가 많다는 점입니다. 보통은 배우자 중 한 사람이 먼저 문제를 인식하고 갈등 해소의 필요성을 느끼며 상담자를 찾습니다. 그런 경우 배우자 중 문제를 먼저 인식한 분부터 자신의 문제를 다뤄 나가길 권해 드립니다. 처음에는 외롭고 효과적이지 않다고 느껴지겠지만 결코 그렇지 않습니다. 하나님은 먼저 깨달은 사람을 통해 그렇지 못한 상대 배우자 역시 건강하게 만들어 가신다고 믿습니다.

자신의 눈에서 들보를 빼내는 작업이 사실은 쉽지 않습니다. 나 역시 내 문제에 늘 갇혀 익숙해 있기도 하고, 배우자가 나의 아킬레스건을 자주 건드리기도 하고 또 그럴 때 반복해서 느끼는 고통으로 나조차 공격적으로 반발하거나 혹은 방어적으로 도망가기 때문입니다. 부부는 하나 되기 위해 더 건강한 소통 방식이나 대처 방식을 배워 나가야 하는데, 여러 방해 요소로 인해 새로운 습관을 익히고 배운다는 것이 여간 어렵지 않습니다.

두 사람의 힘으로 새롭게 하나 되는 길을 갈 수 있다면 가장 좋겠으나 보통은 외부 조력자들이 필요할 때가 더 많습니다. 하나님의 도우심, 상담자의 도움, 배우자 간의 협업, 친구와 멘토, 목회자 등 타인의 도움이 절실합니다. 타인의 도움 없이는 보통 원 가정 속에서 형성된 뿌리 깊은 부정적 습관으로 자꾸 원래의 미숙함으로 돌아가기 쉽습니다.

우리는 성경적 결혼 원리에 대한 지적 공부도 필요하고, 과거에 대해 진솔하게 나누며 상대의 뿌리를 더 알아 가는 시간도 요구됩니다. 부부가 서로 하나 되는 것을 막는 방해물을 성령의 조명 아래 인식하고, 서로의 다른 기질을 이해하는 과정도 필요합니다.

무엇보다 충분한 대화, 소통을 통해 서로의 아픔이나 가치관 등도 나누고 이해하면 좋겠습니다. 부부 상담을 받는 것에 너무 위축되지 마시고 필요하시다면 좋은 상담가와 함께 하나 되는 과정을 밟아 가시길 권해 드립니다.

- 갈등을 경험하고 있습니까? 나는 내 들보만 다룰 수 있습니다. 다 내 탓이라는 말씀이 결코 아닙니다. 하지만 갈등의 원인 중 자기 들보는 자신이 다루시면 좋겠습니다. 혼자서 힘들면 주변에 도움을 요청하는 방법도 있습니다.

- 결혼한 부부라면 부부 모임을 자주 가지시면 좋습니다. 다른 부부의 시각과 태도를 보면서 나의 마음의 들보가 깨달아지고 내 생각이 객관화될 수 있습니다.

- 늘 내 생각과 감정이 틀릴 수 있다는 열린 마음을 가지세요. 우리는 보통 내면의 자기 목소리가 거의 다 맞다고 생각하는 경향이 있습니다.

- 평소 자신의 정서적, 관계적, 사고적 덫을 인식하세

요. 어린 시절부터 상처 등으로 인해서 성장이 필요
한 영역에는 부정적 핵심 감정이 있습니다. 외부와
무관한 자신만의 부정적 생각이나 자신이 자주 빠지
는 오류를 스스로 인식해 보시길 권해 드립니다.

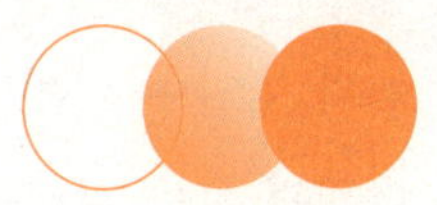

나를
찾아가는
여정의 목적

그러므로 형제들아 내가 하나님의 모든 자비하심으로 너희를 권하노니 너희 몸을 하나님이 기뻐하시는 거룩한 산 제물로 드리라. 이는 너희가 드릴 영적 예배니라(롬 12:1).

나와 친밀하게 만나고, 나를 더 알아 가며, 말씀을 통해 마음 구조간의 친밀함을 성장시키는 이유가 있을까요? 나의 기질과 성향을 파악해서 하나님 앞에 어떤 자녀인지를 깨닫는 이 여정의 목적은 과연 무엇일까요?

나를 찾아가는 여정 가운데 핵심적인 의문이 들 수 있습니다. '나는 왜 나의 약점을 수용하고 사랑하며 나를 하나님의 눈으로 바라보고 좋아해야 할까요?', '내가 나와 더 하나 되어 생명력을 누려야 할 이유가 무엇일지요?', '내가 나답게 자라 가며 영, 혼, 육의 성장을 이뤄야 할 이유가 뭘지요?', '하나님의 말씀으로 기쁨과 평안이 넘쳐난다면 우리는 무엇을 해야 할까요?', '내가 나다워져 가는 과정을 방해하는 뿌리 깊은 상처를 치유해야 할 이유가 뭘까요?' 등이지요.

내가 나를 찾아가는 평생의 여정이, 내 마음이 편해지고 나의 자아를 실현하고 삶이 평탄하고 형통해지기 위함일까요? 내 마음이 편하고 나다움을 실현하고 삶이 평탄한 것은 물론 좋은 상태입니다. 하지만 이러한 삶이 주어질 수도 있고 그렇지 못할 수도 있습니다. 흔히 말하는 행복을 찾기 위해 나를 찾아가는 여정을 밟아 가야 하는 것일까요?

자녀의 삶이 회복되면 자원하는 종이 됩니다

물론 그렇지 않습니다! 여러분과 저는 이 모든 질문에 대한 답을 잘 알고 있다고 생각합니다.

첫 번째 대답은 '하나님의 자녀로서 정체성과 권세와 생명력을 풍성히 누리기 위함'입니다(요 10:10). 그러나 이 대답도 두 번째 대답으로 가야만 진정한 의미가 있습니다.

두 번째 대답은 '자원하는 종이 되어 나를 산 제물로 드리기 위함'입니다(롬 12:1).

로마서 12장 1절에서 말씀하시는 '산 제물'(living sacrifice)로 드려지기 위해 먼저는 살아야 합니다. 제물(sacrifice)로 죽기 위해 내가 온전히 살아 있어야(living) 합니다. 우리의 온 마음이 말씀 안에 다 살아나야 제대로 죽을 수 있습니다. 1부와 2부는 우리가 어떻게 살아나는지에 대한 내용이라고 생각됩니다. 내 마음대로 살기 위해 살아나는 것이 아닙니다. 완전히 살려 낸 나를 이제 완전히 자원하는 종으로 드리기 위함입니다. 내가 말씀 안에서 온진히 살아나야만 하나님께 드릴 수 있습니다. 아직 분열된 마음이 있다면 그 영역은 제물이 될 수 없습니다.

말씀을 통해 나를 찾았다면 청지기로서 '나'를 관리하고 책임지고 '나'에 대해 소유권을 행사해야 합니다. 나를 어떻게 사용할지 내가 결정해야 합니다. 성령의 온전한 다스림을 받기 위해 내 마음의 모든 영역이 하나 되어야 합니다. 성령 안에서 나를 찾을수록 찾은 나의 모든 영역을 성령의 권위 아래 드릴 수 있게 됩니다. 여기서 중요한 것은 '자원함'과 '나의 전부'입니다. 실제로는 내 모습일지라도 나의 일부를 찾아내지 못했다면 자원하여 나의 전부를 드릴 수 없습니다. 찾아낸 모습을 진정으로 내가 소유할 때 나의 전체를 자원하여 드릴 수 있습니다.

나의 일부를 드리기 싫다면 그 일부는 아직 내가 소유하지 못했기 때문입니다. 세상에 빼앗긴 나의 일부, 욕심에 장악된 나의 일부, 상처로 인해 무의식 안으로 눌러 놓은 나의 일부, 어두움에 가려진 나의 일부, 죄의 종이 된 나의 일부가 있습니다. 이런 모습에 대해 나는 소유권을 주장하지 못합니다. 이미 하나님이 아닌 다른 무엇에게 넘어간 나의 일부이기 때문입니다.

그렇게 나뉜 나는 잃어버린 나입니다. 조각난 나를 말씀 안에서 찾아와야 합니다. 진정한 '자기 부인'을 하려면 '자기 소유'가 먼저 선행되어야 합니다. 내가 말씀 안에서 나를 찾았으므로 자기 소유이지만, 성령이 나의 주인이시므로 동시에 하나님의 소유로 귀속됩니다.

우리 깊은 내면에서 산 제물로 우리를 온전히 하나님께 드리길 원하고 있다고 믿습니다. 이미 예수님의 영이 우리를 강권하시며, 우리의 신분이 의인으로 바뀌었기 때문입니다. 하지만 내 마음이 많이 나뉠수록 진짜 소원이 내 귀에 들리지 않습니다. 세상의 음성이 더 크게 들리는 것이지요.

<h2 style="color:orange">자원하는 종으로
자신을 드리신 예수님</h2>

예수님은 당신이 누구인지를 누구보다 잘 아셨습니다. 당신이 하나님의 기뻐하시는 아들이심을 알고 공생애를 시작하셨습니다. 공생애 전체와 십자가 사건과 부활을 통해서도 그리스도이심을 명확히 나타내셨습니다. 유대인의 왕이시며 구원의 주 되심도 당당히 선언하셨습니다. 예수님은 자신이 하나님의 아들임을 부인할 수 없으셨습니다. 예수님은 십자가 위에서의 한 번

을 제외하고는 하나님을 친아버지라 부르십니다. 이는 당시 돌
에 맞아 죽어야 하는 신성모독죄에 해당합니다. 예수님은 죽으
실 줄 아셨음에도 300회 이상 자신의 정체성을 명확히 밝히셨습
니다. 자신의 생명을 희생하더라도 하나님의 아들이라는 정체성
을 지키셨습니다.

아들의 삶을 완벽히 사셨던 예수님은 그래서 자원하는 종으
로 십자가를 지십니다. 십자가를 지고 순종하기 위해서는 먼저
내가 하나님의 자녀임을 명확히 알아야 합니다. 내가 누구인지
명확히 아는 사람은 거룩의 힘이 넘칩니다. 어떤 고난과 역경이
있어도 기쁨을 잃지 않습니다. 배가 뒤집힐 만한 폭풍우에도 잠
을 곤히 주무셨던 예수님처럼 평안의 열매가 넘치게 됩니다.

억지로

자원하기보다

자기 부인은 내가 원하지 않아도 하나님이 원하시는 일을 하는
것입니다. 내 뜻과 하나님의 뜻이 다를 때 내 뜻을 내려놓는 것
은 중요하지요. 그런데 성경은 더 깊은 자기 부인에 대해 말씀하
십니다. 바울은 인색함으로나 억지로 연보하지 말라고 합니다.
하나님은 즐겨 내는 자를 사랑하시기 때문입니다(고후 9:7). 내가
원하지 않는데 억지로 하나님의 뜻을 선택하는 것은 자칫 자원함

이 아닐 수 있습니다. 하나님의 뜻이라고 해서 억지로 순종하는 것은 사랑으로 인한 의지적 순종이 아닙니다. 오히려 인색한 순종이며 심하면 위선이 될 수도 있습니다. 하나님은 이런 마음을 기뻐하지 않으신다고 생각합니다. 억지는 내 마음의 일부가 하나님의 뜻에 반대한다는 의미이기 때문입니다. 억지는 아직 찾아오지 못한 내 마음이 있다는 의미도 됩니다. 억지는 나답지 않게 나뉜 또 다른 마음이 나를 방해하고 있다는 의미이기도 합니다.

그렇다면 내가 원하지 않으면 하나님의 뜻에 불순종하라는 말일까요? 그렇지 않습니다. 오히려 내 나뉜 마음이 전적으로 자원하게 될 때까지 기도할 필요가 있습니다.

그러나 너희 생각에는 어떠하냐. 어떤 사람에게 두 아들이 있는데 맏아들에게 가서 이르되 얘 오늘 포도원에 가서 일하라 하니 대답하여 이르되 아버지 가겠나이다 하더니 가지 아니하고 둘째 아들에게 가서 또 그와 같이 말하니 대답하여 이르되 싫소이다 하였다가 그 후에 뉘우치고 갔으니 그 둘 중의 누가 아버지의 뜻대로 하였느냐. 이르되 둘째 아들이니이다(마 21:28-31).

첫째 아들은 왜 간다고 했다가 가지 않았을까요? 둘째 아들은 왜 싫다고 했다가 뉘우쳤을까요? 첫째 아들은 자기의 미숙한 마음을 정직하게 드러내지 않았습니다. 첫째 아들은 사실 포도원에 가고 싶지 않았습니다. 불순종하고 싶었으나 억지로 간다고 한 것입니다. 그러나 겉으로 나타나는 결단이나 표현보다는 진짜 속마음이 결국 힘을 발휘하는 법입니다. 마음 깊은 곳에서 변화가 없다면 결국 불순종하게 됩니다. 반면 둘째 아들은 순종하고 싶지 않았음을 정직히 드러냅니다. 자기의 미숙한 마음을 인정하고 그 마음과 내가 만날 때 진정한 회개가 가능해집니다. 나의 연약한 마음을 인정하고 하나님 앞에 올려 드릴 때 순종으로 갈 수 있는 것이지요. 회개는 내 무의식 안의 솔직한 어두움과 죄와 연약함을 하나님의 임재 앞으로 올려 드리는 것입니다. 의식적 차원의 회개는 자칫 후회로 끝날 수도 있습니다.

혹시 순종하기 힘들다면, 차라리 둘째 아들처럼 고백하면 좋겠습니다. 자원하기 어렵다면 순종할 수 없음을 정직히 고백하면 좋겠습니다. 둘째 아들이 결국 아버지의 뜻대로 순종했다는 점을 기억했으면 좋겠습니다.

예수님의 완전한 순종을 닮기를 원합니다

온전한 자원함을 묵상하며, 저는 예수님이 십자가를 지시기 전날 밤새 드리신 기도에 주목합니다.

조금 나아가사 얼굴을 땅에 대시고 엎드려 기도하여 이르시되

내 아버지여 만일 할 만하시거든 이 잔을 내게서 지나가게 하옵
소서. 그러나 나의 원대로 마시옵고 아버지의 원대로 하옵소서
하시고 (중략) 다시 두 번째 나아가 기도하여 이르시되 내 아버
지여 만일 내가 마시지 않고는 이 잔이 내게서 지나갈 수 없거
든 아버지의 원대로 되기를 원하나이다 하시고 (중략) 또 그들을
두시고 나아가 세 번째 같은 말씀으로 기도하신 후(마 26:39-44).

예수님은 처음에 자신의 뜻이 십자가를 지지 않는 것이라 명
백히 밝히십니다. 하지만 하나님의 뜻이 십자가라면 그 뜻이 이
뤄지기를 기도하십니다. 당신의 뜻과 하나님 아버지의 뜻이 다
름을 분명히 표현하신 것입니다.

건강한 정체성의 소유자는 하나님의 뜻이 내 뜻과 다를 수 있
음을 인정하는 사람입니다. 원함 자체가 다르다고 불순종인 것
은 아닙니다. 그리고 내가 원하는 것이 비록 성경적이지 않더라
도 정직히 아뢸 수 있어야 합니다. 처음부터 하나님의 뜻과 내
뜻이 같은 사람은 아무도 없습니다. 십자가를 지시기 위해 오신
예수님도 이 잔이 지나가기를 솔직히 구하십니다. 그리고 예수
님은 자신의 원함이 하나님의 원함과 같지는 않았지만, 하나님
의 원함이 정확히 자신의 원함이 되길 기도하셨습니다. 내 미숙
한 마음을 솔직히 하나님 앞에 고백하는 사람은 성숙으로 갈 수
있습니다. 예수님처럼 내 뜻이 하나님의 뜻이 되고, 하나님 뜻이
정확히 내 원함이 될 때까지 기도하는 것이 필요합니다.

결국 예수님은 하나님의 뜻이 본인의 원함이 되셨습니다. 그 다음 기도에서 확인할 수 있습니다. 예수님의 원함이 달라지십니다. "아버지의 원대로 되기를 원하나이다"(42절)라고 기도하십니다. 앞선 "아버지의 원대로 하옵소서"(39절)와 비슷해 보이는 기도이지만 더 깊어지신 기도라고 생각됩니다. '원대로 하옵소서'가 아닙니다. '아버지의 원대로 되기를 나도 원하나이다'라고 기도하신 것이지요. 이 대목에서 하나님 아버지의 원함과 예수님의 원함이 드디어 일치하신 것처럼 느껴졌습니다.

예수님은 땀방울이 핏방울이 되도록 기도하셨습니다. 완전수인 세 번을 기도하셨습니다. 예수님도 십자가를 온전히 원하실 때까지 기도하신 것은 아니었을지 생각해 봅니다. 하나님의 뜻이 나의 뜻과 달라도 물론 순종하실 수 있지만, 마음 전체로 원하게 될 때까지 기도하신 것은 아니셨을까요? 마음의 극히 일부라도 약간의 인색함이나 억지가 아닌, 온전히 자원하여 순종을 이루시기 위해서 말이지요.

내가 그토록 나다워지려고 했던 이유가 여기에 있다고 생각합니다. 인간의 몸을 입고 있어 연약하지만 예수님의 길을 가고자 몸부림치는 이유도 여기에 있습니다. 평생 그리스도의 장성한 분량에 이르러 내 분량의 완전한 순종을 드리고 싶기에 우리는 이 길을 갑니다.

이미 예수님이 가 보신 길이라 안심이 됩니다. 나도 갈 수 있는 길이라 기대가 됩니다. 세상이 뭐라고 해도 하나님의 진짜 자녀로 살아가며 당당히 자원하는 종이 되길 기도합니다. 자원하는 종으로 죽으시기 위해 아들로서 정체성을 지니고 완벽히 살아오신 예수님을 찬양합니다. 자녀의 권세를 누리셔야 자원하는 종이 됩니다.

또한 모세는 장래에 말할 것을 증언하기 위하여 하나님의 온 집에서 종으로서 신실하였고(히 3:5).

- 자원하는 마음 없이 억지 순종으로 'yes' 하지 마시길 권해 드립니다. 불순종일지라도 정직히 'no'라고 말하세요. 불순종이라도 정직한 나를 받아 주시는 하나님이십니다.
- 거짓 'yes'를 만드는 두려움, 죄책감 등을 고백하세요. 마음의 두려움을 사람과의 관계 및 하나님과의 관계 안으로 고백하세요.
- 정직한 'no'에만 머무르지 마시고 자원하는 순종으로 성장하도록 'yes'를 연습하세요.
- 마음을 바꾸시는 하나님 앞에 끝까지 기도하면 자원하는 마음으로 바뀔 수밖에 없습니다.

결국
하나님만
남는다

주 안에 기쁨 누리므로 마음의 풍랑이 잔잔하니 / 세상과 나는
간 곳 없고 구속한 주만 보이도다 / 이것이 나의 간증이요 이것
이 나의 찬송일세 / 나 사는 동안 끊임없이 구주를 찬송하리로다
(찬송가 288장 '예수로 나의 구주 삼고')

평생 나를 찾으며 참된 정체성을 누립시다. 찾은 나를 자원함으
로 온전히 드리는 종이 됩시다.

그러나 이것이 마지막이 아닙니다. 인생의 마지막 종착역은
하나님이십니다. 나의 종 됨에서 하나님의 아버지 되심으로 모든
시선이 옮겨 가야 합니다. 하나님만 남아야 합니다. 무한하시고
광대하신 하나님 앞에 나는 없어집니다. 내 기질이나 성향, 부르
심, 종의 삶과 순교, 어떤 아름다운 삶이라도 사라집니다. 찬송가
가사처럼 "세상과 나는 간 곳 없고 구속한 주만 보이게" 됩니다.

한 분만 남는 삶

예수님의 삶이 그러했습니다. 예수님은 늘 하나님 아버지를 나타내셨습니다. 한 번도 자신을 드러내지 않으셨습니다. 늘 하나님의 뜻만 행하셨습니다. 늘 하나님만 드러나는 삶을 사셨습니다. 예수님도 고유한 기질과 성향이 있으셨다고 저는 생각합니다. 죄가 없으셨지만, 사람의 몸을 입고 태어나셨기 때문입니다.

예수님은 어머니인 마리아의 DNA를 물려받으셨습니다. 마리아가 어떤 성향의 사람이었는지 성경에 자세히 드러나지 않아서 잘 모르겠습니다. 다만 천사의 수태고지를 수용하던 마리아의 단호하고 명확한 성품을 예수님도 물려받으셨으리라 생각해 봅니다. 예수님의 삶을 들여다보면 그의 성품은 하나님의 십자가 부르심을 감당하기에 적합하셨다고 느껴집니다. 베드로와 다른 성향으로 예수님만의 사역을 감당하셨습니다. 도마와도 다르시고 요한과도 차별점이 있으십니다. 같은 성령을 받으셔도 예수님만의 성향이 반영되었다고 생각됩니다.

공생애를 마감하시면서 예수님은 더 이상 자신의 몸이나 성향 등이 필요 없게 됩니다. 하나님의 더 큰 영광 안으로 들어가시기 위해서 예수님의 타고난 인간적 성향이나 성품은 결국 사라지셔야 했습니다. 아니 육신으로 계시면 성령이 오시지 못하므로 새로운 몸으로 부활하셔야만 했습니다. 예수님의 사역은 예수님이 입고 계신 몸을 벗어나야 완성됩니다. 몸으로 남아 있으면 더 큰 구원의 역사를 이루지 못하시는 것이지요.

구속의 부르심 앞에 몸이 필요했다면 몸을 지속적으로 입고 계셨을 것입니다. 더 이상 몸이 필요 없게 되시니 예수님의 육체의 성향은 결국 사라지고 성령이 오십니다. 하나님의 영광만 오순절 다락방에 임하십니다. 때가 되면 하나님의 아들 됨도 종 됨도 하나님의 영광 안으로 흔적 없이 사라집니다.

물론 예수님이 십자가에서 살이 찢기시고 피를 흘리신 것은 우리의 전인적 구원을 위함입니다. 예수님이 몸을 입고 이 땅에 오셔서 몸을 입은 우리를 구원하기 위한 첫 열매가 되십니다. 영혼만 구원하지 않으시고 육체까지 구원하십니다. 예수님도 부활하실 때 새 몸을 입고 부활하셨듯, 우리도 부활할 때 새 육체를 포함한 진정한 구원을 선물로 받습니다. 예수님이 육체의 죽음으로 이루신 구원은 분명 의미가 있습니다. 조금 다른 차원의 예수님의 몸에 대해서 생각해 봤습니다

하나님의 영광을
깨닫기 위해서

우리도 인간의 성향과 제한적 영, 혼, 육을 넘어서는 하나님의 영광 속에 잠겨야 합니다. 물론 이 땅에서는 제한적이라 생각됩니

다. 내가 누구인지를 찾아가야 하지만, 내가 나를 충분히 찾은 이후, 자원하는 종으로 드리게 될 때는 내가 누구인지가 전혀 중요하지 않습니다. 하나님만 충만하시기 때문입니다.

내가 얼마나 족한지, 얼마나 부족한지는 전혀 문제가 되지 않습니다. 하나님의 임재에 압도당하기 때문입니다. 내 무의식에 어떤 미숙함이 있는지도 결국은 아무 의미가 없습니다. 치유되지 못한 상처가 남아 있어도 하나님 영광에 어떤 흠도 되지 않습니다.

하지만 그런 성숙에 이르기까지는 나를 찾아야 합니다. 내가 나답지도 않고 정체성을 깊이 깨닫지 못한 상태에서는 하나님의 영광이 임해도 알아보지 못합니다. 자녀로 살아 보지 않으면 자원하는 종이 무엇인지 알 길이 없습니다. 종으로 살아 보지 않으면 하나님의 영광에 대한 갈급함이 있을 수 없습니다. 나는 온데간데없이 하나님의 영광에 잠긴 상태가 얼마나 기쁜지 알 길이 없는 것입니다.

사실 하나님의 영광은 이미 우리 속에 풍성히 거하십니다. 우리가 예수님을 영접했을 때 모든 하늘의 신령한 복을 다 부어 주셨기 때문입니다(엡 1:3). 하나님의 영광이 충만한 예수님이 우리 안에 내주하시기 때문입니다(요 1:14). 하지만 나뉜 마음, 상처 입은 무의식, 복음을 거부하는 조각난 마음 등으로 인해 하나님의 영광을 누리지 못하고 있습니다. 내가 누구인지를 찾아가고 복음으로 내 마음을 하나 되게 만들면 영광을 더 누릴 것입니다. 나아가 자녀다움을 누려 가는 시간이 누적되면서 더 큰 영광을 경험하겠지요. 결국 자원하는 종으로 살아가면서 더 풍성한 하나님의 영광 속에 잠기게 될 것입니다. 우리 내면에 이 지극히 큰 영광을 방해하는 모든 방해물은 힘을 잃게 될 것입니다.

오늘도 내가 누구인지 모르는 자녀, 길 잃고 우울과 수치의 자리에서 고통을 당하는 자녀, 마음이 나뉜 상태에서 불안과 세속적 유혹에 무릎 꿇은 자녀, 내적 공허함과 분노로 절규하는 자녀, 세상의 성공에 취한 자녀, 세상의 실패에 절망하는 자녀, 하나님을 오해함으로 자신을 오해하는 자녀, 중독에 허덕이는 자녀, 하나님과 무관하게 살아가는 자녀, 이 모든 자녀를 불러 주시는 참아버지 하나님이 우리에게 있습니다. 우리 마음 깊은 곳에서 여전히 우리를 품고 계시고 사랑으로 대해 주시는 아버지가 있습니다. 누가복음 15장의 탕부처럼 오늘도 마을 어귀에서 돌아올 아들을 기다리는 아버지가 있습니다.

그 아버지는 꿈이 있습니다. 죄를 짓고 미숙하고 어두운 자리에 있던 아들일지라도 영광을 회복시키는 꿈을 꾸고 계십니다. 돌아오기만 한다면 다시 제일 좋은 옷을 입히고, 손에 가락지를 끼우고, 발에 신을 신기시길 원하십니다. 살진 송아지로 즐기고 기뻐하며 잔치하길 원하십니다. 완벽한 아들 됨을 새롭게 선물해 주시길 원하십니다. 그래야 영광스러운 종으로 살아갈 수 있습니다. 그래야 하나님의 모든 영광과 임재와 사랑 속에서 살아갈 수 있습니다. 결국 하나님의 보좌 앞에 면류관을 드리며 찬양과 경배만 남습니다. 다시 밤이 없고 등불과 햇빛이 쓸데없는 천국에서 영원하신 왕을 찬미하게 될 것입니다(계 22:5).

너를 가장 존귀하게 여기노라!

놀랍게도 하나님만 남게 되면, 오히려 하나님은 나를 최고로 존귀하게 여겨 주십니다. 내가 존귀해지기 위해 하나님의 영광 속에 잠긴다는 뜻은 아닙니다. 나는 온데간데없이 하나님만 드러나고 그분의 영광만으로 찬란하게 될 때, 하나님 마음에는 오히려 우리만 남습니다. 그분의 영광 앞에 나는 없어지지만, 부모 눈에 자녀만 보이듯, 하나님의 눈에는 하나님의 영광 속에 남은 우리만 보입니다. 그리스도의 피 값으로 거룩해진 우리가 하나님 눈에 가장 빛나는 것이지요. 하나님의 영광과 사랑 속에 하나님만 구하는 자에게 그분은 말씀하십니다.

'나도 너를 가장 존귀하게 여기노라!'

우리가 아무리 비참해 보여도 상관없습니다. 나는 온데간데 없이 하나님만 가득한 영광으로 하나님이 지금 초대하십니다. 우리가 아버지를 부르면 충만하게 임마누엘 하십니다. 아버지를 부를 때 우리 무의식과 고통 속으로 달려오시는 하나님을 찬양합니다. 그 사랑에 잠깁니다.

하나님의 압도적 임재만 있으면 내가 누구인지 명확해집니다. 하나님의 영광이 충만하면 자원하는 종이 됩니다. 하나님의 영광 속에서 결국 나는 사라지고 하나님만 남습니다. 홀로 존귀하신 하나님만 가득하십니다. 그 하나님에게는 우리만 남습니다. 하나님과 우리 사이에는 사랑의 소통만 있습니다. 친밀한 사랑으로만 충만해집니다. 하나님과 나는 사랑으로 하나 되어 존재합니다.

하나님을 영원히 기뻐할 날을 기대합니다. 천국에서 진정한 영광을 누릴 때까지 이 길, 예수의 길로 함께 가는 우리 되길 기도합니다.

제사장들이 그 구름으로 말미암아 능히 서서 섬기지 못하였으니 이는 여호와의 영광이 하나님의 전에 가득함이었더라(대하 5:14).

° 과정 없이 하나님의 영광만으로 만족할 수 없습니다. 내가 누구인지부터 깨달아 가야 합니다. 나와 친밀해지고, 내 속성과 성향을 지속적으로 파악해 가시길 권해 드립니다. 내 안의 분열된 무의식과 뇌 구조가 하나 되기 위해 상처를 치유해 가십시오. 말씀 앞에 자원하며 순종하는 마음이 점점 더 자라나야 합니다. 평생에 걸친 성화의 과정을 통과하면서 결국 하나님의 영광만 남을 것입니다. 건너뛸 수 없는 성장의 과정에 충실하시면 좋겠습니다.

° 잠잠히 내 영적 상태를 묵상해 보세요. 나는 과연 하나님만 드러나도 괜찮나요? 그보다는 나의 어떠함이 더 중요하지 않나요? 내 안의 이기심과 자기중심성이 느껴지나요? 자원함보다는 나의 원함이 더 중요하지 않나요? 온 마음이 과연 하나님 나라를 사모하고 있나요? 나의 현주소를 깨닫고 혹 죄가 있다면 인정하고 회개하시면 좋겠습니다. 갈 길이 남았지만 급하진 않습니다. 내가 지금 어디쯤 있는지 꼭 깨달으셔야 방향성을 잃지 않습니다. 미성숙해도 괜찮습니다. 각자의 성숙도는 다릅니다. 내 상태가 미숙한데도 그것을 부인하거나 혹 성숙하다고 합리화하지 않으시길 바랍니다.

° 사도 바울처럼 모든 것을 해로 여기거나 배설물로 여기는 상태가 하나님만 드러난 상태일 것입니다. 모든 것을 잃었다고 상상해 보시면 좋겠습니다. 모든 것을

잃어도 하나님을 얻는다면 만족하겠습니까? 그래도 내적 안정감이 흔들리지 않을까요? 하나님의 영광이 더 풍성히 드러날수록 세상 모든 것의 비중은 0에 가까워집니다. 하나님의 영광과 그 외의 모든 것을 나란히 두고 비중을 계산해 보세요.

그 외의 소중한 것들 / 하나님의 영광 = ?

비중이 어떤지요? 1/10 혹은 1/100 정도라 해도 참으로 감사한 일입니다. 하나님의 영광만으로 만족하시며 세상 모든 것의 비중이 0을 이루셨던 예수님을 묵상해 봅시다. 늘 이 비중을 생각해 보며 다시금 마음을 잡아 가면 좋겠습니다.

감사의 마음이 너무나 큽니다. 이 책을 쓰면서 하나님을 생각할 수 있어서 감사했습니다. 하나님도 저를 많이 생각하고 계시다는 것을 다시 깨달을 수 있어 감사했습니다. 글에 대해 하나님과 이런저런 대화를 할 수 있어 감사했습니다. 부족한 저를 사용해 주시니 감사합니다. 겸손한 표현이 아니라 저는 무익한 종입니다. 그런 저를 하나님은 유익하게 사용심을 믿습니다.

이 책을 쓰면서 하나님을 유일한 독자로 생각했습니다. 하나님 앞에 깨끗한 글을 드리고 싶었습니다. 이 책이 예배가 되길 기도했고 하나님을 자랑하고 싶었습니다. 글을 쓰는 제 중심도 정결하길 기도했습니다. 이 책은 감사하게도 하나님과 만나는 지성소이기도 했습니다. 저의 연약한 무의식과 자아상에서 나오는 글이라서 성령을 근심시켜 드린 것은 아닌지 조심스럽기도 합니다. 하나님의 지극히 풍성한 진리와 사랑을 더 담아 내지 못해 아쉬움도 남습니다. 하지만 오병이어를 사용하시는 하나님을 믿습니다. 작은 아이의 보잘것없는 소유로 수많은 사람을 먹이는 기적을 베푸시는 하나님을 찬양합니다. 이 책이 한 분에게라도 자신을 찾아가는 여정에 도움이 된다면 충분하다고 생각합니다.

지면을 빌려 감사의 마음을 전하고 싶습니다. 글을 쓰다 보니 오늘의 저를 있게 해 주신 분들이 떠올랐습니다. 50대 중반을 지나가는 지금의 저를 함께 만들어 주신 분들이 정말 많습니다. 이분들에 대한 감사가 더 커졌습니다. 모든 분에게 감사드리고 싶지만 그러지 못해 죄송합니다.

먼저는, 태초부터 꿈과 계획을 가지시고 저를 창조하신 참아빠 아버지 되신 하나님께 감사를 올려 드립니다. 사랑으로 저를 완벽히 창조해 주셔서 감사합니다. 좌충우돌 참으로 미련한 저를 여태껏 키워 주시고 성장시켜 주신 하나님이 단연 첫 감사 제목입니다.

양가 부모님께 같은 마음으로 최고의 감사를 드립니다. 저와 아내를 낳아 주시고 키워 주신 은혜를 살아갈수록 더 깊이 느끼고 있습니다. 평생을 날마다 감사드려도 부족합니다. 오늘의 저는 부모님 사랑의 결과입니다.

제가 예수님을 영접했던 첫 교회인 수정동 성결교회와 거기서 만나 우정을 나눈 예슬 4기 친구들에게도 감사의 마음 전합니다. 처음으로 복음을 들려주시고 전도해 주신 작은 이모님께 감사드립니다. 40년간 변함없이 가르쳐 주시고 사랑해 주시는 오랜 친구 같은 김덕정 목사님께도 감사를 드립니다. 청년의 시기를 거치면서 성령을 체험하고 치유를 경험했던 선교단체에도 감사의 마음 전합니다. 인제대 의대 동기들과 부산백병원 정신과 의국, 그리고 지도해주신 교수님들께도 감사의 마음 드립니다.

치유 사역자로 삶을 시작하게 해 준 국제생명나무사역과 윤종현 대표 목사님께도 깊은 감사를 드립니다. 개척 멤버로 함께 섬기도록 불러 주신 원기태 담임 목사님과 미라클호산나교회 성도님들께 감사드립니다.

사랑하고 존경하는 채정호 교수님을 비롯한 대한기독정신과의사회 동역자들께도 깊은 감사를 드립니다. 부산 지부에서 매주 모임을 하면서 함께 성장하고 있는 크리스천 정신과 선생님들께도 감사를드립니다.

김민철정신건강의학과의원의 모든 직원들, EJ 심리치료연구소 상담 선생님들께도 감사를 드립니다. 병원 식구들 모두 제게 큰 선물이십니다. 굿펠라스로 모이는 좋은 친구들에게도 감사를 드립니다. 함께 기도하는 베일러국제학교와 학부모 기도 모임이 있어서 큰 힘이 되었습니다. 리더 되시는 김혜란 사모님, 제프리 안 교장 선생님을 비롯한 여러 학부모님의 격려와 지지와 나눔과 응원에 깊은 감사를 드립니다.

감사 제목을 떠올리며 저도 힘들었던 때가 떠올랐습니다. 당시에는 고통스러웠지만 그런 일들로 인해 제가 더 단단해지고 저를 더 찾을 수 있어서 감사한 마음입니다. 저를 힘들게 한 모든 분에게도 감사를 드리고 싶습니다. 힘든 고난을 통과하면서 제 안의 불순물과 하나님을 거스르고자 하는 악을 보게 해 주서서 감사합니다. 당연히 그와 같은 일을 다시는 겪고 싶진 않습니다. 하지만 모든 좋은 상황과 그렇지 못한 상황을 다 사용해서 저를 키워 가시는 하나님을 찬양합니다.

우연히 스쳐 가셨던 분들에게도 감사의 마음 전하고 싶습니다. 과거로부터 지금까지 작은 친절을 베풀어 드렸던 분들이 떠오릅니다. 제가 드린 친절은 매우 적지만 그분들은 너무 감사해하셨습니다. 그분들의 감사한 얼굴이 떠오르며 저도 함께 감사한 마음이 듭니다. 짧은 순간 서로가 서로에게 친구 테라피를 나눌 수 있어 감사합니다. 그분들께 친절을 베풀면서 제가 참 행복했습니다. 그 반대로 제게 작은 친절을 베풀어 주셨던 스쳐 지나가신 분들께도 같은 감사를 드립니다. 그 한 번의 친절이 제 내면에 큰 파장을 일으켰음을 늘 느낍니다.

제 내담자들께도 감사드립니다. 25년 정도 환자분들과 상담하면서 서로가 서로에게 위로가 되어 줄 수 있어서 감사합니다. 수많은 아픈 이야기를 듣고 함께 나눌 수 있어 영광입니다. 저와 내담자가 하나님이 흘러가시는 통로가 되어 피차 큰 격려가 되었습니다. 많이 배우고 느끼고 성장하게 되어 감사를 드립니다. 20여 년 가까이 치유 사역을 하면서 만났던 분들에게도 큰 감사를 드립니다. 제게 와서 함께해 주셔서 감사합니다. 다른 환경에 태어나 다른 삶을 살아온 것이지 누가 누구보다 더 낫지 않습니다.

마지막으로, 30대 후반 늦은 나이에 저와 결혼해 준 아름다운 아내에게 깊은 감사를 전합니다. 하나 됨이 무엇인지, 사랑이 어떤 것인지 더 알려 준 아내가 너무나 고맙습니다. 아내로 인해 저는 제가 누구인지 깊이 깨닫게 되었습니다. 지금도 아내는 제 눈에 티도 흠도 없는 완벽한 사랑입니다.

첫아들과 둘째 딸에게도 감사의 마음 전하고 싶습니다. 하나님께서 이렇게 아름다운 열매를 주셔서 늘 웃게 됩니다. 아빠가 되어서 얼마나 감사한지요. 부족한 아빠를 사랑해 주고 수용해 주는 아들, 딸로 인해 깊은 행복을 누립니다. 아들, 딸을 떠올리면 이길 수 없는 기쁨에 압도당합니다.

감사 제목과 감사한 사람들이 너무 많습니다. 제가 다 열거하지 못해서 안타깝습니다.

우리의 삶은 하나님이 허락해 주시는
감사로 넘쳐 남을 믿습니다.
우리로 우리를 더 찾아가게 하시며,
내가 하나님 안에서 얼마나 존귀하고 온전한지 알게 하시며,
나의 마음을 다 하나로 모아서
순전한 마음으로 하나님께 드리게 하시며,
하나님의 아들이자 자원하는 종으로 섬기게 하시며,
궁극적으로 하나님만 남도록 인도하시는 하나님 아버지께
모든 영광과 찬송과 존귀를 올려 드립니다.